Jutta Wilhelmi

Schule: Protokoll eines Notstands

Bestandsaufnahme · Kritik · Perspektiven

Orell Füssli

Für Daniel

„Was tun Sie“, wurde Herr K. gefragt, „wenn Sie einen Menschen lieben?“ „Ich mache einen Entwurf von ihm“, sagte Herr K., „und sorge, daß er ihm ähnlich wird.“ „Wer? Der Entwurf?“ „Nein“, sagte Herr K., „der Mensch.“

Bertolt Brecht: Geschichten vom Herrn Keuner.

Umschlag: H. + C. Waldvogel, Zürich
Graphische Gestaltung und Satz: Publishing 2000, Idstein
Druck und Einband: Ebner Ulm
Printed in Germany
ISBN 3 280 02123 5

Inhalt

Begegnung mit Marka

Bildungschancen sind Lebenschancen

An einem kalten Dezemberabend war es. Ende der siebziger Jahre. Auf einem Bahnhof stand ich und wartete auf einen Zug, der mich zu einem Freizeitheim nahe Hamburg bringen sollte. Eine Begegnung ganz besonderer Art stand mir bevor, eine Begegnung mit Menschen, die allen schönen Bildungsbemühungen zum Trotz etwas nicht gelernt hatten, das elementare Voraussetzung für ein Leben in einer Formularegesellschaft ist: das Lesen und Schreiben.

In Bremen hatte ich zuvor den Schulsenator getroffen und ihn gefragt, wie es denn möglich sei, daß es bei allgemeiner Schulpflicht und Milliarden, die ein moderner Industriestaat in die Bildung steckt, Analphabetismus geben kann. Ungläubig sah mich der Senator an. Und ich hatte das Gefühl, es hätte nicht viel gefehlt und sein Zeigefinger wäre in Richtung Stirn gefahren. Sein Gesichtsausdruck jedenfalls verriet Verwirrung, so diese unausgesprochene Empörung: was diesen Journalisten nicht alles einfällt, um uns Politikern das Leben schwer zu machen. Seine Antworten ließen mich etwas unbefriedigt. Ausflüchte: Das sei doch alles ganz absurd. Kein Schüler verläßt die deutsche Schule, ohne die elementaren Kulturtechniken erlernt zu haben, wird es ihm doch auf dem Zeugnis bestätigt.

Die Mitarbeiter der Bremer Volkshochschule aber hatten mir anderes erzählt. Und so stand ich also auf dem zugigen Bahnhof, unsicher, wem ich nun glauben sollte. Am besten wohl dem eigenen Augenschein. Endstation irgendwo im Dunkeln zwischen Bremen und Hamburg. Junge Leute holten mich ab. Über holprige Waldwege fuhren wir. Und dann sitze ich ihnen gegenüber, Männern und Frauen, die mir nicht larmoyant, fast selbstverständlich von ihren Schwierigkeiten erzählten, aber auch von ihren Geschicklichkeiten, mit dieser ganz speziellen Schriftblindheit des Analphabeten zu leben. Ein Baggerführer war da, begleitet von seiner Frau, die nun nach langen Ehejahren erst erfahren hatte, daß ihr Mann seine Lese- und Schreibprobleme listenreich vor ihr verborgen hatte. Und selbst auf seiner Arbeitsstelle ahnte es niemand.

Oder ein junger Mann, Mitte Dreißig, Malergeselle. Lehrherrn und Prüfer der Innung hatte er erfolgreich täuschen können. Den Fragebogen in der theoretischen Prüfung, den hatte er einfach blind ausgefüllt. Ein anstrengendes Leben dennoch. Einmal, erzählte er, da habe er ein Paket zur Post gebracht. Eine Paketkarte war auszufüllen. In seiner Not bat er den Schalterbeamten, es doch für ihn zu tun. Er hätte nicht viel Zeit. Der lehnte empört ab. Also sei er unverrichteter Dinge wieder abgezogen mit seinem Paket, habe seine Frau angeflunkert, daß die Post bereits geschlossen war. Ein Leben also voller Streß. Ich bewunderte die Wendigkeit und Intelligenz, mit der diese Menschen ihre Schwäche verborgen hatten. An ihren geistigen Fähigkeiten also konnte es nicht liegen. Woran dann?

In diesen zwei Tagen wurde ich Zeuge erster Bemühungen, Hilfestellung, Nachhilfe zu geben mit noch völlig unzureichenden Mitteln. Billa sehe ich noch vor mir, wie sie angestrengt, Schweißperlen auf der Stirn, mit dem Finger jedem Buchstaben folgend „Mama" buchstabiert. „Irma ruft Oma ..." Erleichterung und Begeisterung, als sie es geschafft hat. Lob. Ermutigung. Nur weiter so. Mit Kinderfibeln lernten diese Erwachsenen. Denn niemand, auch nicht die Volkshochschulen, waren damals auf diese Situation, auf diese Form der Erwachsenenbildung, eingerichtet. Eine Sensation. Analphabetismus. Den gibt es doch nur in der dritten Welt, wie wir die armen Länder dieser Erde zu bezeichnen pflegen. Die erste Welt mit solchen Defiziten? Die hatte diese Bildungsschwäche jedenfalls lange ebenso erfolgreich verdrängt, wie sie jene Menschen tagtäglich kaschieren mußten. Kaum vorstellbar, ohne diese unerläßlichen Techniken am Arbeitsplatz über die Runden zu kommen, Behördengänge zu erledigen, Verträge zu schließen, Fahrpläne zu studieren oder auch nur einzukaufen.

In diesen Tagen begegnete ich auch Marka, einer Sinti. Und die Begegnung mit Marka, einer lebhaften, schönen, jungen Frau ist mir haften geblieben in der Menge der vielen Begegnungen, die ich im Laufe meiner journalistischen Arbeit gehabt habe. Protokoll eines Lebens- und Bildungslaufes, den ich teilweise im Originalton wiedergeben möchte, spiegelt sich darin doch ein Stück deutscher Nachkriegsgeschichte, aber auch ein Stück Bildungsgeschichte der jüngsten Zeit mit ihren großen Hoffnungen.

Gespräch mit Marka

Welche Schwierigkeiten bringt es mit sich, wenn man schlecht lesen und schreiben kann?

Wenn man zum Einkaufen war, dann war das mit Selbstbedienung, da hab' ich gefragt, dies und jenes. Dann haben sie gesagt: „Ja Sie sehen's doch, hier ist doch. Selbstbedienen." Da hab' ich erst mal geguckt. Salz, Salz, ja, da hab' ich mit mir selber gesprochen, S a l z. Na, dann hab' ich das große S gesehen und dann habe ich gedacht: Wahrscheinlich ist das Salz. Naja, dann hab ich das eingepackt, nich. Und so mit Zucker, Zucker, das ging ja auch so Z ... Zucker und so. Na, ich hab das so langsam rausgekriegt, das war sehr schwierig, und andere Dinge auch, die man gar nicht so meint, aber das wußte ich ja gar nicht. Stand ich da immer wie vom Blitz und mochte nichts sagen. Hab' ich immer Hemmungen gehabt zu fragen. Hätten sie wieder ne dumme Antwort gegeben. Die können sich ja gar nicht vorstellen, daß man nicht lesen und schreiben kann, wenn man so deutsch sprechen kann. Das können die gar nicht begreifen. Und das kann man denen auch nicht sagen.

Ja, das wollte ich Sie gerade fragen: Sie wollten es doch nicht sagen?

Nein, man sagts dann nicht, weil man auch irgendwie Hemmung hat. Ja, warum eigentlich haben Sie keine Schule? Das mag man dann nicht sagen. Zum Beispiel meine Arbeit bei Nordmende. Hab mich auch da beworben. Da haben sie gesagt: „Ja, füllen Sie erst einmal das aus, bleiben Sie mal hier." Ich sagte, kann ich mit dem Zettel mal rausgehen?" „Ja, gehen Sie mal." Ich ging damit raus. Hab' gekuckt, ich denk: Mensch, mußte einen erwischen. Naja, zunächst hab' ich auch einen erwischt und hab' gesagt: „Können Sie für mich das bitte mal ausfüllen". Hab so ein bißchen ausländisch gesprochen. „Ja, mach' ich für Sie", sagte dann so ne Dame. Hat auch alles ausgefüllt, war auch alles okay. Ganz unten steht dann drauf: „Ja, was sind Sie denn nun, Jugoslawin oder Türkin?" Da mußte ich ja natürlich sagen, ich bin Deutsche. Och, und dann hab' ich erstmal so komisch gesprochen, hab' ich mich

geschämt, weil ich so gesprochen hab'. Nachher mußt' ich ja sagen, Deutsche. Denk: Ne, lieber sagste gar nichts. Hab' den Zettel wieder genommen und stand wieder da.
Und ich bin ja so froh, daß meine Kinder hier zur Schule gehen. Meine Kleine geht zum Kindergarten. Die ist ja so prima. Die hat auch den Test gut bestanden. Die zwei Jungs sind ganz prima, die gehen beide auf die Orientierungsstufe. Beide Lehrerinnen sind sehr nett. Ich finde, die Kinder haben zwar keine Hilfe gehabt, aber sie haben sich sehr gut durchgeboxt. Kann ich wohl sagen, ne.

Warum hat es bei Ihnen nicht geklappt mit dem Lesen und Schreiben?

Ja, das will ich Ihnen sagen. Wir haben damals auf so einem Lagerplatz alle gewohnt. Die Verhältnisse waren so schlecht. Es war unmöglich, daß wir da zur Schule gegangen sind. Wir haben kein Wasser gehabt. Wenn Winter war, denn mußten wir Wasser von den Häusern holen und fragen: „Haben Sie mal ein bißchen Wasser, damit wir uns waschen können?" Das Wasser war immer eingefroren. Die Möglichkeit war überhaupt nicht da. Und die Verhältnisse waren ..., das kann man überhaupt nicht sagen. Da waren Ratten. Aber so wie wir damals gelebt haben, das geht einfach nicht. Und wenn sich keiner gekümmert hat und uns auf dem Schuttplatz hat liegenlassen.
Wir waren doch noch klein. Was sollten wir da tun? Wir sind von einem Platz zum anderen Platz gekommen. Die Häuser haben sie uns, ein paar Jahre später, gegeben, als die Kinder schon erwachsen waren. Und hier wars natürlich auch schwer. Da sind wir öfter durch die Zeitung gekommen. Mein Onkel hat das damals auch gemacht, damit die Leute und Bevölkerung es mal sehen, wie es überhaupt mal ist, wie die Leute leben in dieser Zeit jetzt noch. Es hat sich trotzdem keiner gekümmert. Und da haben wir später mal eine Wohnung gekriegt. Aber war für vieles zu spät. Und viele Zigeuner haben denn auch, muß ich mal sagen, die Schule gehabt, aber kein Schulabschluß

gehabt. Was nutzt das denn? Und darum möchte ich auch sehen, daß meine Kinder den Schulabschluß haben. Denn die haben die Möglichkeit jetzt, und wir sind in einer Wohnung, und wir haben die Sauberkeit jetzt. Warum sollen wir anders sein als andere. Wir sind alle Menschen. Und ich finde, Wasser und Seife gibt es. Aber wenn man so lebt, wie wir gelebt haben, dann kann man es wirklich nicht. Wir sind ja nur in Kälte aufgestanden und in Kälte haben wir uns hingelegt. Wir hatten einen Ofen, der ging dann aus. Die Kinder froren, daß wir kaum rausgehen konnten. Es war immer kalt. Unsere Eltern sind ja damals auch nicht so arbeiten gegangen, weil sie auch keine Schule hatten, weil sie auch im KZ waren, und dann die Schule auch nicht besucht haben. Es war ja alles zu spät.
Und dann haben sie geheiratet, Sie wissen ja wie es ist. Und haben so viele Kinder. Dann sind die auf Geschäft gewesen. Ja, wer war die Älteste, die mußte was machen zu Hause, die älteste Schwester. Ja, da war doch alles vorbei.

Wann war das, in welchen Jahren?

Marka: In welchen Jahren …
Mann: Ja das war um 1949 rum.

Haben Sie denn keine Wiedergutmachung bekommen?

Meine Mutter war ja auch im KZ drinne. Und die hat auch sehr viele Schwierigkeiten gehabt, weil sie damals aus der Schule ins KZ gesteckt wurde. Die war damals noch ein Kind gewesen mit 14 Jahren. Aber wie sie rauskam, wollte sie auch eine Wiedergutmachung haben. Und da haben sie sie so abgespeist. Die hat bis heute noch kein Geld gekriegt. Das finde ich auch nicht richtig und gerecht. Jeder kriegt seine Rente und so. Sie lebt vom Sozialamt. Das find' ich nicht gut.

Warum hat sie das nicht geschafft?

Sie hat's nicht geschafft, weil sie eben da nicht durchgeblickt hat, sich hat abspeisen lassen. Und der Rechtsanwalt hat einfach gesagt, sie kriegt nichts, weil da so viel Kuddelmuddel ist. Sie kriegen diese Geburtsurkunden nicht mehr und so. Und so haben sie sie einfach abgespeist. Wir wollen jetzt dagegen angehen, daß da noch was kommt, irgendwas. Es geht ja so auch nicht. Denn sie war ja auch im Lager, und da steht ihr auch was zu.

Sie sind also jetzt ganz bewußt darauf aus, daß Ihre Kinder einen Schulabschluß haben?

Ganz bestimmt. Was nutzt die Schule, wenn sie nachher keinen Schulabschluß haben? Dann hätte das ja alles nichts genützt. Die können zwar lesen und schreiben, aber das reicht heute nicht. Heute wollen wir nicht wieder auf Geschäft gehen, wie das früher einmal war. Die sollen mal einen Beruf haben. Die sollen mal sagen: Ich hab das und das gelernt. Das reicht mir. Dann weiß ich, meine Kinder sind für später mal versorgt. Darauf kommt es an. Und nicht so wie wir, wie wir gelebt haben. Heute haben wir was, morgen haben wir nichts gehabt. Das war kein Leben. Ich finde, man muß ein regelrechts Leben haben. Und ich finde, der Staat, der braucht ja auch Menschen, wie soll ich sagen, Weiterbildung und Leute, die gebildet sind. Was soll der Staat machen, wenn er keine hat, die keine Bildung haben. Deshalb finde ich es auch gut, die Schule, egal wie alt sie sind, die schaffen es noch.

Sie meinen sich.

Ja, ich meine mich selber. Und ich bin überzeugt, daß ich das auch schaffe. Ich finde, wenn man die Gelegenheit hat, dann soll man die auch ausnützen. Denn wir haben doch früher die Gelegenheit nicht gehabt. Darum bin ich auch froh, daß ich meine Kinder von kleinauf auf die Schule gegeben hab'. Das kam aber auch nur durch die Wohnung. Wir haben gut leben, haben unsere Sauberkeit und Ordnung. Wir sind Menschen wie andere auch.

Also Sie wollen nicht Sozialhilfeempfänger sein?

Nein, ganz bestimmt nicht.

Sie wollen Mitbürger sein?

Ja, Mitbürger, und daß wir auch sagen können: hier unsere Kinder. Denn viele Kinder hier gehen in die Schule, und da wissen die Eltern genau, der hat diese

> Note, Michi hat diese Note und jene. Dann freue ich mich und denke: siehste! Aber ich sag es nicht und denke: Zigeuner. Das kann er. Und wenn er lernt und die Möglichkeit hat, warum soll er es nicht können? Er hat doch auch ein Gehirn. Das meine ich damit. Das ist kein Haß, denn wir leben hier und fühlen uns auch wie Deutsche. Wir sind ja nun Deutsche. Bei uns im Paß steht ja nicht drin: Zigeuner.

Ich weiß nicht, was aus Marka und ihren Kindern geworden ist. In meiner Erinnerung ist diese Freude unauslöschlich über die Chance, sich weiter entwickeln zu können nach der Misere der Kindheit, trotz aller Benachteiligung aufzuholen, zu lernen, und sei es auch sehr spät. Mehr als alle hehren Sprüche über „Chancengleichheit" hat mich diese Begegnung mit Marka berührt. Doch es gibt auch viele Fragen. Antworten aber bislang wenige.

Sicher, inzwischen ist das Problem erkannt. Niemand wird mehr bestreiten, daß es tausende Menschen gibt, die in dieser Bildungsgesellschaft zumindest Schwierigkeiten haben mit den elementaren Kulturtechniken. Graduelle gewiß, aber Lese- und Schreibschwächen eben. Und wie so oft sind inzwischen Forschungsprojekte entstanden, hat sich der Bundesbildungsminister dieser Thematik angenommen, werden Tagungen veranstaltet, und jede Volkshochschule, die etwas auf sich hält, bietet nun Alphabetisierungskurse an. Die Pädagogenzunft hat sich auch dieses Problemfeldes bemächtigt und beackert es inzwischen mit Inbrunst. Schön und gut. Bleibt dennoch vieles unklar. Wie ist es möglich, daß wir eine allgemeine Schulpflicht haben und dennoch ganz offensichtlich einer beträchtlichen Zahl von Bürgern nicht einmal das Lebensnotwendigste vermitteln können: das Lesen und Schreiben. Randexistenzen? Extremfälle? Schon damals dachte eine Volkshochschuldozentin laut. „Wie kann ich eine angstfreie Atmosphäre schaffen?" Schulstreß als Lernblockade? Was ist faul am deutschen Schulsystem?

Begegnungen mit einer Einrichtung, über die jeder reden kann, weil jeder sie erlebt und durchlitten hat, als Kind, als Eltern von Kindern, als Lehrer von Kindern. Irgendwann hatten wir sie alle, die Erfahrung mit Schule, die ermutigt und niedermacht, Möglichkeiten verbaut und Möglichkeiten erschlossen hat, die Angst gemacht und Angst vertrieben hat. Ein Stück Leben. Es lohnt sich genauer hinzusehen – auf die Mängel, aber auch die Stärken.

Zwanzig Jahre lang habe ich diese Einrichtung in allen Varianten kennengelernt, in Deutschland Ost und Deutschland West, in der ehemaligen BRD und der ehemaligen DDR und später dann im vereinten Deutschland. Zeiten des Aufbruchs und Zeiten der Stagnation, der Reformeuphorie und der Entmutigung. Schüler, Eltern, Lehrer, Schulverwalter und Schulforscher habe ich getroffen. Schule, eine Welt für sich, ein geschlossenes System mit eigenen Gesetzen, in seiner Kleinkariertheit, aber auch Großzügigkeit, seinen menschheitsbeglückenden Ideen und seinen engen Alltäglichkeiten. Sichtweisen einer Journalistin, nicht immer objektiv, oft auch Partei. Ab und zu meldet sich das Kind. Späte Rache an einer Anstalt, die ungebändigt Freies in die Zwänge vorgegebener Strukturen pressen mußte? Anpassung. Unerbittlich. „Was Hänschen nicht lernt, lernt Hans nimmermehr." Und „früh krümmt sich, was ein Häkchen werden will." Blick zurück im Zorn? Nicht nur.

Der Schriftsteller *Ernst Toller* hat diese Gespaltenheit in seinen Lebenserinnerungen so beschrieben. „Eine Jugend in Deutschland":

Der Lehrer heißt Herr Senger. Wenn er morgens die Tür aufreißt, rufen wir: „Guten Morgen, Herr Senger." Er setzt sich aufs Katheder und legt den Rohrstock neben sich. Wer seine Aufgabe nicht gelernt hat, muß seine Hände vorstrecken, dann schlägt Herr Senger mit dem Rohrstock darauf. „Zur Strafe", sagt er. Wer seine Aufgaben gelernt hat, den nimmt Herr Senger auf die Knie, er muß seine Backe an die Backe von Herrn Senger legen, die ist stachlig, und Herr Senger reibt sich daran, „Zur Belohnung", sagt er.[1]

Den Rohrstock, den gibt es nicht mehr. Dafür gibt es subtilere Strafen: die Note, die Zensur, das Sitzenbleiben, das Abstrafen mit Worten, Anspielungen, tadelnder Miene. Es wird noch davon zu berichten sein.

Und Ernst Toller erzählt weiter:

In der Pause zeigen wir uns die Frühstücksstullen.
– Ich habe Fleisch.
– Ich habe Käse.
– Was hast du drauf?
– Er hat gar nichts drauf.
Kurt will seine leere Stulle verstecken, wir lassen es nicht zu, wir lachen ihn aus, Kurt ruft: „Ich werde es meiner Mutter erzählen", wir rufen: „Petzer", Kurt wirft sein Brot in den Sand und weint.

Wie wir von der Schule nach Hause gehen, sagt Max: „Meine Eltern erlauben nicht, daß ich mit Kurt spiele, seine Mutter wäscht bei uns jede Woche, alle armen Leute sind schmutzig und haben Flöhe.“

Schule vor dem Ersten Weltkrieg. Lange schon Geschichte? Nach der Begegnung mit Marka bin ich nicht mehr so sicher. Kinder von Asylbewerbern und Aussiedlern in deutschen Schulen heute erleiden ähnliches. Schule ist nach wie vor eine Einrichtung zur Verteilung von Lebenschancen. Täuschen wir uns nicht.

Und da ist noch ein Kapitel, ein deutsches Kapitel. In seinem Roman „Der Untertan“ beschreibt *Heinrich Mann* eine Episode aus dem Schulleben seines Helden Diederich:

Er hatte, wie üblich und geboten war, den einzigen Juden seiner Klasse gehänselt, nun aber schritt er zu einer ungewöhnlichen Kundgebung. Aus Klötzen, die zum Zeichnen dienten, erbaute er auf dem Katheder ein Kreuz und drückte den Juden davor in die Knie. Er hielt ihn fest, trotz allem Widerstand; er war stark! Was Diederich stark machte, war der Beifall ringsum ... Nach dem Verrauchen des Rausches stellte wohl leichtes Bangen sich ein, aber das erste Lehrergesicht, dem Diederich begegnete, gab ihm allen Mut zurück; es war voll verlegenen Wohlwollens.[2]

Auch ein Stück Vergangenheit, ein Stück aus dem Schreckenskabinett deutscher Schulgeschichte? Hakenkreuze an deutschen Schulen und Skinheads in ihnen lassen Zweifel wachsen, ob das Lernziel Zivilcourage, Toleranz, schon erreicht ist, ob es im ausgeprägten schulischen Konkurrenzsystem je erlernt werden kann. Zu fragen wäre, welche Ingredienzien dazu notwendig sind. Bislang scheinen sie mir weder im Einheitsschulsystem der Ex-DDR, noch im differenzierten Schulsystem der Ex-BRD gefunden. Vielleicht liegt der Schlüssel zu diesem Problem in der nüchternen Feststellung, die *Heinrich Mann* seiner Heldenfigur unterlegt:

Übrigens genügte er bei zunehmender Schulpraxis in allen Fächern, ohne in einem das Maß des Geforderten zu überschreiten, oder auf der Welt irgend etwas zu wissen, was nicht im Pensum vorkam.[3]

Die Stimme aus dem Turm

Ein Blick zurück lehrt:
Es ist vieles längst gedacht und formuliert worden, was heute Schulreform heißt

Die Kritik an der Schule ist so alt wie diese Institution. Lange bevor es eine Schulpflicht gab, regt sie sich. Klagen aus dem 16. Jahrhundert klingen hinüber ins 20. Klagen des französischen Philosophen *Michel de Montaigne*. Und sie könnten einem der vielen Reformtraktate unserer Tage entnommen sein. Sie füllen mittlerweile ganze Bücherregale. In seinem Essay „Über die Kindererziehung“ schrieb Seigneur de Montaigne Nachdenkenswertes. Früh schon hatte er sich von den Machtspielen der Welt verabschiedet und sich zur kritischen Betrachtung seines Jahrhunderts, vor allem aber seiner eigenen Person, in den Turm seines Schlosses zu Montaigne zurückgezogen. Über frontalen und lehrerzentrierten Unterricht, modern gesprochen, erregte sich schon Montaigne, über den aus seiner Sicht widersinnigen Zustand, in „derselben Unterrichtsstunde und nach einem Plan mehrere kindliche Geister zu unterrichten, die doch nach Umfang und Bildung so verschieden sind.“[1] Der Lehrer solle dem Schüler nicht nur „vom Wortlaut seiner Lektion Rechenschaft geben, sondern von ihrem Sinn und Wesen; und den Nutzen, den er daraus zieht, nicht nach dem Zeugnis seines Gedächtnisses, sondern seines Lebens beurteilen.“ Er müsse ihn, das was er gelernt hat, „unter hundert Gestalten erkennen und auf ebensoviele Gegenstände anwenden lassen, um zu sehen, ob er es richtig begriffen und sich zu eigen gemacht hat.“ Fachwissen erproben also.

Wider Stoffhuberei und wider das sinnlose Verschlingen von Wissensbrocken, ohne es auf seine Bedeutsamkeit und Anwendbarkeit hin überprüfen zu können, wettert der Philosoph. Es sei ein Beweis für „Unverdaulichkeit und Magenschwäche, wenn man das Fleisch wieder auswirft, wie man es verschlungen hat.“ Der Magen habe seine Aufgabe nicht verrichtet, „wenn er den Zustand und die Form dessen, was man ihm zu verdauen gibt, nicht verändert hat.“[2] Bedauern schwingt da mit: „Man hat uns so sehr an die Leine genommen, daß wir nicht mehr alleine gehen können. Unsere Stärke und Freiheit sind dahin.“[3] Niedergeschrieben im 16. Jahrhundert, sind diese Klagen über verschultes Lernen auch nach Aufklärung, Revolution, Reformpädagogik und Bildungsreform neuerer Prägung aktueller denn je. Schülerprotest heute könnte es sein:

Man schreit uns unaufhörlich in die Ohren, als ob man etwas in einen Trichter schüttete; und wir haben nichts weiter zu tun, als nachzusprechen, was man uns vorgesprochen hat. Nun wünschte ich, daß unser Lehrer diesen Fehler vermiede und gleich von Anfang an, nach dem Maß der Seele, die man ihm übergeben hat, begönne, sie auf die Probe zu stellen, sie dann den Geschmack der Dinge kosten und sie selbst auswählen und unterscheiden lassen, zuweilen ihr dabei den Weg bahnte, zuweilen ihn sich selber suchen ließe. Ich will nicht, daß er dem Zögling alles vorhält und nur selbst redet; ich will, daß er ihm zuhört, wenn er seinerseits redet.[4]

Legen wir diesen Maßstab an heutiges Lernen, an eine verschulte Kindheit und Jugend, mit ihren Jahrgangsklassen, ihren Lehrplänen, ihrem Lernen im 45-Minutentakt, dem aufgezwungenen Känguruh-Dasein eines Schülers, der von Fach zu Fach hüpfen muß und dann eine Menge unzusammenhängendes Fachwissen im Sack hat, dann sind wir soweit nicht vorangekommen. Längst ist eingetreten, was die Stimme aus dem Turm voraussagte:

Ich komme gern auf meine Betrachtungen über die Untauglichkeit unserer Lehranstalten zurück. Sie haben zum Ziel gehabt, uns nicht gut und weise, sondern gelehrt zu machen: Sie haben es erreicht. Sie haben uns nicht gelehrt, der Tugend und der Klugheit zu folgen und sie zu ergreifen, sondern sie haben uns deren Ableitung und Etymologie eingeprägt. Wir können Tugend deklinieren, wenn wir sie schon nicht lieben können; wenn wir nicht wirklich und aus Erfahrung wissen, was Klugheit ist, so können wir sie doch auswendig und im Jargon hersagen ...[5]

Das Elend einer Spezialistenwelt ohne Verantwortung für die Folgen ihres Tuns, es zeichnet sich bereits in Montaignes Sätzen ab. Der Prozeß der „Verschulung" und Spezialisierung scheint unaufhaltsam, fern der Lebenserfahrung und praktischen Erprobung dessen, was da eingetrichtert wurde. Doch immer wieder gibt es Nester des Widerstandes. Von ihnen wird noch zu berichten sein.

Freilich schimmert bei allen kritischen Betrachtungen des Philosophen Montaigne das privilegierte Leben eines Landedelmannes, der seine Lateinkenntnisse in einer Art und Weise trainieren konnte, die jedem Antipädagogen unserer Zeit Bestätigung wäre: Es geht auch anders. Da warb Vater Montaigne einen Deutschen an, dem geboten wurde, den Säugling Michel ständig auf dem Arm herumzutragen und ausschließlich Latein mit ihm zu sprechen. Und auch alle anderen Personen des Haushalts mußten das tun: Mutter, Diener, Kammermädchen. Auch sie durften sich dem Kind nur mit lateinischen Worten nähern, „die jeder gelernt hatte, um mit mir zu plaudern." Klar, daß der kleine Michel, wie er schreibt, „ohne

Kunst, ohne Buch, ohne Grammatik und Regeln, ohne Rute und ohne Tränen“[6], das reinste Latein gelernt hat. Von welchem Schüler, der neun Jahre Englisch gehabt hat, wäre das zu behaupten?

Schulreformer heute können in diesem Essay moderne Einsichten über den Umgang mit Kindern entnehmen, die sicher zu Montaignes Zeiten nicht die Regel waren, aber auch heute noch keineswegs Standard sind. Seinem Vater nämlich, schreibt Montaigne, sei geraten worden, „mich aus eigenem Antrieb und ohne Zwang Geschmack an der Wissenschaft und der Pflicht finden zu lassen und meine Seele in völliger Sanftmut und Freiheit zu bilden, ohne Strenge und Härte.“[7] Ein frühes Summerhill in der französischen Provinz zu Beginn der Neuzeit? Alles also schon einmal dagewesen, alles schon einmal gedacht.

In unserer Schule sollen ein Zimmer sein, ein Garten, Tisch und Bett, die Einsamkeit, die Geselligkeit, der Morgen und der Abend, alle Stunden einerlei, jeder Ort ein Studierzimmer …[8]

Doch bald schon sahen Klassenzimmer so aus. Eine Quelle aus dem 18. Jahrhundert. Preußisch-Friedland, um 1794:

Das Zimmer war auf dem Fußboden mit Ziegeln belegt, die kleinen Fenster befanden sich oben nahe der Decke und waren so blind, daß man nicht hinaussehen konnte. Ein großer Ziegelofen stand neben dem Kamin, und vor ihm saß die alte Frau und spann den ganzen Tag, neben sich auf einem Schemel eine hölzerne Kelle und eine Rute, die einzigen und mir schon sehr wohlbekannten Lehrmittel. Drei freistehende, rohe, doch glatt geriebene Bänke ohne Lehnen nahmen die Schuljugend, Knaben und Mädchen auf, bis sie notdürftig lesen konnten. Die eine Bank trug die ABC-Schützen, die zweite buchstabierte, die dritte fing zu lesen an. Der Schulunterricht begann mit dem Gesange eines feststehenden Liederverses, den man wie seine Melodie durch den Gebrauch lernte, und einem feststehenden kurzen Gebete, welches einer im Singsang hersagte, und hierauf ging einer nach dem anderen zur spinnenden Frau, und sagte aus der gewöhnlichen Fibel mit dem Hahne seine Buchstaben oder sein „a, b, ab“ her. Die Alte sprach wenig, machte ein Kind Fehler, so schob sie ihr Spinnrad zur Seite, kippte mit einer Hand das Kind über den Schoß, hob mit der anderen den Rock in die Höhe, ergriff die Kelle oder Rute und bearbeitete nach Gutdünken das Sitzfleisch. Dann kam ein anderes Kind an die Reihe, bis man durch war …[9]

Eine Bildungsreise

Lernen gestern –
Lernen heute.
Was hat sich verändert?

Wer den Lauf der menschlichen Dinge kennt und weiß, wie dasjenige oft im Fortgange des Lebens sehr wichtig werden kann, was anfänglich klein und unbedeutend schien, der wird sich an die anscheinende Geringfügigkeit mancher Umstände, die hier erzählt werden, nicht stoßen.[1]

So beginnt „Anton Reiser", ein psychologischer Roman von *Karl Philipp Moritz*. Moritz war ein Zeitgenosse Goethes. Was der spätere Hofrat und Professor an der Akademie der Schönen Künste in Berlin in diesem Roman erzählt, ist seine eigene bedrückende Kindheit und Jugend, seine Ausbruchsversuche, sein Bildungsweg. Selten verlaufen Bildungswege geradlinig, oft eher in Brüchen, Um- oder Abbrüchen. In Zeiten, da alles planbar und organisierbar erscheint, sind Bildungswege heute schnurstracks angelegt. Möglichst keine Aufenthalte oder Umwege. Möglichst glatter Durchlauf von unten nach oben, vom Schuleintritt bis zum Schulabschluß. Daß es nicht immer so war, zeigt der Roman „Anton Reiser".

Er spielt im 18. Jahrhundert, als Städte noch Stadttore und Zugbrücken hatten, Schildwachen auf den Wällen paradierten, Kutschen über Kopfsteinpflaster holperten und der Konrektor der Stadtschule einen schwarzen Rock und eine Stutzperücke trug. Es ist die Geschichte einer Selbstfindung, schmerzhaft und verzweiflungsvoll, Stolpern, Sichaufraffen aus einem Zustand, den Moritz „Seelenlähmung" nennt. Bildung Ende des 18. Jahrhunderts ist noch ein Abenteuer mit ungewissem Ausgang.

Karl Philipp Moritz war der Sohn eines Musikers und Regimentsschreibers, der sich nach den Wirren des Siebenjährigen Krieges in Hannover niederläßt. „Ein ziemlich wildes, herumirrendes Leben", habe der Vater geführt, schreibt Moritz über Antons Herkunft. Und meint damit seine eigene Familie, zerrüttet und arm, eine Kindheit ohne „Liebkosungen" zärtlicher Eltern, „nie nach einer kleinen Mühe ihr belohnendes Lächeln." Das Elternhaus des Anton Reiser, alias Karl Philipp Moritz, ist ein „Haus der Unzufriedenheit, des Zorns, der Tränen und der Klagen."[2] Schicksal eines vernachlässigten Kindes, das sich in sich selbst verkapselt, doch immer wieder Auswege aus seiner Misere sucht. Nach der Klippschule soll er ein Handwerk lernen. Anton Reiser wird zu einem Hutmacher in die Lehre geschickt.

Oft war ihm die geräumige Werkstatt mit ihren schwarzen Wänden und dem schauerlichen Dunkel, das des Abends und Morgens nur durch den Schimmer einiger Lampen erhellt wurde, ein Tempel, worin er diente.[3]

Arbeit in Kälte und Feuchte von sechs Uhr morgens bis in die Dunkelheit. Gegenüber der Werkstatt liegt die Lateinschule, die Anton nicht besuchen kann. Hoffnung erfüllt ihn, aus der Enge eines ständisch programmierten Lebens auszubrechen. Bildungssehnsucht treibt ihn. In der Werkstatt läßt er den Mitburschen an seinen kleinen Kenntnissen teilhaben, die er sich durch eigenes Lernen, teils durch Anlesen, teils durch kurzen Unterricht erworben hat. Bildungssplitter.

Er erzählte ihm von Jupiter und der Juno und suchte ihm den Unterschied zwischen Adjektivum und Substantivum deutlich zu machen, um ihn zu lehren, wo er einen großen Buchstaben oder einen kleinen setzen müsse.[4]

Ausbruchversuche. Die Sehnsucht des Jungen Anton, sich von der „schwarzen Schürze des Gesellenstandes“ zu befreien und auf Wanderschaft zu gehen. Sein Ziel: das Theater. Hoffnung, Freiheit, Phantasie verkörpert es in der Tristesse seines Alltags. Im Winter muß er

fast alle Woche ein paarmal des nachts mit dem Lehrburschen aufbleiben, um die geschwärzten Hüte aus dem siedenden Färbekessel herauszuholen und sie dann unmittelbar darauf in der vorbeifließenden Oker zu waschen, wo zu dem Ende erst eine Öffnung in das Eis mußte gehauen werden. Dieser oft wiederholte Übergang von der Hitze zum Frost machte, daß Anton beide Hände aufsprangen und das Blut heraussprützte.[5]

Solange diese Arbeiten „noch den Reiz der Neuheit hatten, machten sie ihm ein gewisses Vergnügen, das vorzüglich im Gefühl seiner körperlichen Kräfte bestand“, geben ihm sogar eine Art von „süßem Freiheitsgefühl, das er bisher nicht gekannt hatte.“[6] Und doch nicht Endstation Sehnsucht. Hoffnung auf den Besuch einer Schule, die ihn auf das Studium vorbereitet. Vergebens. Der Vater verweigert die Unterstützung. Ein Lehrstück für die Not eines Kindes aus dürftigen Verhältnissen, seinen Bildungshunger und den Versuch ihn zu stillen. Ein harter Weg. Wer Marka noch in Erinnerung hat, wird zugeben, daß es diese „Fälle“ auch im 20. Jahrhundert noch gibt, in einer demokratischen Gesellschaft, die Bildungswege zum Teil zumindest durch Ausbildungsförderung abgepolstert hat. Und es beunruhigt zugleich, daß die Schülerförderung seit Anfang der achtziger Jahre wieder drastisch eingeschränkt wurde. Rückschritt also. Im 18. Jahrhundert schlägt sich Anton Reiser an Freitischen durch, hungert und friert, erwärmt nur durch seinen heißen Bildungsdrang. Ein Prinzenstipendium erhält er, das freilich so niedrig ist, daß er es mit Handlangerdiensten aufbessern muß. Sein Wunsch, eine „höhere Schule" zu besuchen, erfüllt sich:

> *Stundenlang stand er oft, ob er etwa durch die Fenster etwas von dem, was inwendig vorging, erblicken könnte. Nun schimmerte von dem großen Katheder in Prima zufälligerweise ein Teil durch das Fenster – wie malte sich seine Phantasie das aus! Wie oft träumte ihm des Nachts von diesem Katheder und von langen Reihen von Bänken, wo die glücklichen Schüler der Weisheit saßen, in deren Gesellschaft er nun bald sollte aufgenommen werden.*[7]

Die Wirklichkeit sieht dann ganz anders aus. Die Pedanterie des Konrektors, Prügel, der Spott der Mitschüler. Dieses ständige „Zurückgedrängtsein", seine Wut, sie entlädt sich in destruktiven Spielen. Kirschkerne zertrümmert Reiser, köpft Disteln. Er flüchtet in die Illusion, das Dichten, die Phantasie. Fernziel ist immer wieder das Theater, „denn diese Idee war jetzt schon die herrschende in seinem Kopfe und gleichsam der Keim zu allen seinen künftigen Widerwärtigkeiten."[8] Anton Reiser bricht alle Brücken hinter sich ab, begibt sich auf Wanderschaft, folgt den Spuren einer Theatergruppe, die freilich bei seiner Ankunft bereits abgereist ist.

So endet der Roman „Anton Reiser", die Geschichte eines Reisenden, wie der Name sagt, auf dem Weg zu sich selbst. Eine Geschichte ohne Happy End. Ein Bildungsroman, der auch eine Welt beschreibt, in der bei aller Entbehrung noch Fluchtwege möglich waren und höchst individuelle Auswege mit individuellen Zielen. Ende offen und der Ausgang ungewiß. Es ist die vortechnische Welt, die festgetrampelte Bildungswege einer Massenbeschulung jedoch schon ahnen läßt. Es ist Ende des 18. Jahrhunderts, in dem sich die ständische Gesellschaft politisch, wissenschaftlich und vor allem wirtschaftlich öffnet, soziale Eingrenzung durchbrochen, kirchliche Bevormundung abgestreift wird. Es ist die Zeit, in der das Abenteuer Bildung sich zum Curriculum „Allgemeinbildung" verfestigt und bald schon in die Spanischen Stiefel aufeinanderfolgender Lernabschnitte, Jahrgangsklassen und Lehrpläne eingeschnürt wird. Gefährdung und Abenteuer werden eingetauscht gegen Sicherheit, Nachprüfbarkeit, Gleichheit, aber auch gegen Enge und Lebensferne der verwalteten Schule.

Bald schon werden sich die großen Bildungstheoretiker, die Reformer, die Bildungsverwalter, die neue Profession der Erzieher und Lehrer des Kindes bemächtigen, um es zu verwalten, zu „beschulen“, zu erziehen, zu erforschen. Die Industrialisierung fordert ihren Tribut an gebildeten, disziplinierten, gut funktionierenden Arbeitern. Chaos ist nicht berechenbar und die beliebige Entfaltung des Einzelnen eher kontraproduktiv für das Maschinenzeitalter. Das 19. und 20. Jahrhundert werden Jahrhunderte der Qualifizierten, des Staatsmonopols Schule. Der Bildungsbetrieb Ende des letzten Jahrhunderts. *Stefan Zweig* beschreibt ihn in seinen Erinnerungen eines Europäers „Die Welt von Gestern“:

Man saß paarweise wie die Sträflinge in ihrer Galeere auf niederen Holzbänken, die einem das Rückgrat krümmten und saß bis einem die Knochen schmerzten; im Winter flackerte das bläuliche Licht offener Gasflammen über unseren Büchern, im Sommer dagegen wurden vorsorglich die Fenster verhängt, damit sich der Blick nicht etwa träumerisch an dem kleinen Quadrat blauen Himmels erfreuen könnte.[9]

Da wandert also Anton Reiser nicht mehr über den Harz, einsam ins Ungewisse, seiner Theatersehnsucht nach:

Auch konnte er damals nicht begreifen, warum die einzelnen auf der Wiese hin und her zerstreuten hohen Bäume mit ihrem Schatten in der Mittagssonne einen so wunderbaren Eindruck auf ihn machten – er fiel nicht darauf, daß eben der einsame Stand derselben in großen und unregelmäßigen Zwischenräumen der Gegend das majestätische feierliche Ansehen gab, wodurch sein Herz immer so gerührt wurde. – Diese einsamen Bäume machten ihm seine eigene Einsamkeit, indem er unter ihnen umherwandelte, gleichsam heilig und ehrwürdig – sooft er unter diesen Bäumen ging ...[10]

Ein Jahrhundert später sitzt *Stefan Zweig* gefesselt in einem muffigen Schulraum. Später schreibt er:

Es war ein stumpfes ödes Lernen, nicht um des Lebens willen, sondern um des Lernens willen, das uns die alte Pädagogik aufzwang. Und der einzige wirklich beschwingte Glücksmoment, den ich der Schule zu danken habe, wurde der Tag, da ich ihre Tür für immer hinter mir zuschlug.[11]

Der Aufbruch

Befreiungsversuche, die gibt es immer wieder. Einen möchte ich näher beschreiben

Ende der siebziger Jahre traf ich Zeitzeugen einer Bewegung, die den schulischen Drill des 19. Jahrhunderts durchbrechen wollte. Bekanntgeworden ist sie als die Zeit der „Reformpädagogik“. In Tübingen lebte damals der Erziehungswissenschaftler Wilhelm Flitner, neunzigjährig schon, in Braunschweig Heinrich Rodenstein. Nach dem Zweiten Weltkrieg war er Vorsitzender der Gewerkschaft Erziehung und Wissenschaft. Und ich traf Heinrich Roth, den Erziehungswissenschaftler, der in den siebziger Jahren durch sein Gutachten „Begabung und Lernen“ die Schulreform der Nachkriegszeit beflügeln sollte. Alle drei waren Anhänger dieser neuen Pädagogik, in der sich Anfang des 20. Jahrhunderts der Protest gegen eine Schule bündelte, die organisiert war wie eine „Armee“. So beschrieb sie mir Heinrich Rodenstein damals:

„Alle treten an, und vor der Front steht der Unteroffizier, und alle blicken auf ihn. Und dann geht es ‚Abteilung marsch‘, ein Jahr ist rum, ‚Abteilung marsch‘, nächsthöhere Klasse. Wieder ein Jahr rum. ‚Abteilung marsch‘, wieder eine höhere Klasse. Wer nichts taugt, kommt in Arrest, unter Umständen wird er sogar geprügelt. Diese Ordnung mußte aufgebrochen werden.“

Die Reformpädagogik war Teil einer „allgemeinen Lebensreformbewegung“, Befreiung aus bürgerlicher Muffigkeit, aus Stehkragen und Fischbeinkorsett. Eingebunden war sie in andere Bewegungen, die Ende des 19. Jahrhunderts aufbrechen, etwa die soziale Bewegung, die, so erzählte Flitner, „auf den Ausgleich der Klassen und die Hilfe der Hilfsbedürftigen gerichtet war: die Frauenbewegung, die auf eine größere Selbständigkeit der Frau in der Gesellschaft zielte; die Kunsterziehungsbewegung, die ausging von dem Gedanken, die Kunst müsse dem Volke nahegebracht werden, die Museen müßten anders eingehen auf die Bevölkerung“. Das Kind wurde als Künstler entdeckt. Reform der Ernährung, Wandern, Schwimmen, Sport. Eine europäische Bewegung sei es gewesen, „in deren Zusammenhang die Jugendbewegung gehörte, und die Bewegung der neuen Kunst, die dann zum Jugendstil, zum Bauhausstil geführt hat. Also eine gesamteuropäische, kann man sagen, eine Erweckungsbewegung des humanistischen Geistes.“

Es war, erinnerte sich Heinrich Roth, „ähnlich wie jetzt die Umweltgedanken aufkommen“. Es war der Protest der Jugendbewegung gegen die „Verstädterung der Kultur, eine Asphaltierung der Kultur, eine Absperrung vom Leben, eine Bürokratisierung. Und der Kampf dagegen waren Gründe für die Jugendbewegung, in die Wälder zu ziehen.“ Die hätten dort nicht nur die „blaue Blume gesucht“. Sie glaubten, meinte Heinrich

Roth, „daß dann hinter ihnen die bürgerliche Welt zusammenbricht und ein neues Reich beginnt".

Ziel der Grünen von damals war der „neue", der „wirkliche Mensch", die Gemeinschaft, Jugend als eigenständige Kultur. Und diese Kultur würde sich auch ihre eigenen Schulen schaffen. Das lag nahe. Ideen bürgerlicher Demokraten, aber auch sozialistische Gedanken, in diesen beiden Strömungen trieben die Überlegungen voran, wie Schule besser, kreativer, weniger verkopft, offener zu gestalten war und eben auch sozial gerechter als bisher.

Im Dezember 1900 erschien ein aufsehenerregendes Buch der schwedischen Schriftstellerin *Ellen Key*. Sein Titel: „Das Jahrhundert des Kindes." Eine neue Einstellung, einen anderen, liberalen Umgang mit Kindern forderte die Schwedin.

Es liegt eine tiefe Einsicht in Mme. Staëls Worten, daß bloß der, welcher mit Kindern spielen kann, auch imstande ist, sie etwas zu lehren. Selbst wie das Kind zu werden, ist die erste Voraussetzung um Kinder zu erziehen. Aber das schließt keine gespielte Kindheit, kein herablassendes Plappern in sich, das das Kind sogleich tief verabscheut. Das bedeutet, sich von dem Kinde ebenso ganz und einfältig ergreifen zu lassen, wie dieses selbst vom Dasein ergriffen wird; das Kind wirklich wie seinesgleichen zu behandeln, das heißt dieselbe Zurückhaltung, dasselbe Fingerspitzengefühl und Vertrauen zu zeigen, das man einem Erwachsenen zeigt. Das bedeutet, das Kind nicht dadurch zu beeinflussen, daß man das fordert, daß das Kind es sei, sondern es durch den Eindruck dessen zu beeinflussen, was man selbst ist. Das bedeutet, dem Kinde nicht mit List oder Gewalt zu begegnen, sondern mit seinem eigenen Ernst und seiner eigenen Ehrlichkeit.[1]

Antiautoritäre Gedanken schon um die Jahrhundertwende also. Repressionsfreie Erziehung – sie war damals bereits ein Thema für viele Pädagogen in Europa und Übersee. Und das in einer Zeit, in der Kindsein in Schnürstiefeln und Matrosenkragen noch totale und absolute Unterwerfung unter die Allgewalt der Erwachsenen bedeutete. Einer Befehlserziehung wurde nun die Ermutigung entgegengestellt. Ob es die Verfechter der Landerziehungsheime waren, heraus aus den zerstörenden Städten, oder die Waldorf-Pädagogik, es blieb Erziehung, doch eine, die sensibler mit Kindern umgehen und auf sie eingehen wollte. Anders also als jene Ratschläge im Pädagogischen Handbuch von 1887, das empfahl, den

Willen des Kindes auf jeden Fall zu brechen, damit es lerne, nicht sich selbst, sondern anderen zu folgen. Die Produkte dieser Erziehung sind auch als Erwachsene bedingungslos gefolgt, die Diederichs, der Untertan.

„Seelenmorde in den Schulen“, die prangert *Ellen Key* an – schon 1900.

Der Schule der Jetztzeit ist etwas gelungen, das nach den Naturgesetzen unmöglich sein soll: die Vernichtung eines einmal vorhandengewesenen Stoffes. Der Kenntnisdrang, die Selbsttätigkeit und die Beobachtungsgabe, die die Kinder dorthin mitbringen, sind nach Schluß der Schulzeit in der Regel verschwunden, ohne sich in Kenntnisse oder Interessen umgesetzt zu haben. Das ist das Resultat, wenn die Kinder ungefähr vom sechsten bis zum achtzehnten Jahre ihr Leben auf Schulbänken damit zugebracht haben, Stunde für Stunde, Monat für Monat, Semester für Semester Kenntnisse zuerst in Teelöffel-, dann in Dessertlöffel- und schließlich in Esslöffelportionen einzunehmen, Mixturen, die der Lehrer oft aus Darstellungen aus vierter oder fünfter Hand zusammengebraut hat.[2]

Eine neue Schule sollte entstehen, die mir Wilhelm Flitner damals so beschrieb:

„Die Liebe der Reformpädagogik richtete sich gerade auf den schwachen, den schlechten Schüler. Man suchte ihn zu stützen, ohne dabei den anderen zu schädigen. Überhaupt der Gedanke, daß eine Schulklasse oder besser eine ganze Schule ein Gemeinschaftsleben haben müßte, wo einer den anderen stützt und trägt, so daß auch die Autorität des Lehrers eine der Familie ähnliche wird und keine Obrigkeitsform behält.“

Mitbestimmung und mehr Selbstverwaltung in der Schule – das ist nicht erst seit der Empfehlung des Deutschen Bildungsrates von 1973 ein Thema. Daß es auch in den siebziger Jahren noch ein recht heißes war, mußte das Beratungsgremium von Bund und Ländern bald erfahren. 1973 also legte es den Kultusministern seine Empfehlung „Verstärkte Selbständigkeit der Schule und Partizipation von Lehrern, Schülern und Eltern“ vor. Es sollte seine letzte Empfehlung sein. Bald darauf wurde auf seinen weiteren Ratschlag verzichtet. Interessant ist aber, daß eben diese Idee einer größeren inneren Unabhängigkeit des Schulbetriebs von staatlicher Bevormundung bereits in der Reformpädagogik Anfang dieses Jahrhunderts vorgedacht worden war. Pädagogen wie Hermann Lietz, Gustav Wynecken, Paul Geheeb, Peter Petersen, auch Rudolf Steiner verfolgten in ihren eigenen Modellschulen Ziele, die im Grunde auf eine größere

Autonomie und Selbstverwaltung der einzelnen Schule hinausliefen. Freilich ging es ihnen dabei weniger um politische Paritäten als um „Gemeinschaft“, Schulgemeinschaft.

Ziel der Reformpädagogen war es, den festen Lehrplan zu durchbrechen. Zu kopflastig erschien ihnen das Lernen. Man sprach von Tatschule, Erlebnisunterricht, Selbsttätigkeit. Die „Arbeitsschule“ wurde Modell. „Learning by doing“, forderte der Amerikaner John Dewey. Der Bau eines Blockhauses, eines Bootes oder die gemeinsame Produktion einer Schülerzeitung war ihm wichtig, um das zu wecken, was wir heute „soziale Kompetenz“ nennen. Ähnliche Ziele verfolgte der Schweizer Adolphe Ferrière mit seiner „école active“ oder der Franzose Célestin Freinet mit seiner „L'éducation du travail“, auch Georg Kerschensteiner mit seiner Arbeitsschule, die er freilich eher für Volksschüler bereithalten wollte, was ihm die Kritik der Sozialisten eintrug.

So ähnlich die Reformansätze auch scheinen, so schieden sie sich doch in der Frage der Schulstruktur. Befürworter einer Einheitsschule sammelten sich um Paul Oestreich. Nach 1945 hat er am Aufbau des Bildungssystems in der DDR mitgearbeitet. Er vertrat eine gemeinsame Volksbildung für alle Kinder vom Kindergarten bis zur Hochschule. Diese Einheitsschule war orientiert an der „Produktions- oder Industrieschule“ in der UdSSR, das heißt keine Trennung zwischen Allgemeinbildung, rein geistigem Lernen und dem Erlernen berufspraktischer Fähigkeiten und Fertigkeiten. Gedacht war an eine gemeinsame polytechnische, industriell orientierte Grundausbildung für alle Jugendlichen. Ein Modell dieser Einheitsschule ist weder in der Novemberrevolution 1918 noch in der Weimarer Republik erprobt worden.

Die große Diskussion der Schulreformer war durch den Ersten Weltkrieg nur unterbrochen worden. Nach dem Weltkrieg ging es munter weiter. Die Fronten verschärften sich. Während die „Entschiedenen Schulreformer“ einen radikalen Umbau des deutschen Schulwesens anstrebten, versuchte die bürgerliche Fraktion der Reformer am vorhandenen Schulsystem zu korrigieren. Und dieser Streit um die rechte Lehre hält bis heute an. Dazwischen das Kind, zu dessen Wohl und Frommen das alles geschieht. Niemand hat es je danach gefragt, was ihm denn nun gefallen würde, und was es sich wünscht, wenn es denn schon zur Schule gehen muß. Ketzerische Gedanken sicher, doch wohl berechtigt angesichts wachsenden Schulfrusts am Ende des 20. Jahrhunderts.

Die Reichsschulkonferenz 1920. Ein wichtiges Datum in der deutschen Bildungsgeschichte. Über 600 Pädagogen, Verbandsvertreter und Politiker trafen sich in Berlin. Veranstalter war das Reichsinnenministerium, das sich Klärung und Orientierung für seine künftige Bildungspolitik erhoffte. 10 000 Seiten stark ist das amtliche Protokoll des achttägigen Sitzungsmarathons im Deutschen Reichstag. Zerrissen und widerspruchsvoll blieb es, was zu erwarten war. Einziges politisches Ergebnis: Im April 1920 wurde wenigstens die vierjährige Grundschule für alle Kinder in der Verfassung verankert. Protest und Druck waren fast ebenso vehement wie später gegen die Gesamtschule. Bald schon gewannen die Kirchen wieder Einfluß und sicherten ihn durch entsprechende Konkordate und Verträge ab. 1927 gab es in Deutschland weit mehr konfessionell gebundene Volksschulen als Simultanschulen, heute würde man sagen, Gemeinschaftsschulen.

Was ist geblieben? Alles vergebens? Völlig versickert sind die Gedanken und Ideen der Reformer sicher nicht. Ihr Erbe wird heute noch gepflegt in Waldorf-Schulen und Landerziehungsheimen. Und wenn zur Zeit Schulleben, Projektunterricht, ganzheitliches Lernen auch für die Staatsschulen gefordert wird, so hat das alles seine Wurzeln in der aufregenden Herausforderung der großen Lebensreformbewegung vor und nach dem Ersten Weltkrieg.

Die öffentlichen Schulen blieben schon damals nicht unbeeinflußt von diesen Gedanken. Das erzählte mir Wilhelm Flitner, der es als junger Pädagoge gesehen und gespürt hat. Die Lehrerschaft wurde davon erfaßt, besonders in Hamburg und Sachsen. Und „man brauchte nur die ersten paar Stufen der Treppe hinaufzugehen und in den Schulraum einzutreten, um zu merken, hier ist schon die Reformbewegung im Gange oder es ist noch alte Schule".

Ähnlich schilderte es auch Rodenstein, der damals Junglehrer in Braunschweig war. Die Reform zeigte sich am Schulmobiliar, an der Sitzordnung. Kinder saßen „nicht mehr in Bänken hintereinander, alles starrte nach vorn. Sprechen mit dem Nachbarn war verboten. Wer hinter einem saß, den konnte man überhaupt nicht sehen. Wer etwas aufsagen wollte, mußte nach vorn treten, und die ganze Klasse starrte ihn an. Zum Schreiben gab es eine Tafel von einem Quadratmeter oder zwei." Das nun änderte sich in reformbereiten Schulen. Kinder saßen nun an Gruppentischen:

„Sie sind nicht mehr frontal dem Lehrer gegenüber, sondern sie sitzen sich selbst gegenüber, und der Lehrer geht zwischen ihnen hindurch. Er sitzt nicht mehr auf einem thronähnlichen Pult, sondern lebt und wirkt inmitten der Kinder." Das war Schulrevolution. Es gab nicht nur weiße

Kreide, erzählte mir Heinrich Rodenstein, und die Tafeln waren nicht schwarz, „sondern sie waren in angenehmem Grün und liefen als Fries an der Wand entlang, so daß also 15, 20 Kinder, vielleicht eine ganze Klasse gleichzeitig, mit bunter Kreide malen konnten. Die Schule lieferte ihnen die Wände, die sie verschmieren sollten."

Lehrer war Rodenstein in einer sogenannten Sammelschule in Braunschweig. Das waren Schulen, die Kinder besuchten, die vom Religionsunterricht abgemeldet worden waren. Tausende von Kindern haben an diesem Reformversuch teilgenommen. Es war ein Modellversuch auf Massenbasis 1926/27. Die Lehrer, erinnerte sich Rodenstein, waren „antifaschistisch, antiklerikal und schulreformerisch begeistert." Fast ins Schwärmen geriet der Gewerkschafter damals:

„Es gab selbstverständlich die Gleichwertigkeit aller menschlichen Tätigkeiten: Sprechen, Singen, Hobeln, Malen, Denken, Mathematik, fremde Sprachen, alles gab es, alles wurde angeboten, wenn es verlangt wurde. Und alles wurde intensiv betrieben, nicht als widerliche Pflichtaufgabe, sondern von innen heraus bejaht."

Die Schwierigkeit lag in der Lehrerpersönlichkeit und der Lehrerbildung. Der geniale Erzieher, der so lange wie nötig und so oft wie möglich mit Kindern zusammen war, sich gleichsam verströmte in seinem Bemühen, Kindern eine freundliche Umgebung zu schaffen, diese personifizierte Selbstlosigkeit gab es weder in der Zeit der Reformpädagogik, noch gibt es sie heute, wo alles tarifvertraglich abgesichert ist, minutiös festgelegt von Schulanfang bis Schulschluß. Den genialen Lehrer als Durchschnittslehrer, den kann es nicht geben. Da sei eben nicht zu Ende gedacht worden, meinte Rodenstein. Die Diskussion um die Lehrerfigur ist längst noch nicht beendet. Ständig werden Retuschen an seinem Standbild vorgenommen.

1933 war dann alles vorbei. Heinrich Rodenstein ging in die Emigration und viele engagierte Reformer mit ihm. Manch unpolitischer Reformkopf verfiel auch der nationalsozialistischen Propaganda, die geschickt Ziele und Strömungen der Jugendbewegung zu nutzen verstand: Gemeinschaft, Naturverbundenheit. All das wurde für manchen naiven Reformer zur Leimrute. Standhafte, wie der Pädagoge Adolf Reichwein, mußten Widerstand mit dem Leben bezahlen. Andere arrangierten sich. Selbst der profilierte Reformpädagoge Peter Petersen, dessen Jenaer-Plan-Schulen weltberühmt waren als Inbegriff einer demokratischen Schulgemeinde, unterwarf sich bereitwillig. *Peter Petersen* 1934:

Eine solche soldatische Erziehung verlangt von jedem Einordnung ohne Vorbehalt und dies in einer Welt, die zugleich streng nach Rängen gestuft ist.[3]

Zeitzeugen

Eine Chance hätte es gegeben, ganz neu anzufangen

Rückkehr 1945 nach Deutschland. Heinrich Rodenstein erinnert sich:

„Als wir 45 wieder anfingen, konnten wir ja nicht auf einem freien Baugrund mit freigewählten Mitarbeitern beginnen, sondern es war so, daß wir den Baugrund vorfanden und die Mitarbeiter nehmen mußten, die da waren."

Ende der siebziger Jahre hatte ich den ehemaligen GEW-Vorsitzenden Rodenstein in Braunschweig besucht, um von einem Zeitzeugen zu erfahren, welche Weichen schulpolitisch nach Krieg und Niederlage der nationalsozialistischen Herrschaft gestellt worden waren. Haben die Konflikte heute, der Streit um Schulstrukturen, ihre Ursache in jenen ersten Nachkriegsjahren? Persönlichkeiten, die diese Zeit aktiv mitgestaltet oder ihre Entwicklung aufmerksam beobachtet hatten, erzählten mir über diese Zeit, die oft auch die „Stunde Null" genannt wird.

Bildungspolitisch war sie es nicht. Heinrich Rodenstein war 1945 aus der Emigration zurückgekehrt, hoffnungsvoll, nun seine Ideen von einer demokratischen Schule verwirklichen zu können. Von 1935 bis 1939 hatte Rodenstein in Paris gelebt und dort im Verband deutscher Lehreremigranten ein Schulprogramm für die „Nach-Hitler-Zeit" entworfen. Anknüpfen sollte es nahtlos an die Idee der Weimarer Schulreform. Es sei ein „aussichtsloses Unterfangen" gewesen, „da die Ausgangslage völlig unbekannt war", erzählte mir der Gewerkschafter fast melancholisch. Die Gewerkschaften waren mit ihrem Wiederaufbau beschäftigt. Bildungspolitik war zweitrangig. Arbeit und Soziales hatten Vorrang. So beschrieb es Rodenstein.

Die ersten Nachkriegsjahre waren Jahre des „Überlebens", und Rodenstein richtete sich damals wieder in Braunschweig ein:

„Der Baugrund war eine völlig zerrüttete Gesellschaft, eine nicht mehr strukturierte Bevölkerung. Ich erinnere an Vertriebene, Flüchtlinge, entlassene Soldaten. Eine schwer zerstörte Stadt, eine zerstörte Hochschule. Die wenigen Schulen, die heil überlebt hatten, waren zum Teil als Ausweichbüro für das zerstörte Rathaus genommen worden und für andere Verwaltungsdinge, so daß wir gar nicht die Reform als Hauptaufgabe ansehen konnten, sondern die Hauptaufgabe war erst einmal, wie sorgen wir dafür, daß aus den 160 oder 180 Kindern, die damals in einer Klasse saßen, eine vernünftige Zahl wird. Woher bekommen wir die Lehrer, woher bekommen wir die Klassen, die Möbel und die Bücher, und wie bekommen die Kinder etwas zu essen, und wie sorgen wir dafür, daß sie wieder vernünftige Schuhe an die Füße bekommen? Das war ja vorrangig."

Und ähnlich wie in Braunschweig sah es auch in anderen deutschen Städten aus. In Köln waren neun von zehn Schulen unbrauchbar. In Berlin konnte in der Hälfte aller Schulen kaum oder gar nicht mehr unterrichtet werden. Schwerwiegender noch war der Lehrermangel. Der Leiter der Nachrichtenstelle in der britischen Gruppe in der Alliierten Kontrollkommission *Michael Balfour* schreibt in seinen Erinnerungen:

Da die Nazis großen Nachdruck auf die politische Schulung der Jugend gelegt hatten, galten die meisten Lehrer jüngeren und mittleren Alters als unerwünscht. In der russischen Zone wurde fast die Hälfte der Lehrerschaft als ungeeignet abgelehnt, in der britischen waren 11 567 verhaftet, entlassen oder ihres Amtes enthoben worden, während 14 530 weitere zu Hause saßen und auf ihre Entnazifizierung warteten. Die Franzosen sollen anfänglich noch weiter gegangen sein und 75 Prozent aus dem Schuldienst entlassen haben, von denen allerdings später eine Reihe in unteren Stellungen zugelassen wurde. Durchweg verblieben nur solche Lehrer, die entweder in bezug auf ihr Alter wie auch auf ihre Lehrmethoden einer vergangenen Epoche angehörten oder wenig geübte Junglehrer waren, die ihre Ausbildung im 3. Reich erfahren hatten.[1]

Im Durchschnitt hatten diese Lehrer bis zu 60 Schüler zu betreuen, in der britischen Zone sogar 70. In einer niedersächsischen Schule soll ein Lehrer 141 Kinder mit einem Lehrbuch unterrichtet haben und „dazu noch ein geliehenes", erinnert sich Balfour.

Eine Dorfschule im Badischen. 1946. Beginn meiner Schulzeit. Unser Lehrer war ein entlassener Leutnant. Der Rohrstock lag auf seinem Tisch. Eingeklemmt saßen wir in alten Schulbänken, in die Schülergenerationen ihren Frust und ihre Langeweile hineingemalt und -geschnitzt hatten. Das aufklappbare Tintenfaß. Ausgetrocknet. Die Wände kahl. An Haken Jakken und Mäntel. Muff. Frontalunterricht. Griffelkasten und Schiefertafel im scheppernden Ranzen lief ich zum alten Schulhaus. Was war bedrohlicher, die Angst vor dem strengen Lehrer, die Angst vor der Verfolgung der Dorfjugend? Aufspringen, wenn Lehrer Laubich die Klasse betrat. Die braunen langen Wollstrümpfe am gehäkelten Leibchen kratzen. Ich erinnere mich an das kleine m, dessen Mittelbogen immer über die Linie hüpfte. Schönschrift war gefordert, unerbittlich. Unzählige Versuche, diesen Mittelbogen zu bändigen. Weinen. Erinnerungen an Demütigungen. Das Papierkügelchen im Mund. Die Weigerung. Der Griff, mit dem der Kiefer auseinandergebogen, das Beweisstück meines Ungehorsams herausgefischt und triumphierend hochgehalten, der Klasse gezeigt wurde. Aus der Bank wurde ich gezerrt, vor den unterwürfig, neugierigen Blicken meiner Mitschüler über die Bank gebeugt und exekutiert. Auf dem Heimweg verberge ich mich hinter dem Gebüsch, weniger den körperlichen Schmerz beweinend als die erlittene Schmach. Kein Neuanfang also 1946. Erinnerungen.

Später erzählt mir eine Mitschülerin von ihrem Leiden als Flüchtling. Barackenexistenz am Rande des Dorfes. Kinder, die auf den Höfen betteln. In der Klasse sei sie gehänselt worden wegen der Warzen auf ihren Händen, der notdürftig geflickten Brille. Gefühle ähnlich wohl denen von Aussiedler- oder Asylantenkindern heute. Alles schon einmal dagewesen. Erfahrungen aus dem Schulalltag 1946.

Immerhin. Bereits im Oktober 1945 war ein provisorischer Schulbetrieb in Ost- wie Westdeutschland möglich. In der britischen Zone wurden mehr als 11 000 Schulen für über zwei Millionen Schüler wiedereröffnet, Kurzlehrgänge für Lehrer eingerichtet und Schulbücher auf NS-Gedankengut durchforstet. Schulspeisung. Ich erinnere mich an den Grießbrei, in dem dicke, aufgequollene Sultaninen schwammen, an die süßlichen Rosinenbrötchen, die fette Nudelsuppe und vor allem an die Blockschokolade. Begeisterung, wenn sie am Sonnabend verteilt wurde. Für viele Kinder in dieser Zeit war die Schulspeisung die Rettung. Eine große Tat der sogenannten „Besatzer".

Erstaunlich, daß es in diesen Überlebensjahren noch Zeit gab, über die Form der künftigen Schule nachzudenken. Bereits im Juli 1945 trafen sich im Landerziehungsheim Marienau der Sozialdemokrat und ehemalige preußische Kultusminister Adolf Grimme, später war er niedersächsischer Kultusminister, der Göttinger Pädagoge Herman Nohl und der Hamburger Senator Heinrich Landahl, um Grundsätze eines deutschen Bildungswesens zu entwickeln. Hier schon wurde deutlich, wohin man im Westen zumindest den Blick wenden wollte, nämlich zurück auf die idealistische Bildungsphilosophie des 19. Jahrhunderts.

Da heißt es:

Unsere Schule will deutsche Menschen erziehen, die gebildet in den edelsten Erinnerungen unseres Volkes und innig vertraut mit dem abendländischen Kulturgut als wertvolle Mitglieder eintreten können in die Gemeinschaft aller friedliebenden Völker, die für das Wohl und die Steigerung der Menschheit arbeiten.[2]

In „Ehrfurcht vor dem Ewigen“ und in „standhaftem Glauben an eine geistige Welt“, „gesund an Leib und Seele“ und „in Treue zu unserem Volk“, so sollte die deutsche Jugend nunmehr unangefochten von aller nationalistisch rassistischen Ideologie durch die Weltgeschichte schreiten. Schon in der Emigration waren keine revolutionären Gedanken an einen totalen Umbau des deutschen Schulwesens gediehen. Das Gros der Emigrantenorganisationen folgte der neuhumanistischen Bildungstradition: Athen, Jerusalem und Rom. Der Engländer *Michael Balfour* in seinen Erinnerungen:

Ähnlich wie in England, waren die Gymnasien, die Schulen mit dem größten Ansehen, dabei geblieben, großen Wert auf klassische Bildung zu legen, aber während man in England ... bestrebt gewesen war, gutinformierte und gewissenhafte Staatsbürger heranzuziehen, hatte man in Deutschland mehr Gewicht auf humanistische Bildung und detailliertes Wissen im Rahmen eines beschränkten Fachgebietes gelegt. Die Erweiterung des Lehrplans hatte nichts an dieser allgemeinen Einstellung ändern können, in der ausländische Beobachter eine der fundamentalen Ursachen des deutschen Mangels an praktischem Urteilsvermögen, der Nabelbetrachtung und der übermäßigen Hinwendung zum Theoretischen sahen.[3]

Eine gemeinsame Linie freilich, wie dies zu verändern wäre, gab es unter den Besatzungsmächten in Nachkriegsdeutschland nicht. Reedukation, das Großreinmachen in den Gehirnen, war ihr Plan, jedoch auf unterschiedlichen Wegen. Hellmut Becker, später Mitbegründer der deutschen Bildungsforschung in der Bundesrepublik, hat das Tohuwabohu damals beobachtet. Jeder sei mit eigenen Vorstellungen nach Deutschland gekommen, erzählte er mir. Die Franzosen wollten ihr zentrales Auslesesystem übertragen, die Amerikaner ihre reeducation verwirklichen, die Briten waren am unorthodoxesten. Sie ließen Konfessionsschulen zu, aber auch Entwicklungen, die in Richtung Gesamtschule liefen. Radikal waren nur die Russen. Sie wollten alles Bisherige umstülpen. Von vornherein hatten sie für ihren Einflußbereich die Einheitsschule vorgesehen und dieses ihr sozialistisches Reedukation-Programm nach Einmarsch und Besetzung des östlichen Teils Deutschlands mit der einem zentralistischen System eigenen Zügigkeit auch durchgesetzt. Schon 1946 wurde die achtjährige Einheitsschule im „Gesetz zur Demokratisierung der deutschen Schule“ festgeschrieben. „Die schulpolitische Entwicklung im Westen aber blieb zwiespältig, schwankend zwischen Restauration der Weimarer Schulverhältnisse und Reform." So sah es Hellmut Becker. Schulpolitik geriet damit auch in den Sog einer später zweigeteilten Welt.

Der Pädagoge Heinrich Roth beschrieb mir die Tabuzonen. Im Westen Deutschlands stand bald fest, „daß auf keinen Fall so etwas gemacht werden sollte wie eine achtjährige Grundschule. Ich weiß noch, wie ich auch gezögert habe in meinen Aufsätzen – obwohl ich das wünschte –, das nicht in dieser Deutlichkeit sagte, wie ich eigentlich dachte. Und so war lange Zeit die Lage."

Und Hellmut Becker wies auf das allgemeine Stimmungsbarometer hin, das damals eher auf „beständig", denn auf „Veränderung" stand. „Ruhebedürftig" seien die Deutschen gewesen. Was vor der NS-Zeit war, war „auf jeden Fall besser. Dann wollen wir doch wieder so weitermachen, wie es damals gewesen ist." Das habe dazu geführt, „daß sich eine deutsche Konzeption nicht entfalten konnte und auf Alliierter Seite der Wille fehlte, kurzfristig eine gemeinsame Konzeption für das, was in Deutschland zu geschehen hätte, herauszuarbeiten."

Gewarnt haben sie schon, die amerikanischen Erziehungsoffiziere. 1946 kamen sie zu folgendem Schluß:

Schon im Alter von zehn Jahren sieht sich ein Kind eingruppiert oder klassifiziert durch Faktoren, auf die es keinen Einfluß hat, wobei diese Einstufung fast unvermeidlich seine Stellung für das ganze Leben bestimmt. Dieses System hat bei einer kleinen Gruppe eine überlegene Haltung und bei der Mehrzahl der Deutschen ein Minderwertigkeitsgefühl entwickelt, das jene Unterwürfigkeit und jenen Mangel an Selbstbestimmung möglich machte, auf denen das autoritäre Führerprinzip gedieh.[4]

An einen totalen Umbau dachten die engagierten amerikanischen Erziehungsoffiziere:

Daher müssen wir auf Milderung der Klassen- und Glaubensgegensätze dringen. Und es muß sich die Auffassung durchsetzen, daß die Schule ein Hauptfaktor für die innere Demokratisierung Deutschlands ist.[4]

Gleiche Bildungsmöglichkeiten für alle Kinder zwischen sechs und fünfzehn Jahren, forderten sie. Ganztagsschulen. Und mit deutlichem Hinweis auf die deutsche Standesschule sollten die Begriffe „Volksschule“ und „höhere Schule“ künftig nur zwei aufeinanderfolgende Unterrichtsstufen, nicht aber zwei Schultypen beschreiben. Ihr Bemühen blieb erfolglos. Doch an Aktualität haben diese Forderungen bis heute nichts verloren.

Die Zeit war reif, nicht aber die Einsicht. Felix Messerschmidt war Mitglied im ersten bedeutenden Beratungsgremium für Bund und Länder in den fünfziger Jahren, dem „Deutschen Ausschuß für das Erziehungs- und Bildungswesen“. Seine Einschätzung der Lage im Rückblick: Eine Zeit lang nach 1945 habe es wohl so ausgesehen, „als ob die radikalen Vertreter der Einheitsschule das Rennen machen würden. Dagegen formierten sich sehr rasch mehrere Gruppen, nicht nur Realschullehrer, auch Gruppen aus den Volksschulen“.

Gegen den Widerstand dieser Interessenverbände wäre vielleicht „ein längeres Zusammenbleiben der Schüler durchzusetzen gewesen, aber auf keinen Fall eine Gesamtschule“. Früh schon meldeten sich die Parteien zu Wort, die Wirtschaft, die Kirchen und schon bald zeichnete sich ab, was typisch werden sollte für die deutsche Bildungskonstellation der folgenden Jahrzehnte: der Nord-Süd-Konflikt. Die Beharrenden in Bayern und Baden-Württemberg. Die Wagemutigen, nicht immer geschickten Veränderer, im nördlichen Teil der Republik. In Bayern trieb der streitbare Christsoziale Aloys Hundhammer die Entwicklung der dreigliedrigen Schule voran und die Bekenntnisschulen. In Bremen und Hamburg unter SPD-Ägide wurde die sechsjährige Grundschule eingeführt, in Berlin gar zeitweilig die achtjährige Einheitsschule. All das wurde bald wieder zurückgestutzt auf vier Grundschuljahre. Nur Berlin blieb bei einer sechsjährigen Grundschule.

Blättert man in den ersten Heften „Die Sammlung“ nach 1945, einer Fachzeitschrift für Pädagogik, herausgegeben von dem Reformpädagogen Herman Nohl, so wird da bereits der Trend der Zeit deutlich: Auslese und Hochbegabtenförderung.

Im Juniheft 1948 erscheint der Bericht von Karl Valentin Müller über seine erste Begabungsuntersuchung nach dem Krieg in Niedersachsen.[5] Valentin Müller konnte da unwidersprochen seine Vorstellungen verbreiten, daß Begabung „in erster Linie auf Erbanlagen zurückgeht, und damit klar sei, „daß ihre Struktur innerhalb einer Bevölkerung nur dann konstant bleiben kann, wenn die Fruchtbarkeit der Begabungsträgerfamilien der einzelnen Stufen gleich groß ist“. Erst müsse die wirtschaftliche Not abgebaut sein, ehe an eine „auslesegerechte Fortpflanzungsordnung auch nur gedacht werden kann“.[6] Wenige Jahre nur nach Rassenwahn, Völkermord und Euthanasie konnte dies bereits wieder geschrieben und gedruckt werden. Heinrich Roth beschrieb mir damals die Folgen dieses Denkens: „Was die Frage nach der Begabung angeht, da möchte ich sagen, daß die deutsche Auffassung immer die eines Dreiklassensystems war. Es gibt praktisch Begabte und theoretisch Begabte. Die praktisch Begabten, das war die Klientel für die Realschulen und die theoretisch Begabten für das Gymnasium. Das war gängige Theorie."

Hat das die Restauration des alten Schulsystems erleichtert?

Das war so gefestigt, Mannschaft, Unteroffizier, Offizier, Arbeiter, Angestellte, höhere Angestellte, schon das Wort „höhere" zeigt ja die Einstellung, daß dagegen anzukommen sehr schwierig war. Ich erinnere mich an Aufsätze in der Sammlung, die Nohl herausgegeben hat. Da war schon ein Kampf um die Begabung, wie ich ihn dann geführt habe. Da war ein Karl Valentin Müller, der hat an Hand von Untersuchungen an Flüchtlingen nachweisen wollen, daß es auf Grund der Begabung gelungen wäre, daß die hier wieder zu Ansehen und Stellung gekommen sind. Eine Untersuchung, die heute kein Mensch mehr auf ihre wissenschaftliche Seite hin ernst nehmen würde. Aber schon damals gab es welche, die die andere Seite betont haben. Die Experten haben immer wieder darum gestritten, aber die öffentliche Meinung war immer davon überzeugt, daß es diese Dreiteilung gibt und sich das Schulsystem dieser Dreiteilung anpassen müsse. Es war unmöglich, dagegen anzukämpfen, zum Beispiel mein berüchtigter Begriff „Begabung" und „begaben" als Verb, heute als ominöses Wort schon wieder gekennzeichnet. Das habe ich zuerst benutzt in einem Aufsatz 1952, aber ohne irgendwelche Resonanz. Mit der Studentenbewegung der siebziger Jahre ist das dann zur Geltung gekommen, aber erst dadurch, daß eine Resonanz dafür da war. Und jetzt wird es schon wieder lächerlich gemacht, das Verb, obwohl das Verb von Nietzsche stammt, also einem ganz unverdächtigen Zeugen in der Sache, und der hat es im gleichen Sinne verwendet wie ich.

Heinrich Roth ist gestorben. Seine Gedanken aber, daß der Mensch nicht nur Produkt seines genetischen Codes ist, sondern entwicklungsfähig, ist unbestritten. Unterschiedliche Schultypen jedoch gibt es nach wie vor – auch in der neuen Bundesrepublik. Ihre Gestalt aber verändert sich, weniger durch eine ungeahnte Begabungsexplosion, als vielmehr durch den Elternwillen, der – Ironie der Geschichte – einst zur Stabilisierung der Dreigliedrigkeit aufgerufen, sie nun nachhaltiger in Frage stellt als Bildungsforscher und Parteiideologen es vermocht haben. Über Jahrzehnte jedoch hat die alte Schule die neue Zeit und die Zweite Deutsche Republik geprägt. 1945 also war keine Stunde Null.

Feuerzangenbowle

Statt dessen blieb alles wie gehabt

Die Zweite Deutsche Republik schickte sich an, ein Wirtschaftswunderland zu werden. Zwergenhaft blieb sie jedoch in Bildung und Ausbildung. Rückständig. Nicht Weltläufigkeit, sondern der Mief provinzieller Enge prägte das Klima in den Schulen. Doch so betulich sich die Lehranstalten der goldenen Fuffziger aus heutiger Sicht ausnehmen mögen, überlastete, gestreßte Kinder, die gab es schon damals, wenn auch weitaus angepaßter als heute. Brav. Überfordert waren sie durch die äußeren Bedingungen. Da saßen oft weit mehr als 50 Schüler in einer Klasse, unterrichtet wurde im Schichtbetrieb am Vor- und Nachmittag. Die Lehrer waren schlecht ausgebildet. Und wenn sich die Gewerkschaft heute in kessen Postern, „Unser Jüngster wird Fünfzig", über die alternden Kollegien mokiert, so war dies in den fünfziger Jahren das Übliche.

Zahlen von 1959 belegen es: weit mehr als die Hälfte aller männlichen Lehrer an Volksschulen waren älter als 50 Jahre. Und bei den Kolleginnen sah es nicht viel besser aus. Klassenräume fehlten und Turnhallen. Überfülle und Mangel wurden durch drakonische Maßnahmen kompensiert, Disziplin und Ordnung durchgesetzt, notfalls mit Gewalt. Prügel war alltäglich. Nordrhein-Westfalen damals. Erinnerungen eines Schülers.

„Das geschah dann vermittels Rohrstock, den der Delinquent aus dem Schrank holen mußte. Der Rohrstock hatte bezeichnenderweise auch immer einen Kosenamen von Bonifatius bis Fridolin. Und die Strafe wurde entweder auf die ausgestreckte Hand exekutiert, in schweren Fällen auf das Gesäß, indem man sich vorher auf eine Schulbank entsprechend legen mußte."

So gesehen hatten die Reedukation-Versuche der Alliierten wenig gefruchtet. Die deutsche Schulverwaltung hielt Handgreiflichkeiten immer noch für das probate Mittel gegen unbotmäßige Schüler. Die körperliche Züchtigung abgeschafft zu haben, gilt deshalb als der große Fortschritt im deutschen Schulwesen der fünfziger Jahre. Schulorganisation, gar Lerninhalte, waren dagegen kein Thema. Es blühte der Föderalismus, die Kleinstaaterei. Von einer Vergleichbarkeit des Bildungsangebotes konnte nicht die Rede sein. Umzüge damals wurden für Eltern und Kinder zum Alptraum. Und in diesen Zeiten des beruflichen Wiederein- und -aufstiegs zog man häufig um. Es gab unterschiedliche Schulanfangs-, Ferien-, Versetzungs-, Zeugnis- und Übergangsregelungen, unterschiedliche Lehrbücher und ein recht unterschiedliches Schulklima.

Wen es beispielsweise von Berlin nach Nordrhein-Westfalen verschlug, der wechselte von liberaler Aufgeschlossenheit in schulisches Mittelalter. Erich Frister, später Vorsitzender der GEW und damals noch junger

Funktionär in der gerade gegründeten Lehrergewerkschaft, beschrieb die fortschrittlichen Berliner Verhältnisse so: eine sechsjährige Grundschule ohne „Differenzierungsartistik“, in der alle Kinder gemeinsam eine Fremdsprache lernten. Ein 9. Schuljahr bereits seit 1949. Ein 10. Hauptschuljahr. Die Teilnahme am Religionsunterricht war freiwillig. Berlin war eine Ausnahme und blieb es lange Zeit. Denn in weiten Teilen der Bundesrepublik gab es Konfessionsschulen, dauerte die Pflichtschulzeit noch acht Jahre. Ein Schüler erinnert sich an seine Schule in Nordrhein-Westfalen:

„Ich habe eine katholische Volksschule besucht, in deren Gebäude ebenfalls eine evangelische Schule untergebracht war. Es wurde strikt darauf geachtet, daß die Schüler keinen Kontakt miteinander hatten. Selbst der gemeinsame Schulhof wurde durch einen Maschendrahtzaun voneinander getrennt.“

Von Kleinkriegen zwischen katholischen und protestantischen Schülern wird berichtet und von getrennten Schülerklos. Wie stark der Einfluß der Kirchen in den Schulen war, schilderte mir der Erziehungswissenschaftler Konrad Wünsche, dessen Buch „Die Wirklichkeit des Hauptschülers“ später viele Schulreformer auf den Plan gerufen hat. Er war damals Lehrer an einer Volksschule nahe Bonn. Lehrer waren gehalten, bei der Fronleichnamsprozession mitzugehen. Der örtliche Pfarrer mischte sich selbstredend in die Arbeit des Pädagogen ein, dem er den Verzicht auf Prügeln als pure „Humanitätsduselei“ ankreidete.

Bedeutsam aber war, daß sauber getrennt wurde, was Kinder für das Leben lernen sollten und wer dies lernen durfte, nämlich höhere Bildung für Auserwählte und volkstümliche Bildung für das Volk eben, wobei noch einmal säuberlich sortiert wurde, was Mädchen und was Jungen an Weltsicht zustand.

An einen Fortbildungskurs 1956 für den Lehrernachwuchs erinnerte sich Konrad Wünsche. Da habe sich eine Schulrätin aus Aachen über geschlechtsspezifische Erziehung dergestalt ausgelassen, „daß das Wesen des Weiblichen die Einheit und Geschlossenheit der gesamtleiblichen, seelischen Persönlichkeit und die harmonische Entfaltung ausmacht, während das Wesen des Männlichen in der Steigerung einzelner Kräfte zu Höchstleistungen“ liege. Wie sich das dann in der Gesellschaft widerfand, war nicht schwer auszumachen, meinte Konrad Wünsche:

„Also das Eigenheim, in dem die Frau dann alle Kräfte harmonisch entfaltet, und die Wiederbewaffnung, in der der Mann expansiv-dynamisch agieren kann.“

Ideologie der fünfziger Jahre. Dazu gehörte die „lustige Arbeitswelt“ in Lesebüchern, in der sich alles harmonisch zusammenfügte, obwohl es Anfang der Fünfziger fast zwei Millionen Arbeitslose und 1,6 Millionen Behinderte gab. Die putzwütige Mutter, die zusammen mit Frau Wischfroh den Feudel schwingt, obwohl 1,2 Millionen Kriegerwitwen auf Arbeit gehen mußten. Die Kulturpolitikerin Karla Fohrbeck hat Schulbücher aus Gymnasien und Volksschulen der fünfziger Jahre daraufhin durchforstet, was da so an Bildern in Schülerköpfe projiziert wurden:

„In der Volksschule lernte man eine Art ‚Froschperspektive‘. Die Dritte Welt bestand aus Menschen, die Ringe um den Hals oder in der Nase trugen oder mit einem Speer auf einem Bein in der Ecke standen. Und wo dann sehr plastisch dargestellt war, daß Kuba unsere Zuckerbüchse und Brasilien unsere Kaffeekanne und Argentinien die Fleischkammer sei.“

Im Gymnasium dagegen wurde die Welt gleichsam aus der Vogelschau betrachtet. Schüler lernten dort, „wie selbstverständlich es ist, ohne Berücksichtigung politischer Grenzen über andere Erdteile zu verfügen. Wo kriegt man all die Erdschätze und Rohstoffe her?“ An die dicken Pfeile erinnerte mich Karla Forbeck, die in Erdkunde aus allen Erdteilen beider Hemisphären auf Europa zeigten. Und diese Sichtweise ganz selbstverständlicher Aneignung fremden Eigentums gehörte zum vermittelten Weltbild eines deutschen Schülers dieser Jahre. Vergleicht man dies mit Schüler- und Lehrerbewußtsein heute, so ist es nicht übertrieben, von Fortschritt zu sprechen.

Doch zurück in die „Fuffziger“. Ein paar Zahlen sollen verdeutlichen, wie wem was zugute kam von dieser simplen Weltsicht. Nur wenige Kinder besuchten damals das Gymnasium, aber rund 80 Prozent gingen in die achtjährige Volksschule. Einem Nadelöhr glich in den Fünfzigern auch der Zugang zur Hochschule. Dafür sorgten die Schulverwalter. Nur etwas mehr als dreizehn Prozent aller Schüler im 7. Jahrgang konnten im Schuljahr 1952/53 nach tüchtigem Sieben ins Gymnasium wechseln. Heute sind es über 32 Prozent. Vergleichszahlen dazu für die Realschule: 1952/53 besuchten sie nur etwas über sechs Prozent. 1990 schon 27 Prozent.[1]

Ich erinnere mich, daß mein schönes Spiel im Garten durch den strengen Ruf meiner Mutter unterbrochen wurde. Ich übte an jedem Nachmittag Dreisatzaufgaben und Diktat für die bevorstehende Eingangsprüfung. Dann der gefürchtete Tag, an dem ich im Nürtinger Gymnasium schriftlich abgeprüft und für die gymnasiale Laufbahn für würdig befunden wurde. Das war Baden-Württemberg. In Niedersachsen freilich ging es nicht minder auslesend weiter. Von 53 Schülerinnen in der Sexta, wie es damals noch hieß, erreichten schließlich zwölf Schülerinnen das Abitur. Die meisten blieben auf der Strecke. Frontalunterricht übrigens, Abfragen und Antworten mit Aufstehen selbstredend, waren noch die Regel in meinem Schulalltag – und die Angst natürlich, zu versagen.

Schule dieser Zeit war das Spiegelbild der Gesellschaft. Und die sollte sich so widerspiegeln: eine kleine Führungsschicht mit Gymnasial- und Hochschulbildung von drei bis fünf Prozent, danach elf bis zwölf Prozent Vorarbeiter, Meister, Kolonnenführer, Verwalter mit Mittelschulbildung und ganz unten das große Heer der Hand- und Zulanger vom Facharbeiter bis zum Hilfsarbeiter.[2] Da genügte Volksschulbildung allemal. Aus damaliger Sicht zumindest. Daß überwiegend Sprößlinge von Beamten und höheren Angestellten die Gymnasien bevölkerten, verursachte kein kollektives schlechtes Gewissen.

In einem Sprachbuch für Volksschüler des 5. und 6. Schuljahres war da der Säherspruch von *Conrad Ferdinand Meyer* zu lesen, der im Zusammenhang offensichtlicher Ungleichheit von Bildungschancen fast symbolisch wirkt:

Bemeßt den Schritt!
Bemeßt den Schwung!
Die Erde bleibt noch lange jung!
Dort fällt das Korn, das stirbt und ruht.
Die Ruh ist süß. Es hat es gut.
Hier eins, das durch die Scholle bricht.
Es hat es gut. Süß ist das Licht.
Und keines fällt aus dieser Welt,
und jedes fällt, wie's Gott gefällt.

Das also sollte in die Köpfe hinein, das Samenkorn, das fällt, wie es Gott gefällt. Beileibe aber nicht die Zweifel, warum eigentlich nur wenige Prozent ans Licht höherer Bildung vordringen durften. Zwischen 1950 und 1965 erreichten in der Bundesrepublik nur rund vier bis siebeneinhalb Prozent eines Schülerjahrgangs den Abschluß am Gymnasium.[3] Die anderen hatten das Nachsehen. Ein aufgeklärtes Bewußtsein über den Zusammenhang von sozialer Herkunft und Schulschicksal hat sich erst Mitte der sechziger Jahre mit dem Aufblühen der empirischen Sozialforschung, den kritischen Fragen der Bildungsforscher, aber auch dem wachsenden Bedarf an gebildeten Köpfen in einer zunehmend wissenschaftlich orientierten Gesellschaft entwickelt. Es war der Deutsche Ausschuß für das Erziehungs- und Bildungswesen, der 1959 schon vorsichtige Korrekturen am alten Verteilungssystem der Schule versuchte. An der dreigliedrigen Schule freilich wollte er nicht rütteln. Das Mitglied dieses Ausschusses, Felix Messerschmidt, beschrieb mir später den Kraftakt, wenigstens eine „Zwischenform“ zwischen Grundschule und weiterführende Schule zu schieben. „Wir nannten sie Förderstufe“. Schüler sollten nicht nur vier Jahre, sondern wenigstens sechs Jahre zusammenbleiben. Die Förder- und Orientierungsstufe wurde später in Niedersachsen und Hessen eingeführt. Strittig bleibt bis heute, ob sie besser schulformunabhängig oder den weiterführenden Schulen angeschlossen sein sollte, eine Probezeit also.

Selbst diese kleine Korrektur sollte dem Deutschen Ausschuß wenig Freude bringen. Befürworter waren nur die Gewerkschaften, erinnerte sich Felix Messerschmidt. Widerständig zeigten sich damals schon der Philologenverband, die Kirchen und die Wirtschaft. Nicht zu unterschätzen war auch der Einfluß der zwölf Millionen Vertriebenen, die nach dem Verlust ihres Besitzes nun auf die Schulbildung und Bildungskarriere bauten. Sie festigten den Trend zum Beständigen. Wie diese fünfziger Jahre insgesamt keine Zeit des Zweifels, sondern des Raffens waren, jene Haste-was, dann-biste-was-Mentalität, jene Schwarzwaldmädelidylle, jenes Nachkriegsbiedermeier der Verdrängung. Konrad Wünsche erinnert sich:

„Ich selber bin einmal zum Schulrat zitiert worden, weil ich das in der Lehrerversammlung moniert habe, daß ein Kollege Wappen der ‚deutschen Ostgebiete‘, von Städten der ‚deutschen Ostgebiete‘, hat schnitzen lassen. Und diese ‚deutschen Ostgebiete‘ reichten bis Nowgorod, wo die Hanse mal den Sitz gehabt hat. Das nahm er kühn mit in Anspruch, genauso wie Breslau.“

Eisiges Schweigen erntete Konrad Wünsche, als er auf Auschwitz aufmerksam machte. Politische Verklemmtheit prägte den Schulalltag der fünfziger Jahre. Es spiegelt sich in den Daten der Shell-Studie „Jugend zwischen 15 und 24“ aus dem Jahr 1959: 57 Prozent der Befragten bekundeten politisches Desinteresse und 42 Prozent antworteten auf die Frage, ob sie eine Ehe mit einem Juden eingehen würden mit „nein.“[4]

Rufer in der Wüste

Stagnation also. Doch bald sollte sich das ändern

Nach Zeiten des Mangels in der Nachkriegszeit, nach der Restauration des gegliederten Schulwesens, begann es Anfang der sechziger Jahre zu rumoren. 1964 löckte der Philosoph und Theologe *Georg Picht* in der Wochenzeitung „Christ und Welt" wider den Stachel. „Jedes Volk hat das Bildungssystem, das es verdient", so seine provokante These. Noch sei zu verhindern, „daß die Bildungskatastrophe in ihrer vollen Gewalt über uns hereinbricht".[1] Furore haben diese aufmüpfigen Sätze damals schon gemacht. Georg Picht ein Rufer in der Wüste?

Eher bescheiden hat er später gemeint: „Es mußte sich jemand finden, der bereit war, die Dinge beim Namen zu nennen." Und Picht hat sie beim Namen genannt. Seine Artikelserie „Die deutsche Bildungskatastrophe" im Februar 1964 war der Startschuß für die folgende Bildungsexpansion. Doch viele andere standen bereits in den Startlöchern.

Der Bildungsökonom Friedrich Edding hatte schon 1962 in seiner Studie „Der relative Schulbesuch in den Ländern der Bundesrepublik 1952 bis 1960" das Bildungsgefälle in den elf Bundesländern nachgewiesen. Danach schafften es 1960 zwar 24 Prozent der Schüler in Schleswig-Holstein bis zur Mittleren Reife zu kommen, aber im größten – damals noch CDU-regierten – Bundesland Nordrhein-Westfalen waren es nur knapp die Hälfte (11,5 Prozent).[2]

Ein Blick über den nationalen Gartenzaun hätte unschwer gezeigt, daß diese Unterschiede nun keineswegs gottgegeben waren. 1960 hatten bereits rund 36 Prozent der norwegischen Schüler diesen Abschluß. In Frankreich waren es fast 31 Prozent.

Acht Jahre dauerte damals noch die Schulpflicht in der Bundesrepublik. Die Mehrzahl aller Kinder besuchte nur die Volksschule, die „volkstümliche", sprich Schmalspurbildung vermittelte. 60 Schüler pro Klasse, das war damals keine Seltenheit. Eine Fremdsprache lernten nur 3,4 Prozent der Volksschüler in Nordrhein-Westfalen. Ein Tatbestand, den Picht kritisiert, weil er „sozial deklassiert". Denn damit sei Kindern die Möglichkeit verbaut, „Anschluß an einen höheren Bildungsgang zu finden".

Im Grunde aber beunruhigte Picht weniger das Schicksal der großen Schülermassen, als vielmehr die Sorge um die Elite, der Mangel an Abiturienten. Und eine Übersicht der OECD (Organisation für wirtschaftliche Zusammenarbeit der westlichen Länder) aus diesen Jahren zeigt, wo sich die Bundesrepublik 1970 befinden würde, liefe alles im alten Trott weiter: nämlich ganz hinten im internationalen Vergleich. Norwegen und Schweden lagen damals bereits an der Spitze mit 22 Prozent Abiturienten pro Jahrgang, eine Quote, die die Bundesrepublik erst in den achtziger

Jahren erreicht und inzwischen sogar überschritten hat. Doch wir befinden uns noch in der Mitte der sechziger Jahre, also vor der dann einsetzenden Bildungsexpansion. Und da schnitt die reiche Bundesrepublik recht ärmlich ab, nämlich mit 6,8 Prozent Abiturienten, lag weit hinter Italien (12,5 Prozent) sogar.[3]

Die soziale Frage hatte für Picht sicher nicht ersten Rang. Fast beiläufig nur erwähnt er, daß nur 6,2 Prozent der Studenten einen „Arbeiter zum Vater haben".[4] Bürgerrecht auf Bildung – diese liberale Forderung teilt Picht nicht ausdrücklich. Ihm ging es vorrangig um die „Konkurrenzfähigkeit" im internationalen Wettbewerb, die nur zu erreichen sei durch „qualifizierten Nachwuchs", „geistiges Potential". Eliteförderung – das war sein Thema. Sie schien ihm unerläßlich.

Und seine Sorge war sicher nicht unberechtigt. Denn 1963 schon hatten die Kultusminister eine Bedarfsrechnung für das deutsche Schulwesen bis 1970 vorgelegt, die einen alarmierenden Lehrermangel voraussagte. Späte Einsicht angesichts des längst bestehenden Mangels: Zu wenig Abiturienten, zu wenig Lehrer. So ließen sich Ursache und Wirkung beschreiben.

High noon also in der Bildungspolitik. Die Schülerzahlen würden bis 1970 um zwei Millionen anwachsen. Picht läutete Sturm: Mehr Abiturienten, mehr Lehrer, mehr Kooperation zwischen Bund und Ländern, mehr gesamtstaatliche Zuständigkeit für den Bund, mehr Bildungsforschung, mehr Bildungsplanung. Das war sein „Notstandsprogramm".

Wenn man Georg Picht und das, was ihn bewegt hat, aus dem zeitlichen Abstand von fast 30 Jahren betrachtet, so wird deutlich, was er sah und wo er weggesehen hat.

Klar gesehen hat er, daß es notwendig ist, den „durchschnittlichen Bildungsstand unseres Volkes auf einem Niveau zu halten, das den Standards des 20. Jahrhunderts entspricht". Was er nicht sehen wollte, war, daß man dies im alten System der dreigliedrigen Schule wohl schwer nur erreichen konnte. Eine breite, fundierte Massenbildung, theoretisch, praktisch, musisch, war nicht seine Sache. Zwar spricht er hellsichtig von dem „sozialpolitischen Direktionsmechanismus" der Schule, der Kinder nach Leistungsgruppen „klassifiziert". Eine andere Schulstruktur freilich hat er nicht einmal angedacht, obwohl eine längere gemeinsame Schulzeit in den europäischen Nachbarländern längst die Regel war und Deutschland-West am frühesten sortierte und trennte.

Mit Picht beginnt die Diskussion im Deutschen Bildungsrat, in der Kultusministerkonferenz, in den Hochschulen, in der Bund-Länderkommission für Bildungsplanung und Forschungsförderung. Mit ihm beginnt die Reform und der Ausbau des westdeutschen Bildungswesens, der in den siebziger Jahren seinen Höhepunkt fand. Mit ihm beginnt eine Diskussion auch um die Struktur der Schule, schwankend zwischen dem Ausbau des Bestehenden und der Forderung nach radikalem Um- beziehungsweise Neubau.

Und wo stehen wir heute Anfang der neunziger Jahre, fast dreißig Jahre nach Pichts Warnung, seiner provokanten Herausforderung?

Niemand bestreitet, daß viel geschehen ist in diesen nahezu dreißig Jahren. Trotz vieler Bildungsauf- und abschwünge ist das Bewußtsein der Bürger geschärft, daß Bildung die beste Investition für die Zukunft ist. Die Menge der Studierfreudigen beweist es. Eltern wie Jugendliche wünschen höhere und bessere Qualifikationen gegen alle Versuche von Politikern, zu steuern, zu bremsen, umzuleiten. Insofern hat Pichts Kassandraruf Gehör gefunden.

Freilich gibt es seit einigen Jahren die Tendenz, sich auf den Lorbeeren früherer Anstrengungen in diesem Politikbereich auszuruhen. Bei gutwilliger Interpretation ist ein behäbiges Aussitzen nach den vielfältigen Investitionen, den finanziellen Anstrengungen der vergangenen Jahrzehnte, festzustellen. Bei weniger wohlwollender Betrachtung leben wir heute von der Substanz. Und das kann nicht gut gehen. Neue Zuschüsse für den Bildungsbereich halten sich in Grenzen. Studenten, Professoren, Assistenten können derzeit ein Lied davon singen. Viele Lehrer erfuhren, daß ihre qualifizierte Ausbildung nicht gefragt ist. Das Erlernte können sie nicht in die Schulen hineintragen. Nach langem vergeblichen Warten auf Einstellung haben sie sich abgewandt, sind in andere Berufe abgewandert. Schon gibt es Indizien, die auf einen erneuten Lehrermangel hinweisen, nachdem die Kultusminister ängstlich vom Lehrerstudium abgeraten und Interessenten am Lehrerberuf durch ihre magere Einstellungspolitik entmutigt haben. Indessen vergreisen die Kollegien in den Schulen langsam, aber unaufhaltsam. Großväter und Großmütter unterrichten ihre Enkel, wie in den fünfziger Jahren. Klassen werden wieder größer. Bildung ist seit Anfang der achtziger Jahre zum Steinbruch für Finanzpolitiker geworden. Der Sache bekommt das nicht sonderlich. Nachrichten vom Krisenherd Schule beweisen es. Ist eine neue Bildungskatastrophe vorprogrammiert?

Die Aufgaben, mit denen Schule heute konfrontiert ist, sind gewiß nicht geringer geworden. Was Georg Picht damals nicht sah, das waren die veränderten Vorgaben, unter denen heute unterrichtet werden muß. Und

Stundenausfall ist dabei noch die geringste Sorge. Alleinerziehende brauchen erzieherisch Abstützung durch Schule, und Ausländerkinder Lernhilfe. Lebensferne schafft Schülerfrust. Chancengleichheit ist nach wie vor ein brisantes Thema. Denn die geburtenstarken Jahrgänge dürfen nicht den Blick dafür verstellen, daß es immer noch das von Picht und Edding beschriebene Bildungsgefälle gibt und angesichts eines nun auf 16 Bundesländer erweiterten Bildungsföderalismus erneut geben wird. Unsere Universitäten sind Hohe Schulen für Beamten- und Angestelltenkinder. Der Start zu höheren Bildungskarrieren ist durch harte Einschnitte in der Ausbildungsförderung – sie begannen bereits in der sozial-liberalen Koalition – erheblich erschwert. Auf die große Reform von oben zu warten, hieße sich auf den Sankt Nimmerleinstag einrichten. Und die Hoffnung auf Reform nach Maßgabe „Sieben auf einen Streich" kann nach einschlägigen Erfahrungen von fast dreißig Jahren nur einer hegen, der an Märchen glaubt. Von der Vergeblichkeit eines schnellen und umfassenden Umbaus der deutschen Schullandschaft, von oben verordnet und unten durchgeführt, zeugen Regale voller Reformschriften und diverse Betonbauten in der Landschaft. Man muß versuchen, auf andere Weise, gleichsam subversiv gegen Zeitgeist und Resignation anzuarbeiten. Eine neue Qualität von Schule ist gefordert. Vorbilder gibt es genug.

Mit Georg Picht beginnt die Wende. Seine Warnung vor der „Bildungskatastrophe" hatte nach Jahren der Erstarrung Bewegung auch in die Schulen gebracht, hat Menschen Mut gemacht, sich aus scheinbar festgefügten, unabänderlichen Lebensmodellen zu befreien. Zwei Bildungskarrieren sollen es belegen.

Von unten gesehen

Doch Aufstieg hat auch seinen Preis

Bildungschancen sind Lebenschancen. Es ist mir immer wieder begegnet: das katholische Arbeitermädchen vom Lande. In dieser Kunstfigur bündelten sich alle Benachteiligungen, die Bildungsforscher in den sechziger und siebziger Jahren ausgemacht hatten: die konfessionelle, die soziale, die geschlechtliche, die regionale. Besser als alle Theorien und Strukturdebatten, die diese Jahre durchziehen, zeigen Einzelschicksale, warum der Aus- und Umbau der westdeutschen Schullandschaft nötig war und noch nötig ist. Und besser als jede Bildungsstatistik zeigen die folgenden Geschichten, was Recht auf Bildung für den Einzelnen bedeutet.

Begegnung mit Ulla H.. Sie wurde 1939 in Berlin geboren. Heute ist sie Lehrerin. Als Mädchen in den goldenen Fuffzigern war es ihr nicht in die Wiege gelegt zu studieren. Ihre Jugend verbringt sie im Milchladen der Eltern, in einer Zweizimmerwohnung im Parterre. Ein eigenes Zimmer hat sie nicht. Sie erinnert sich, daß es immer klamm war in der Wohnung. „Ich schlief im Wohnzimmer und mein Bruder mit im Schlafzimmer." Als die Frage ansteht, welchen Schulzweig Ulla H. besuchen sollte, ist der Vater fest der Meinung, der mittlere Schulabschluß reicht: „Ich sollte Schneiderin werden so wie meine Mutter und einen praktischen Beruf ergreifen, also käme auch nur der praktische Zweig in Frage."

Kein Widerspruch möglich. Dem weniger begabten Bruder aber wird alle Förderung der Eltern zuteil. Ulla registriert es nachträglich mit gewisser Bitterkeit. Angst habe der Vater wohl gehabt, die Tochter könne ihm über den Kopf wachsen. So sieht es Ulla H. heute. Doch sie hat andere Wünsche. Bildungswünsche.

Ihre Freundin kommt aus einer Akademikerfamilie, und Ulla H. spürt schmerzlich den Unterschied der Lebensverhältnisse. Sie erinnert sich, „daß bei uns wieder Sylvester gefeiert wurde und die Stube ausgeräumt wurde und die bunten Hüte wurden ausgeteilt, und man verbrachte den Sylvesterabend also mit Tanzen und Gemütlichsein. Und ich ging zu meiner Freundin, weil ich, wenn die Erwachsenen feierten, nicht dabei sein durfte. Und bei Familie Mahnke brannte also um zwölf Uhr der Weihnachtsbaum. Und es war laute klassische Musik. Da wußte ich erst, daß es Bach war. Damals hatte ich noch nie etwas von Bach gehört. Und ich dachte, so möchte ich eigentlich lieber leben". Ulla H. gerät in inneren Konflikt zum Elternhaus, ihrer Herkunft. „Gott, was die da machen, dieses Rumgetanze. Das ist irgendwie ein bißchen primitiv." Das Bildungsbürgerliche bei der Freundin, „das habe ich richtig so verehrt". Heute wertet sie die Familienfeiern ihrer Kindheit nicht mehr so ab. Damals aber verkörperten die Engigkeit, verhindertes Wachstum. Ulla H. wird Schneiderin. Und wenn sie abends nach Hause fuhr aus dem Großbetrieb mit 20 Lehrlingen, dann habe sie bei sich gedacht: „Das kann es ja wohl nicht sein. Und das jeden Tag, und ich lerne überhaupt nichts dazu.“ Sie besucht die Volkshochschule. In der Straßenbahn habe sie die Fremdwörterseiten im Readers Digest auswendig gelernt, „also immer aus dem Gefühl heraus: ich muß noch, irgendwie muß ich mich noch weiterbilden.“

Ulla H. schaffte es gegen alle Widerstände. Die Frauenbewegung 1968, danach der Kinderladen, den sie mit aufbaut. Der Zeitgeist steht in diesen Jahren auf Fördern statt Auslesen. All das gibt ihr Selbstvertrauen. Nach dem Begabtenabitur beginnt sie ein Studium als Lehrerin. Ulla H. Schicksal ist kein Einzelfall. In ihren Wünschen, die sie für sich erfolgreich einlösen kann, spiegelt sich persönlicher Mut, aber auch ein Stück Ermutigung und Hilfe von außen. Eines geht wohl nicht ohne das andere. Auch heute nicht. In den neunziger Jahren ist die Benachteiligung von Mädchen im Bildungswesen zumindest in der Schule abgebaut. Im Gymnasium haben sie mit den Jungen gleichgezogen. Und in den Universitäten ebenfalls. Der weitere Aufstieg aber ist ihnen noch verwehrt. Professorinnen gibt es immer noch zu wenige, vor allem in Naturwissenschaft und Technik, was auch etwas aussagt über die Berührungsängste, die Mädchen schon in der Schule gegenüber diesen Fächern haben. Das Problem ist inzwischen erkannt, doch keineswegs beseitigt.

Bildungshoffnungen. Ein solcher Aufstieg, wie ihn Ulla H. nimmt, kostet nicht nur Kraft. Er bedeutet auch ein Stück Selbstaufgabe. Rudi B. zum Beispiel. Rudi B. ist ein katholischer Junge vom Lande. Der Vater arbeitete als Wagnermeister auf einem Gutshof auf der Schwäbischen Alb. Während der sich mit seinem Leben abfindet, hegt seine Frau die Sehnsucht, in den fünf Kindern den versagten Bildungsaufstieg nachzuholen, gleichsam stellvertretend. Ihre Sehnsucht nach besseren Bildungschancen überträgt sie auf den Sohn. Ungemein belastend empfindet der das heute noch. Kindheitserinnerungen in den sechziger Jahren unseres Jahrhunderts. Ein Stück 19. Jahrhundert, in dem er aufwächst. Ein 500-Seelen-Dorf. Die örtliche Volksschule, eine Zwergschule. Ein Lehrer unterrichtet alle Jahrgänge. Dreißig Jahre schon ist er im Schuldienst, ist zugleich Organist und leitet den Männergesangsverein. Rudi B. erzählt: „Ich kann mich noch gut an meine ersten Schultage erinnern, die ich als Sechsjähriger zwischen zwei Achtklässlern verbrachte, die mir bei meinen ersten Schreibübungen sekundierten und mithalfen, meine ersten Leseübungen zu gestalten.“ Die Bildungsexpansion läßt auch das ferne Dorf in der Alb nicht unberührt. Eine zweite Lehrerin kommt. Zwei Klassen werden nun gebildet: Klasse 1 bis 4 und 5 bis 8. Besondere Förderung gibt es nicht. Die wurden alle über einen Kamm geschoren.

Es redet sich so leichthin von „gleichen Bildungschancen“, und viel geschah in den siebziger Jahren, um Bildungseinrichtungen für „Benachteiligte“ zu öffnen. Schulen und Kindergärten wurden ausgebaut, neue Schulformen in Gestalt der Gesamtschule erprobt, die Ausbildung der Lehrer erhielt wissenschaftlichen Zuschnitt, Lehrpläne und Lehrbücher wurden überarbeitet. Mit der Bildungsanstrengung der siebziger Jahre verbessern sich auch die Perspektiven des Jungen von der Schwäbischen Alb. Die Statistik belegt es: Im Schuljahr 1952 besuchen noch rund 80 von 100 Siebtklässler die Hauptschule. Dreißig Jahre später, 1990, sind es nur noch 33 von 100.[1] Und der Trend weg von der Hauptschule verstärkt sich. Realschule und Gymnasium verzeichnen ungeheure Zuwächse. Worüber keine Statistik Auskunft gibt, das sind die Anstrengungen, unter denen ein Kind aus bildungsfernen Schichten seinen Weg nach oben nimmt.

Rudi B. wird in den siebziger Jahren Pädagogik studieren. Nachträglich sieht er diesen Weg als eine kaum erträgliche Anpassungsleistung. Opfer werden ihm abverlangt. Als einen Kultursprung empfindet er den Wechsel vom Milieu in der Dorfschule auf das Gymnasium in der nahegelegenen Stadt: „Meine Herkunftssprache, als Dialekt eingefärbt, auch, wie man so schön sagt, eben eher ein verminderter Sprachcode, alles dies, das spürte ich, entsprach nicht den geforderten Leistungen. Ich mußte also eine neue Sprache erlernen mit einer richtigen Dudengrammatik. Der schwäbische Dialekt entspricht ja nicht immer der Grammatik des Dudens. Ich mußte auch Fremdsprachen erlernen, wobei eben die weitere Umgebung meines Dorfes für mich schon eine fremde Welt war.“

Unendlich lange sitzt er an den Hausaufgaben und „übt und übt.“ Rückblickend sieht er das so: „Ich denke, man kann ein Stück weit das kompensieren, aber für mich war das wirklich ein unheimlich schwieriger Leidensprozeß.“ Das Gymnasium habe darauf wenig Rücksicht genommen. Friß Vogel oder stirb, war die Devise. Das Schlimme sei, „daß man eine Biographie, ein Stück Leben, das einen geprägt hat im Denken, im Sprechen, im Verhalten, ablegen und verleugnen muß, weil es im Grunde genommen nicht nur nicht gewünscht worden ist. Es ist sogar bestraft worden.“ Den Aussiedler-, Asylbewerber- und Gastarbeiterkindern dürfte es ähnlich ergehen. Verlust der kulturellen Identität. Dafür Aufstieg im deutschen Bildungssystem. Die Probleme sind nicht gelöst. Sie haben sich nur verschoben.

Ein Kapitel für sich

Wer von Bildungsreformen redet, kann nicht nur von Zahlen und Strukturen reden

Im Januar 1978 nahm ich an einem denkwürdigen Treffen im Bonner Wissenschaftszentrum teil. Soziologen, Pädagogen, Historiker und Philosophen, beobachtet durch die Presse, hatten sich zu einer Veranstaltung zusammengefunden, die Signalwirkung haben sollte: dem Kongreß „Mut zur Erziehung". Der nämlich, so die Ansicht der Teilnehmer, sei den Deutschen leider verloren gegangen.

Was war geschehen? Eine Protestversammlung war es gegen eine Bewegung, die 1978 freilich ihren Kulminationspunkt längst überschritten hatte: die Antiautoritäre Erziehung. Aufgewertet wurde diese Veranstaltung durch die kurze Stipvisite des Bundespräsidenten. Damals war es Walter Scheel.

Eine „Tendenzwende" schien den Teilnehmern dringend notwendig. Den versammelten Unwillen brachte einer von ihnen auf den Punkt. Es seien doch die „von überschwenglichen Hoffnungen getragenen Konzepte, Ideen und Maßnahmen" gewesen, „welche uns die Universität ohne Bildung und die Schule ohne Erziehung beschert haben."

Nun wurden diese „Systemveränderer" in Bonn von denen frontal angegangen, die sie vorher heftig attackiert hatten: dem Establishment in Bildung und Ausbildung. Auf die Hörner genommen wurden jene „Meinungsgruppen", die mit ihren „Programmen und Losungen" die Familie zur „vagen Partnerschaft umstilisiert, die Kinder zu fixem Urteil über Eltern und Staat angehalten und die Erwachsenen unter Kuratel professioneller Experten gestellt" hätten. Es seien die Theorien gewesen, „welche im Namen der Freiheit und Mündigkeit der Kinder die Schule zur Einführung in die bessere Gesellschaft erklärten." Über „Unordnung, Rohheit und Unerzogenheit" erregte sich der Wissenschaftler und fand vehement applaudierte Zustimmung aller Anwesenden. Neun Thesen entstanden nach heißer Diskussion, in denen gegen den „Irrtum" zu Felde gezogen wurde, Mündigkeit bedeute Befreiung „von allen herkunftsbedingten Lebensverhältnissen". Fleiß, Disziplin und Ordnung wurden in Bonn beschworen.

Die freilich waren im Gefolge der Studentenbewegung 1968 in der Tat gründlich „in Frage" gestellt worden, wie es im damaligen Sprachgebrauch hieß. Nicht ohne Grund wohl. War zwar die zweite Deutsche Republik wirtschaftlich und politisch im Westen etabliert worden, doch Denken und Verhalten, besonders die Beziehung von Lehrern und Schülern, von Eltern und Kind, waren, wie Quellen aus den fünfziger Jahren belegen, unverändert geblieben, nämlich „autoritär". Das war der gängige Begriff.

In der Chronik „Suchbild – Über meinen Vater“ schrieb *Christoph Meckel* 1980:

In meinem erwachsenen Vater steckte ein Kind, das mit den Kindern Himmel auf Erden spielte. Es klebte in ihm eine Sorte Offizier, die bestrafen wollte im Namen der Disziplin. Nutzlose Affenliebe des glücklichen Vaters. Hinter dem Verschwender von Zuckerbroten kam ein Offizier mit der Peitsche daher. Der hielt für seine Kinder Strafen bereit.[1]

Und dann zählt Meckel diese Strafen minutiös auf: die Schelte, den Wutausbruch, das Ziehen, Drehen und Kneifen am Ohr, die Ohrfeige und der „berühmte Katzenkopf“. Es folgte die Verbannung aus dem Zimmer und das „Eingesperrtsein ins Kellerloch“. 1947 kommt der Vater zurück, ein in der Erinnerung des Kindes „vergoldeter“ Vater. Doch das täuschte.

Der Halbgott des Kinderglaubens war ein nervöser Mann, Erzieher mit Nachholbedarf an Autorität. Er arbeitete an der Wiederherstellung seiner Familie, das heißt: an der eigenen, bestimmenden Rolle in ihr. Er kontrollierte Kleider, Fingernägel und Manieren, beaufsichtigte Schulaufgaben und nahm jeden Tintenklecks zum Anlaß für prinzipielle Verkündigungen über Arbeit, Ordnung, Anstand und Kinderpflicht. Erstmals erschien der Satz „Wozu hat man Kinder“. Das Kind war für jede Arbeit gut und wurde zu Verrichtungen gezwungen, deren Sinn es nicht einsah. Es fegte die Gräber seiner Urgroßeltern und wusch Geschirr in verordneter Reihenfolge. Als Tabak in einer Gesellschaft fehlte, wurde es weggeschickt, Zigaretten zu holen, während zu hören war „Wozu hat man Kinder“ und bejahendes Lachen folgte.[2]

Kein Einzelschicksal sicher. In Meckels Schilderung spiegeln sich die Erfahrungen tausender von Kindern in der Nachkriegszeit. An subtilere Formen des Abstrafens unter deutschen Dächern erinnert sich der Schriftsteller *Peter Härtling* in seinem Romanessay „Nachgetragene Liebe“:

Er straft mich; anders als ich es erwarte. Er nimmt mich nicht zur Kenntnis, schließt mich aus seiner Gegenwart aus. Bei Tisch bin ich für ihn ebenso Luft wie am Abend im Wohnzimmer oder bei den Großeltern. Er sitzt mir gegenüber und sieht mich nicht. Er geht an mir vorbei und sieht mich nicht ...[3]

Viel Trauer ist in diesen Kindheitserinnerungen. Diese „Schwarze Pädagogik“ hat in vielen Kinderzimmern geherrscht bis tief in die sechziger Jahre hinein. Vielleicht auch heute noch, nur verdeckter, schamvoller, verborgen. Was aufmüpfige Pädagogen, Schriftsteller, Schüler und Lehrer unerbittlich aus dem Dunkel der „Privatsphäre“ ans Licht zogen, war das als ganz selbstverständlich erachtete Gefüge der Unter- und Überordnung in deutschen Familien, Schulen und Universitäten.

„Die Angst vor dem Vater. Langzeitwirkung einer Erziehungsmethode“. So hat der amerikanische Psychologe Morton Schatzmann seine Studie über den Fall Schreber überschrieben. Daniel Paul Schreber (1842–1911) war der Sohn des berühmten Arztes und Pädagogen Daniel Gottlob Moritz Schreber (1808–1861). Sein Steckenpferd waren Körperertüchtigung und Sauberkeit. Sinnen und Trachten dieses deutschen Saubermannes galt nicht dem nach ihm benannten Schrebergarten, sondern gärtnerischen Tugenden auf einem ganz anderen Gebiet. Er entwarf ein umfassendes Erziehungssystem, das er, tüchtig wie er war, an seinen eigenen Kindern so erfolgreich erprobte, daß sie alle für ihr Leben gezeichnet waren, in Selbstmord oder in Heilanstalten endeten.

„Seelenmord“ war es. Seine Maxime im Umgang mit seinen Kindern und Generationen von Kindern nach ihnen, hat *Daniel Gottlob Moritz Schreber* so formuliert:

> *Unterdrücke im Kinde alles, halte von ihm fern alles, was es sich nicht aneignen soll; leite es aber beharrlich hin auf alles, was es sich angewöhnen soll.*[4]

„Unbedingter Gehorsam“, sei zu erzwingen. Dieses Gehorsamstraining zur „Ausrottung des Unkrauts“ in der kindlichen Seele müsse bereits im Babyalter beginnen. Einem schreienden Kind dürfe nicht nachgegeben werden, vielmehr müsse man es durch „wiederholte körperlich fühlbare Ermahnungen“ zur Ruhe bringen. Ein solches Prozedere sei nur ein- oder zweimal nötig und „man ist Herr des Kindes für immer“.

Schreber erfand einen Kopfhalter, der das Kind hinderte, den Kopf schief zu halten, er entwickelte eine Kinnbinde, die den Kopf in eine helmartige Konstruktion zwang, um jede Laschheit schmerzhaft in Erinnerung zu bringen, er empfahl einen Gürtel, der das Kind nachts in Rückenlage festhielt, um es von, aus seiner Sicht unsittlichen Machenschaften, abzuhalten. Schrebers Bücher fanden reißenden Absatz und seine Erziehungsrezepte begeisterte Nachahmer.

Die Wirkung dieser Erziehung auf Geschichte und Politik stieg erst langsam ins Bewußtsein. In seinem Buch „Masse und Macht" schreibt *Elias Canetti*:

Die Befehlsempfänger, denen am gründlichsten mitgespielt wird, sind Kinder. Daß sie unter der Last von Befehlen nicht zusammenbrechen, daß sie das Treiben ihrer Erzieher überleben, erscheint wie ein Wunder. Daß sie es alles, nicht weniger grausam als jene, später an ihre eigenen Kinder weitergeben, ist so natürlich wie Beißen und Sprechen.[5]

So gesehen war es sicher ein Wagnis mit ungewissem Ausgang, als Männer und Frauen Ende der sechziger Jahre versuchten, diesen Teufelskreis vom Verfolger, der Opfer war und vom Opfer, das wiederum Täter wird, zu durchbrechen. Anstoß gaben Theorie und Praxis des englischen Pädagogen *Alexander Neill*, dessen Internat Summerhill zum Mekka allzu Gläubiger und zur Horrorvision jener wurde, die darin alle gültigen Ordnungs- und Unterordnungsvorstellungen vom Erzieher und Erzogenen auf den Kopf gestellt sahen. In seinem Bestseller „Theorie und Praxis der antiautoritären Erziehung", das 1969 gut getimt, fast synchron mit dem Ausbruch der Studentenrevolte in Westdeutschland erschien, heißt es ganz anders als bei Schreber:

Es ist falsch, irgendetwas durch Autorität zu erzwingen. Das Kind sollte etwas so lange nicht tun, bis es selbst überzeugt ist, daß es das tun sollte. Das Unglück der Menschheit liegt im Zwang von außen, mag er nun vom Papst kommen, vom Lehrer oder den Eltern. In seiner Ganzheit ist er Faschismus.[6]

Revolution gab es ab da in bürgerlichen Gehirnen und Wohnungen. Kinderläden entstanden Anfang der siebziger Jahre erst in West-Berlin, dann schoß es pilzartig aus westdeutschem Boden. Mit Lottemi Doormann, Autorin und Mitbegründerin von zwei Kinderläden in Hamburg, sprach ich Ende der siebziger Jahre. Längst war der Dampf raus, waren die überbordenen Ambitionen einer gewissen Alltäglichkeit gewichen. Aus ihren Schilderungen wurde deutlich: „Die antiautoritäre Erziehung" hat es nie gegeben, eher viel Versuche, Irrungen und Wirrungen. Kraus erscheinen aus heutiger Sicht manche Ideen und ihre Umsetzung in Erziehungspraxis. Etwa die einer Mutter, die meinte, „wenn mein Kind es plötzlich toll findet, mit dem Hammer auf die Wand loszugehen, um da ein Loch reinzuhauen, dann sei das ganz in Ordnung, dann hat es bestimmt einen Grund dafür. Dann muß es seine Wut abreagieren. Es hat eben andere Vorstellungen von Kreativität als wir schon so verbogenen Erwachsenen". Das erzählte mir die Hamburger Autorin.

Ein riesiges Experimentierfeld war entstanden, das in seiner Komplexität vergleichbar war mit der „Lebensreformbewegung" um die Jahrhundertwende. Ebenso umstürzlerisch und ebenso stressig. Nichts war greifbar, nichts vorgegeben, alles in Gärung. „Demokratisierung" war ein damals oft bemühtes Wort und „Emanzipation". Eltern und Pädagogen wurde Außerordentliches abverlangt. Von „unendlich vielen Elternabenden" erzählte Lottemi Doormann. Arbeitsgruppen entstanden, zentnerweise Papiere wurden erzeugt. Überbordend die Absicht und ernüchternd die Wirklichkeit. Erschöpfung schließlich. Allseitig:

„Einige sagten, wir können uns das nicht leisten, so viel Gesellschaftsanalyse zu betreiben und ein riesen anspruchsvolles Erziehungskonzept auszuarbeiten, während unsere Kinder aufeinander losgehen und sich die Köpfe einhauen und große Dramen im Kinderladen passieren. Wir müssen erst mal anfangen, diese Probleme praktisch zu lösen."

Wilde Pendelausschläge zwischen Einfach-laufen-lassen und scheinbar absoluten politischen Wahrheiten. Doch unbestreitbar ist, daß diese antiautoritäre Bewegung, abgeschwächt und variiert, doch Wirkung zeigte in Elternhäusern und Schulen. Die Gesamtschulen, in denen reformbereite Lehrer einen anderen Unterricht machen wollten, waren neben den Kindergärten wohl die Vorhut. Sie übernahmen zumindest in Teilen den Gedanken der individuellen Freiheit des Kindes. Doch Selbstregulierung, das war mit einem Kind vielleicht, mit 30 oder 33 in der Klasse aber kaum zu machen. Und da mußte man dann, erzählten mir Gesamtschullehrer, „irgendwann mal anfangen nachzudenken, wie ist denn das mit dem einzelnen in der Gruppe? Welche Rolle spielen zum Beispiel die Schwächeren im Klassenverband? Geht eine solche Erziehung, die zu stark ausgerichtet ist auf die Selbstregulierung, nicht auf Kosten von Schwächeren oder auf Kosten auch der fachlichen Leistung?"

Was in einzelnen Modellschulen noch gelang, war im verregelten öffentlichen Schulwesen nur schwer durchzusetzen. Und es überforderte alle Beteiligten. Eine Gesamtschulrektorin nannte ein Beispiel:

„Wir öffneten zum Beispiel das Lehrerzimmer für die Schüler. Die konnten da reingehen, soviel sie wollten. Die Bedürfnisse der Lehrer nach Ruhe wurden zurückgestellt gegenüber den Bedürfnissen der Schüler. Oder wir ließen die Klassenräume auf und glaubten, daß die Schüler dann in ihren Klassen eine eigene Regelung fänden, so wie in Summerhill beschrieben worden ist."

Erfahren mußte man, daß Schüler sich doch schwer auf Regeln einigen konnten. Daraus gelernt habe man, erzählte mir die Leiterin der Gesamtschule Holweide, Anne Ratzki, „daß die Erwachsenen sich nicht wo weit zurückziehen können, daß sie es nicht den Kindern ganz allein überlassen können, sondern daß sie denen helfen müssen, selbständig zu werden und ihre eigenen Regelungen zu finden. Und daß das dann so ein Verhältnis werden muß, wo Erwachsene und Schüler Regeln ausarbeiten, die sie dann zusammen beachten".

Auf dem Hintergrund der Schreber-Erziehung war dies schon ein großer Fortschritt, denn Erzieher konnten nun nicht mehr davon ausgehen, daß Kinder nur beliebig knetbare Masse sind, Produkte der oft krausen Lebenssicht von Erwachsenen. Das hatte eine neue Qualität, die auch die „Mutigen Erzieher" damals in Bonn nicht mehr zurückschrauben konnten und, im zeitlichen Abstand gesehen, vielleicht auch nicht mehr zurückschrauben wollen. Selbst die traditionellen Schultypen, die Grund-, Haupt- und Realschulen, selbst das konservativ gestimmte Gymnasium, können heute nicht mehr hinter das zurück, was die „Antiautoritären" mutig gewagt hatten: den Abschied von Gestern und die Bereitschaft, freundlicher, ja, demokratischer mit Kindern und Jugendlichen umzugehen.

So gesehen war die vielgeschmähte Antiautoritäre Erziehung die eigentliche Bildungsrevolution. Und ihre Wirkung, wenngleich abgeschwächt und abgeschliffen durch Zeit und Erfahrung, ist in vielen Klassenzimmern und Elternhäusern heute noch zu spüren.

Jenseits der Mauer

Doch ein Teil Deutschlands hatte an dieser Diskussion nicht teilgenommen

Ende 1979 fuhr ich nach Ostberlin, neugierig zu besehen, was ein „sozialistisches Bildungssystem“ genannt und je nach politischem Standort diesseits der Mauer, im Westen, mit äußerstem Mißtrauen beäugt oder auch mit Hoffnungen angefüllt war. Denn mit dem „Gesetz zur Demokratisierung der Deutschen Schule“ vom 31. Mai 1946 war in der damaligen sowjetischen Besatzungszone ein radikaler Einschnitt in deutsche Bildungstraditionen vollzogen worden. Die „neue demokratische Schule“, die damals noch achtjährige Einheitsschule, sollte, hieß es da, so aufgebaut sein, „daß sie allen Jugendlichen, Mädchen und Jungen, Stadt- und Landkindern, ohne Unterschied des Vermögens ihrer Eltern das gleiche Recht auf Bildung und seine Verwirklichung entsprechend ihren Anlagen und Fähigkeiten garantiert.“[1]

Was war aus diesem Vorsatz geworden? Über dreißig Jahre später? Auf dem 8. Pädagogischen Kongreß Ende 1978 in Berlin hatte die Volksbildungsministerin Margot Honecker Bilanz gezogen. Erfolg auf der ganzen Linie, so schien es. Tausende Lehrer waren ausgebildet und eingestellt, tausende Polytechnischer Zentren mit Fachräumen für den Polytechnischen Unterricht ausgebaut, Unterrichtsmittel für über eine Milliarde Ostmark angeschafft, unzählige Unterrichtsräume eingerichtet worden. Nachkriegsmangel und Entlassungen der meisten Lehrer – der war nun überwunden, das Fundament für die „allseitige Entwicklung der sozialistischen Persönlichkeit“, aus amtlicher Sicht zumindest, gelegt. Sie sollte sich in der später zehnjährigen Allgemeinbildenden Polytechnischen Oberschule vollziehen, die alle Kinder und Jugendlichen besuchten. Darauf aufbauend dann die Erweiterte Oberschule (EOS), die sozialistische Gymnasiale Oberstufe also. Daneben gab es bald schon zahlreiche Spezialschulen für Mathematik, Sprachen, Musik und Sport.

Ich hatte mir damals vorgenommen, alle Bildungsetappen vom Kindergarten bis zur EOS genauer anzusehen. Erinnerungen an Cottbus. Im dortigen Textilkombinat traf ich Jugendliche, die eine Doppelqualifikation machten, Abitur plus Facharbeiter. Dort konnte ich auch Innenansichten vom Unterricht gewinnen, der mir in der Mittelstufe nicht gewährt wurde. Deutschunterricht. Die Tür ging auf. Die Schüler sprangen von den Sitzen hoch. Die junge drahtige Lehrerin hob, herrisch fast, kurz die Hand mit knappem Gruß: „Freundschaft! Setzen Sie sich!“ Strenger Blick auf einige Jugendliche, die mir und meiner ständigen Begleitung Platz gemacht und es gewagt hatten, ihren Stuhl in den Mittelgang zu rücken. Was dann folgte, war ein straffer Frontalunterricht. Frage und Antworten wie aus der Pistole geschossen. „Wallensteins Lager“. Interpretation.

Klarer Klassenstandpunkt war gefordert. Rüge folgte einer Antwort, die nicht den Erwartungen der Lehrerin entsprach. Keine Zweifel. Kein Protest. Keine Diskussion. So hatte ich mir jedenfalls die Entfaltung der „allseitig entwickelten Persönlichkeit" nicht vorgestellt. Da half auch das Portrait von Thomas Mann nicht, der großbürgerlich, aus skeptischen Augen auf das Geschehen herabblickte. Ein Einzelfall? Preußisch jedenfalls ging es zu – in Cottbus zumindest.

Szenenwechsel. Ein Kindergarten in Berlin-Treptow nahe der Mauer. Sehr aufgeräumt. Picobello sozusagen. Eine Gruppe Fünfjähriger hockt in zwei Reihen hintereinander auf dem Boden. Jedes Kind hat einen Block vor sich. „Der ‚Hirsch Heinrich', eine Bilderbuchfigur, soll möglichst wirkungsvoll ins Bild gesetzt werden. Ordentlich, versammelt, sitzen die Kleinen da. Kein wollüstiges Geschmiere mit Fingerfarben, wie ich es in westdeutschen, auch nicht ausdrücklich als antiautoritär etikettierten Kindergärten erlebt hatte. Keine Sudeleien. Ruhe. Konzentration. Und während die Kleinen da hockten, erklärt mir die Erzieherin, wie man sie zu diesem Verhalten bändigt: Die erste Anleitung sei das Bilderbuch. Dann gebe sie den Kindern Hinweise, wie dieses Tier gemalt werden soll, ‚und worauf sie achten sollen'."

Verwunderung fast, als ich etwas konsterniert frage, warum man denn soviele Vorgaben diktiere und nicht erst einmal abwarte, wie das Kind die Figur malt. Das fragte ich damals naiv. Verwunderung auch beim Gesprächspartner:

„Tja, es kommt ja dann nicht zu dem Ergebnis. Es wäre doch sehr traurig, wenn es nicht einem Hirsch ähneln würde. Und wir sind wirklich bemüht, daß jedes Kind befriedigt aus dieser Beschäftigung herausgeht. Daß es den Erfolg sieht. Daß es ihm gelungen ist."

Und gelungen war das Bild, wenn es den Vorstellungen der Erzieherin entsprach. Vor Weihnachten war es. An den Wänden des Kindergartens hingen Kindermalereien. Gleichförmig. Der Weihnachtsmann in der Mitte, rechts ein Tannenbaum und links ein Tannenbaum. Mir schienen diese Bilder symbolhaft für Erziehung in der DDR. Das Kollektiv war alles. Der einzelne hatte sich dem einzuordnen. Entfaltung im Rahmen des Volkswirtschaftsplans und einer festbetonierten Vorstellung vom leistungsfähigen Bürger. Mit den Vorstellungen der Reformpädagogik von einst, den antiautoritären Unangepaßtheiten, chaotisch und kreativ, hatte das alles nichts zu tun. Pflichterfüllung schon im Kindergarten.

„Die Einstellung zur sozialistischen Arbeit" wurde früh trainiert, auch die Tugend des „Wohlverhaltens". Waschraumdienst zum Beispiel. Kommentar einer Erzieherin: „Ich meine, die Kinder sollen auch spüren, wie schwer es ist, alles schön sauber zu halten, daß das nicht eine Selbstverständlichkeit ist. Sie sollen eben entsprechend ihren Kräften, über die sie verfügen, spüren, wie lange man polieren muß, bis ein Waschbecken sauber ist."

Zeitverschoben, war der sozialistische Kindergarten dem westdeutschen in den fünfziger Jahren recht ähnlich. Unterschied nur. In der DDR gab es Kindergärten – ausreichend viele. Das aber war im westdeutschen Bildungssystem nie der Fall.

Leistung sei nun mal gefordert, erklärte mir damals ein Professor im Haus des Lehrers, einem Zentrum für Lehrerfortbildung in Ost-Berlin. Keine Schonzeit, etwa zwei Schuljahre ohne Noten, wie sie bereits im Westen erprobt wurden. Da sei man ganz anderer Meinung, wolle vielmehr „systematisch von Klasse eins an alle Kinder in wachsendem Maß daran gewöhnen, eine Leistung zu bringen, die auch mit einer Zensur bewertet wird."

Damals waren alle Schulen, die ich besuchte, geschmückt mit Fahnen, Medaillen, Trophäen. Während jenseits der Mauer Konkurrenz und Leistungsdruck kritisch betrachtet wurde, zeigten die „Messe der Meister", zahlreiche Olympiaden und Wettbewerbe, daß es wichtig war, überall der Beste zu sein, ob als Kollektiv oder als Einzelner.

Doch es gab in diesem verschulten Bildungssystem auch Einrichtungen, die mich beeindruckt haben. Mittags zum Beispiel wurden die Klassen zu Horten umgerüstet, die Tische beiseite gerückt, Betten aufgeschlagen für das Nickerchen nach dem Essen in der Schulkantine. Einen größeren Spielraum gab es. Erzieher kümmerten sich um die Kinder berufstätiger Mütter. Weit weniger komfortabel war das als in einem Hort im Westen. Da aber beklagten Frauen vor allem den Mangel an Hortplätzen und Ganztagsschulen. Sie waren die Ausnahme, nicht die Regel in der reichen Bundesrepublik.

Der SED-Staat tat das alles sicher nicht selbstlos. Arbeitskräfte fehlten. Also wurden Frauen in die Betriebe geholt. Gleichzeitig war so der Einfluß auf die Kinder gesichert, die damit manch subversiv empfundenem Familieneinfluß entzogen wurden. Den Nachmittag gestalteten die „Jungen Pioniere", die Kinderorganisation im zentralen Jugendverband, der Freien Deutschen Jugend.

Oder ein anderes Beispiel. Die Polytechnik. In der alten Bundesrepublik wurde es damals heiß diskutiert, der Versuch, Hand und Kopf wieder zusammenzubringen in einem arbeitsteilig gestalteten Schulsystem: Training des Intellekts im Gymnasium. Mehr Praktisches, vermittelt in Real- und Hauptschule. Eine alte Idee der Reformpädagogik war es: Lernen ganzheitlich. Wirtschaft, Gewerkschaften und Bildungspolitiker beklagten die Ferne von der Arbeitswelt. Hier nun hatte man im Osten Deutschlands Nägel mit Köpfen gemacht. „Arbeitlehre" wurde für alle Kinder verpflichtend. Tausende gingen ab Klasse 7 an einem Tag in der Woche für einige Stunden in die „Produktion".

Jede Schule hatte eine Patenschaft mit einem Betrieb geschlossen. Dieser Patenbetrieb organisierte und finanzierte die Polytechnik, sowohl den praktischen wie den theoretischen Teil. Er stellte Personal, Räume, Gerät, Maschinen. Freilich wurde der eigentliche Gedanke dann nicht verwirklicht, die Nähe zu den „Arbeitskollektiven". Die Schüler blieben fern in sogenannten „Kabinetten", und sie wurden zunehmend mit monotonen Serienprodukten eingedeckt. Im Dezember 1979 waren es Rollenhalter für die S-Bahntüren. An denen feilten Jungen und Mädchen verdrossen im Reichsbahnausbesserungswerk Berlin-Schönweide. Fertigungstechniken sollten ihnen vermittelt werden, erzählte mir der Meister damals, also Feilen, Anreißen, Körnen, Bohren, Sägen, Senken, Richten. Alles, was zur Metallverarbeitung gehört.

„Einführung in die Sozialistische Produktion" und „Technisches Zeichnen" ergänzten die Praxiserfahrungen. Unbehagen beschlich mich. Mehr Praxiserfahrung, die wäre auch Schülern im Westen zu wünschen. Doch erschien mir diese „Arbeitserziehung", das „sozialistische Arbeitsethos", eine allzu frühe Anpassung an von oben gesetzte Normen der Pflichterfüllung, die niemals grundsätzlich in Frage gestellt werden durften. In einer Broschüre über das Bildungssystem der DDR, die mir in die Hand gedrückt wurde, fand ich das Idol der Ulbricht-Honecker-Ära: Detlef Pulwer. Dreher war er im VEB-Verpackungsmaschinenbau Dresden. Der habe seine Norm „regelmäßig mit weit über 100 Prozent erfüllt." Und ganz das heroisch plakative Bild vom fröhlich schwitzenden Werktätigen beschwörend, hieß es da:

Er war der erste junge Arbeiter seines Betriebes, der einen persönlich-schöpferischen Plan aufstellte. Das heißt: aus dem Betriebsplan leitete er für sich persönliche Leistungsziele ab, bestimmte die Methoden, wie er sie erreichen wollte, fixierte alles schriftlich und gab es öffentlich bekannt.[2]

Eine Lichtgestalt im sozialistischen Lernalltag. Schon damals war Renitenz unter Schülern ein offenes Geheimnis.

Schule für alle – Lernen nach Bedarf. Das war das Prinzip der DDR-Schule. Und früh wurden Kinder auf spätere Bildungswege festgelegt, gemäß den Bedürfnissen des Volkswirtschaftsplans. Es war schon damals klar, daß viele lieber die akademische Laufbahn als die eines Facharbeiters eingeschlagen hätten. Wenigen gelang der Durchstieg, der Sprung in die Erweiterte Oberschule. Nur etwa 15 Prozent eines Jahrgangs waren für ein Studium vorgesehen.

Ein Schüler sagte es mir damals zögernd und mit leiser Stimme ins Mikrophon. Aus jeder 8. Klasse würden es höchstens vier schaffen. 1,5 Notendurchschnitt:

Sind viele in deiner Klasse, die schon so einen Notendurchschnitt haben?

Ja, bei uns … wir haben eine sehr gute Klassenspitze. Und da sind sehr gute Schüler dabei.

Aber dann ist es für die, die zurückbleiben, vielleicht nicht so schön oder?

Na ja, die können sich jetzt anstrengen. Und das ist ein Ansporn, die EOS, daß man sich anstrengt und lernt, und dann schafft man es sicher – vielleicht.

Irrungen und Wirrungen

Am Scheideweg

April 1990. Die Mauer ist gefallen. Durch das Brandenburger Tor lustwandeln Spaziergänger. Ein sonniger Frühlingstag. Unter den Linden verhökern Jugendliche Abzeichen, Medaillen, Plaketten der Freien Deutschen Jugend. Umweltgruppen haben ihre Stände aufgebaut. Winzlinge patschen in Fingerfarben, beschmieren mit Inbrunst große Tuchbahnen. Junge Eltern schauen skeptisch lächelnd zu. Die neue Freiheit? Kaum denkbar diese Sudeleien im sozialistischen Kindergarten. Der ist Vergangenheit.

Im Auftrag des Westdeutschen Rundfunks war ich nach Ost-Berlin gefahren, in die Noch-DDR, wollte dort die Schulen und Kindergärten wieder besuchen, die ich vor zehn Jahren in voller Beflaggung gesehen hatte. Nach der pädagogischen Kommandowirtschaft die neue Freiheit?

Im Hotel Metropol am Bahnhof Friedrichstraße stieg ich ab, wie einst im Dezember 1979 und hatte von dort aus einfach angerufen in den Schulen, ob ich mal reinschauen dürfte. Das wäre 1979 ganz unmöglich gewesen. Damals stand ich unter strenger Bewachung meiner beiden Begleiter, die mir bei Schulbesuchen und Gesprächen nicht von den Fersen wichen. Nun also konnte ich mich frei und ohne Gängelband bewegen – soweit es ein Taxi gab. Noch aber kostete die S-Bahnfahrt nur ein paar Ost-Groschen.

Hinter der Karl-Marx-Allee, einstige Paradeavenue, auf der sich Politbüro und Nomenklatura bejubeln ließen, im Hinterhof fast, eine der Eliteschulen im sozialistischen Bildungssystem. Eine Spezialschule für Musik, die Friedrich-Händel-Schule. Hochbegabtenschulen, die gab es seit den achtziger Jahren im Einheitsschulsystem der DDR. Streng war die Auswahl damals. Von 2 000 Schülern wurden nur 24 genommen. Gemunkelt wurde, daß auffallend viele Funktionärskinder sich als hochbegabt erwiesen.

Die 280 Schüler der Händel-Schule waren auch 1990 handverlesen. Verändert aber hatte sich die Schulatmosphäre. Verschwunden waren die „sozialistischen Altäre“, wie sie der Rektor nun nannte. In seinem Amtszimmer die alte Tapete, das bekannte Mobiliar. Schreibtisch und langer Konferenztisch, im Kreuzformat aneinander gerückt. Die obligate Zimmerpalme. Abgehängt nun das milde lächelnde Honecker-Portrait. Der Nagel oben harrte auf neuen Behang. Umbruchzeiten. Wendezeiten. „Wendehälse“, dieses Wort werde ich in diesen Tagen noch oft hören. Schüler, Lehrer, Rektoren benutzen es. Und es trifft die Stimmungslage nach der sanften Revolution. Orientierungslos, anpassen um jeden Preis. Doch so schnell geht das nicht. Schweißperlen stehen dem jungen Lehrer auf der Stirn, der nun Gesellschaftslehre unterrichten muß, pluralistisch plötzlich nach den einseitigen Sichtweisen der Staatsbürgerkunde. Sie wurde neben Deutsch und Geschichte erst einmal aus dem Lehrplan gestrichen.

Sichtlich bemüht war dieser junge Lehrer, mit der Zeit zu gehen, sich der Veränderung anzuschmiegen. Kollegen waren bereits entlassen worden. Ungewißheit. Abwehr, gebremste Aggression.

Als „Müllcontainer der Nation", so möchte er sich nun auch nicht sehen, sagt er aufmüpfig. Verschiedene Gesellschaftsmodelle will er nun darstellen, habe sich in West-Berlin schnell Unterrichtsmaterial besorgt. Versuche, sich zu verteidigen. Immer habe er sich bemüht, zu sagen, „so sieht die Theorie, so sieht die Praxis aus. Also daß Marx nicht gleich Murks heißt zum Beispiel – da hängt immer noch der Mensch dazwischen. Und daß die marxistische Idee nicht gleich die stalinistische ist".

Schwer für diesen Lehrer, noch Kurs zu halten. Differenzierungen sind zur Zeit nicht gefragt.

Auch in anderen Schulen spüre ich das Bemühen, sich den neuen Verhältnissen anzupassen und ein Stück Identität noch zu bewahren. Schwierig die Seelenlage vieler Pädagogen in diesen Tagen. Wer wirft schon gerne seine Lebensjahre auf den Müll der Geschichte. Die Schüler der Händel-Schule können sich nun offen äußern, finden ihre Lehrer „verklemmt". Die Veränderung in der Schule geht ihnen nicht schnell genug. Eine Wandzeitung wollte man machen, und da sollte jeder „Kritik dranmachen". Das wurde zuerst erlaubt, dann nicht. „Sehr peinlich eigentlich alles."

Das Engagement der ersten Monate war in diesen Apriltagen bereits einer gewissen Müdigkeit und Apathie gewichen. Bedauern auf der einen Seite, daß es keine Jugendarbeit der FDJ mehr in der Schule gäbe, und recht nüchterne Überlegungen, nun in der Schule weiterzukommen und dann einen „sicheren Beruf zu haben. Darum kümmern sich jetzt viele. Das ist das einzige, was uns bewegt," sagt ein Schüler.

„Nun grüß ich dich viel tausendmal, holder, holder Frühling ..." Der Chor der Händel-Schule. Noch schwanken alle Beteiligten zwischen Hoffnung und Verzweiflung in diesen Apriltagen 1990.

Auch die 20. Polytechnische Oberschule draußen in Treptow hatte ich wiedergefunden. Damals war sie geschmückt noch mit allen Insignien sozialistischer Weltsicht: Meisterschaft, Prämien, Lob dem Besten im Dienste der Gesellschaft. Nun ist nur noch das Photo des Namensgebers dieser Schule übriggeblieben. Leuchtender Blick aus schwarzem Rahmen vor weißgefalteter Stoffbahn. Vorne rankt Efeu in künstlichem Beet. Die Schulkonferenz habe es so gewünscht. Der Name bleibt. Otto Buchwitz-Schule. Der junge Rektor sagt es fast in Verteidigungshaltung. Rechtfertigungsdruck. Ich spüre es. Auch übereilte Anpassungsbereitschaft. Das westliche Vokabular ist schnell angeeignet. Erst im längeren Gespräch scheinen Versatzstücke aus der Vergangenheit durch. Von „Kollektiv" und „Kader" ist da die Rede. Mit dem Brustton der Überzeugung verweist der Rektor darauf. Er habe es nicht erlaubt, daß die Parteien im Wahlkampf in seiner Schule plakatieren. Seine Schule sei kein „Beklebungsinstitut für verschiedenste Parteiplakate". Früher war man da weniger empfindlich. Immerhin. Dazugelernt.

Und die Schüler? Zögernd nur sagten sie, was sie fühlten in dieser Umbruchszeit. Meinung äußern, nicht stromlinienförmig, fiel ihnen noch sichtlich schwer, in der Angst befangen, „eine auf den Deckel zu kriegen". Mit anderen Mitteln würden die Lehrer nun Druck ausüben: „Leistungsdruck", Konkurrenz, Angst vor einer noch ungewissen Zukunft. Mit Bedauern fast empfanden Schüler ein gewisses Desinteresse ihrer Lehrer. Früher hätten die sich mehr um sie gekümmert. Lehrstellen, die hatte die Schule besorgt. Verplante Zukunft, aber eben auch Sicherheit. Nun sei vielen Lehrern „praktisch egal", was aus ihren Schülern wird. „Hauptsache, er zieht seinen Stoff durch."

Lehrer ihrerseits fand ich damals tief verunsichert, unfähig auch, die neue Freiheit zu nutzen. Noch gab es nur improvisierte Hilfen. Bücher, Lehrmethoden, Schulstrukturen des Westens – alles Unbekannte. Die Mauer hatte Informationsstränge über Jahre gekappt. Klagen über Disziplinlosigkeit und Aufmüpfigkeit der Schüler. Die Antiautoritäre Phase, der lockere Umgang miteinander, ungewohnt, abstoßend gar nach preußischer Erziehung in DDR-Schulen. Unsicherheit herrschte. Was wird aus uns? Würden Abschlüsse anerkannt werden? Als Besserwessi habe ich mich nicht gefühlt, war eher gefordert, Mut zuzusprechen. Offen oder verdeckt die Zweifel unter Lehrern. War denn alles falsch, was man im guten Glauben, in der Hoffnung auf eine bessere Welt, in Kinderköpfe gepflanzt hatte? Wo war die Bruchstelle, an der ich opportunistisch die Augen verschlossen habe? Tiefe Zweifel.

Im Oktober zuvor hatte die Schriftstellerin Christa Wolf in einer Wochenzeitung über das Versagen der Pädagogenzunft nachgedacht, ihre Bereitschaft zur Gefügigkeit in das, was von oben vorgeschrieben worden war. Lehrer antworteten darauf empört, abwehrend, sich verteidigend, auch in Selbstanklage. Etliche Briefschreiber waren 1945 „Neulehrer" gewesen. Provisorisch nur ausgebildet, sollten sie die Lücke füllen, die NS-belastete Pädagogen hinterlassen hatten.

Hans-Dieter Schmidt, Psychologieprofessor an der Humboldt-Universität, war ein solcher Neulehrer. Er erzählte mir, daß es auch in Ostdeutschland nach 1945 hoffnungsvolle Aufbrüche gab. Eine kurze Zeit lang. Da sei noch eine offene Diskussion möglich gewesen, da habe man die Einheitsschule noch mit reformpädagogischer Idee und Tat erfüllen wollen. Erst als der Sozialismus „als offizielle Doktrin verkündet wurde und die staatlichen Strukturen so eingestellt wurden", verwandelte sich die Atmosphäre, gab es „strengere staatliche Pläne, strengere Vorschriften, weil die Partei ihre ideologische Dominanz" unerbittlich durchsetzte, auch in der Schule. Denn die war, das erzählte mir Hans-Dieter Schmidt, „nach der Staatssicherheit das wichtigste und zu sichernde Element der ideologischen Indoktrination". Später dann hat mir ein Mitglied der Akademie der Pädagogischen Wissenschaften von dem Zwang erzählt, dem Lehrer und Wissenschaftler in der Administration Margot Honeckers ausgesetzt waren. Kritische Forschung – es gab sie – verschwand in den Schubladen oder wurde geschönt nur veröffentlicht.

Hildegard Maria Nickel, eine Soziologin, mußte diese Erfahrungen machen. Früh schon, Anfang der achtziger Jahre, hatte sie die Potemkinschen Dörfer des zentralistisch deformierten Einheitsschulwesens erkannt und zu benennen gewagt, die unerträglich monologisierenden Lehrer und die Schüler, die dies über sich ergehen ließen. Schüler in den achtziger Jahren, die hätten sehr nüchtern erkannt, daß dieses schulische Wissen ihnen nicht viel brachte, daß man aber Abschlüsse für die weitere Karriere brauche. Keine Kritik also. Schlucken. Schulfrust, auch im Osten. Dort freilich wurde er einfach weggejubelt.

Klar sei früh auch schon gewesen, daß der Polytechnische Unterricht mit dem Ausbau von „Kabinetten", fern der Produktion, eigentlich wenig für den Schüler bedeutete. Die wechselten nur den Schulort. Unerfüllt blieb die Hoffnung, daß Mädchen dadurch etwa ihre Berufswahl ändern würden – hin zu technischen Berufen. All das wurde in der Administration verdrängt.

Im Frühling 1990 besuchte ich eines jener Polytechnischen Kabinette im VEB-Kühlautomat Berlin-Johannistal. Und hier sagten Schüler deutlicher als zehn Jahre zuvor, daß sie das einseitig serienmäßige Zurichten von Kupferrohren und Tauwasserschalen für Eisschränke nun wahrlich nicht sinnvoll fänden. Da solle sich der Betrieb doch „vernünftige Fachkräfte anschaffen und nicht jetzt Schüler für die eigene Produktion ausnützen". Deren Zukunft war ohnehin fraglich. Doch der zuständige Ausbildungsleiter, auch die Meister, machten sich Gedanken, wie man die Polytechnik aus Konkurs und Niedergang der sozialistischen Planwirtschaft in die freie Marktwirtschaft hinüberretten könnte. Daß Schüler als billige Arbeitskräfte benutzt wurden, um Planrückstände aufzuarbeiten, sahen selbst die Veranstalter nun kritisch.

Noch hing in diesem Kabinett die Tafel, auf der Sollerfüllung und Sollrückstand jedes Jugendlichen angezeigt wurde. An vielseitiges Arbeiten mit verschiedenen Materialien dachte man in diesem Betrieb, an ein ganz neues, abwechslungsreicheres Konzept in der Polytechnik. Vieles wäre möglich gewesen, war am „Runden Tisch" gleich nach der Wende diskutiert worden. Ohne Erfolg, wie man heute sieht. Absehbar war schon damals, daß dieses „Herzstück" des einstigen Bildungssystems wohl auf der Strecke bleiben würde – trotz aller Rettungsversuche. Marktwirtschaftlich rechnet sich so etwas nicht. Kurzsichtig aber ist es schon. Denn wie noch zu zeigen sein wird, ist das Westdeutsche Bildungssystem inzwischen auf dem Wege zu mehr praktischem Lernen, freilich reicher und vielfältiger als die alte Polytechnik in der DDR. Abschied von Gestern.

Und 1990 folgende? Entmutigt und entnervt durch die Unsicherheit einer Wendezeit lassen Bürger in den neuen Bundesländern alles hinter sich, was an Vergangenheit erinnert. Orientierungsmuster ist der Westen, auch schulpolitisch. Verloren die Einheitsschule. Der Run aufs Gymnasium nimmt zu. So verständlich er nach Zeiten der rigiden Auslese von nur 15 Prozent eines Jahrgangs auch ist, die die Hochschule besuchen durften, so bedauerlich ist es, daß nun in allen fünf Bundesländern neue Wege nicht beschritten wurden. Ein Kapitel deutscher Schulgeschichte scheint vorerst zumindest abgeschlossen: die Einheitsschule als Regelschule. Bereits in der Französischen Revolution angedacht, in der Reformpädagogik der zwanziger Jahre erneut aufgegriffen, ist sie nun erst einmal in der Versenkung verschwunden.

Ein baufälliges Haus

Weststandard ist schulpolitisch so überzeugend nicht

Und das Schulsystem gesamtdeutsch gesehen? Im Osten scheint es nach dem Niedergang des SED-Staates und der obrigkeitlich verfälschten Einheitsschule fast selbstverständlich, daß dort die Dreigliedrigkeit Schule macht. In allen Schulgesetzen oder Vorschaltgesetzen der neuen Bundesländer ist sie inzwischen eingeführt, von kleinen Varianten abgesehen. Zwar gibt es nur ihn Mecklenburg-Vorpommern eine ausdrücklich so benannte Hauptschule, in den anderen östlichen Bundesländern dagegen neben dem Gymnasium nur eine Art Mittelschule, die jedoch eindeutig zwei Profile erkennen läßt: einen Hauptschul- und einen Realschulzweig. Kenner meinen, es sei nur eine Frage der Zeit, wann diese Mittelschule wieder in getrennte Schulformen zerschnitten wird. Der Siegeszug des westdeutschen Schulsystems scheint ungebremst. Und doch nagt bereits der Wurm der Veränderung an ihrer Substanz – gleichsam von innen her.

Die Hauptschule

Als selbständige Schulform hatte sie der Deutsche Ausschuß für das Erziehungs- und Bildungswesen schon 1959 empfohlen, gemäß einem Gesellschaftsbild, das in den fünfziger und sechziger Jahren noch vorherrschte, nämlich einer schmalen Führungsschicht oben und einer breiten Handlangerschicht unten. Dem entsprach die angeblich wissenschaftlich abgesicherte Vorstellung vom praktisch und theoretisch begabten Menschen. Daß die praktische Begabung sich auffallend oft und energisch in der Arbeiterschaft genetisch durchsetzte, während die klugen Köpfe vorrangig in Beamten- und Akademikerfamilien hineingeboren wurden, hat lange Zeit niemanden beunruhigt.

Längst hat die Hauptschule ihre Funktion verloren, Eingangsstufe zur beruflichen Bildung zu sein. Heute ist sie zum Auffangbecken für Kinder geworden, die entweder in Realschule und Gymnasium auf der Strecke geblieben sind oder für Ausländerkinder mit sprachlichen Problemen. Alle Versuche, die Hauptschule zu retten, scheinen vergeblich. Ob es nun das Angebot eines 10. Schuljahres ist oder andere differenzierte Übergangsregelungen in den Beruf, die wie ein Köder z. B. in Baden Württemberg ausgelegt wurden, all das hat wenig gebracht. Experten geben dieser Schulform keine Zukunft mehr.

„Restschule" wird sie genannt. Eltern haben längst mit den Füßen abgestimmt. In den Städten schmilzt das Interesse an dieser weiterführenden Schule von Jahr zu Jahr. Nur in ländlichen Regionen, in denen es keine anderen Lernangebote gibt, hat sie noch ihre Klientel. Daten aus der Bildungsstatistik belegen den Trend: 1979 antworteten auf die Frage: „Welchen endgültigen Schulabschluß soll ihr Kind Ihrem Wunsch nach erreichen?" noch 31 Prozent der Eltern, daß sie den Hauptschulabschluß wünschen. 37 Prozent wollten das Abitur für ihr Kind. Acht Jahre später wünschen nur noch 11 Prozent der Befragten den Hauptschulabschluß, aber 52 Prozent das Abitur. Tendenz steigend.[1]

Die Leistungen der Hauptschule sind unbestritten. Ungleich stressiger als in anderen Schulformen ist die pädagogische Arbeit dort. Im Gespräch mit Hauptschullehrern ist Resignation zu spüren. „Alle sagen, was wir nicht leisten. Kein Mensch sagt, was wir leisten", klagt ein Bonner Hauptschullehrer. Das Bild von der „Restschule" verstellt den Blick auf die Verdienste, die sich diese Schule erworben hat, eben weil sie es mit den schwierigsten Fällen zu tun hat, den Dropouts des auslesenden Schulsystems. Projektarbeit, Freiarbeit, Betriebspraktika – all das war und ist in der Hauptschule Alltag. Lehrer mußten sich etwas einfallen lassen, einfach weil anders nicht Schule zu machen war. Gegen das schlechte Image anzuunterrichten, ist schwer. Sowohl Eltern wie Schüler empfinden den Besuch der Hauptschule als „sozialen Abstieg". Und diese Einschätzung teilt sich auch den Lehrern und Lehrerinnen mit, ermutigt sie nicht gerade. Viel wird ihnen abverlangt, gegen Aggression, Apathie und Resignation guten Unterricht zu setzen. Das ist die eine Seite ihres Jobs.

Die andere sind die vielen Nationalitäten in der Klasse, denen sie sprachlich nicht gewachsen sind. Therapeut und Förderer müssen diese Pädagogen sein. Während Ausländerkinder die Anpassung an die fremde Kultur des Gastlandes verkraften müssen, leiden deutsche Kids an Bindungslosigkeit, der Auflösung ihrer Familien, einer sozialen Existenz am Abgrund, an Wärmeverlust also. Kinder suchen Zuwendung in der Schule. Lehrer sind da „Papa und Mama" zugleich.

„Ständig habe ich ein paar am Arm hängen, die regelrecht abgeknutscht werden wollen," erzählt eine Lehrerin. Und ihr Kollege meint resigniert: „Hauptschullehrer sind in der gegenwärtigen Form der Hauptschule total überfordert, weil sich in ihren Klassen alle sozialen Probleme der Gesellschaft spiegeln."

Noch ist unklar, was aus der Hauptschule werden wird. Das dreigliedrige Schulsystem ist windschief geworden. Die anderen beiden Schulformen haben der Hauptschule den Rang abgelaufen.

Die Realschule

Mittelschule hieß sie einst, angesiedelt zwischen Gymnasium und Volksschule. Schule der „Realien". Absolutismus und beginnende Industrialisierung förderten eine pädagogische Einrichtung, die „nützliche Kenntnisse" vermitteln sollte. 1739 begründet Johann Gottfried Groß, Präzeptor in Halle, seinen „Entwurf eines mit leichten Kosten zu errichtenden Seminarii Oeconomico politici" so: Man brauche ein solches Seminar für die „nicht studierende Jugend, welche zwar nicht studieren, aber doch auch kein gemeiner Pöbel werden soll, sondern zu allerhand anderen honetten Lebensarten und Bedingungen bestimmt ist". 1747 gründet der Pietist Hecker in Berlin die erste Realschule, eine „Ökonomisch-mathematische Realschule", angesiedelt zwischen Lateinschule und religiösen Elementarschulen.[2] Es ist kein Zufall, daß die Gründung von Realschulen parallel zu der Gründung Technischer Hochschulen, den „Polytechnischen", verlief. Wachsende Arbeitsteilung in Manufakturen verlangte entsprechende Qualifikation. Nicht nur handwerkliche Fähigkeiten, auch eine bestimmte Arbeitshaltung sollte diese Schule vermitteln: den Arbeitnehmer, funktionsgerecht und anpassungsfähig.

Und ihre Funktion heute? Der Andrang zur Realschule ist vergleichbar stark wie zum Gymnasium. 1952 besuchten nur 6 Prozent aller Siebtklässler diesen Schultyp. 1990 waren es bereits 27 Prozent. Doch von Gleichheit der Lebensverhältnisse kann auch in der Realschule nicht die Rede sein. In einem Bundesland läuft sie sechs, im anderen nur vier Jahre bis zum Mittleren Schulabschluß nach dem 10. Schuljahr. Die Übergänge zum Gymnasium werden im einen Bundesland großzügiger (etwa Nordrhein-Westfalen), im anderen schärfer gehandhabt (zum Beispiel in Bayern). Mit dem eigenständigen Profil hat die Realschule so ihre Not, es sei denn, man sieht ihre Funktion darin, bildungsferne Schichten an weiterführende Schulen heranzuführen.

Auf „gehobene Führungslaufbahnen" soll dieser Schulabschluß hinführen. So sehen es Realschullehrer. Und doch haben Angebot und Nachfrage, die Veränderungen im Beschäftigungssystem, aber auch die Bildungswünsche der Eltern diese Schulform nicht unberührt gelassen. Mit der Inflation des Abiturs, dem Trend vieler Abiturienten, erst eine Berufsausbildung zu machen und dann zu studieren, haben Realschüler harte Konkurrenz bekommen auf dem Lehrstellenmarkt. Abiturienten drängen in Berufssparten, die früher Realschülern vorbehalten war, etwa Banken und

Versicherungen, Verwaltung und mittleres Management. Mit zunehmender Studierfreudigkeit in den letzten Jahren hat sich dieser Verdrängungswettbewerb verlangsamt. Doch viele Arbeitgeber, Ausbilder in der beruflichen Bildung, sind eher an höheren Schulabschlüssen interessiert. Beigetragen hat da auch die Veränderung der Berufe im Zeichen von High Tech. Sie verlangt mehr Abstraktionsfähigkeit und theoretische Grundkenntnisse von Auszubildenden.

1982 war der Realschüler noch der „Ideallehrling". Eine Befragung des Instituts der Deutschen Wirtschaft unter Ausbildern und Auszubildenden bestätigte es. Realschüler schneiden hier besonders gut ab, weil sie laut Studie folgende Arbeitstugenden mitbringen: sie sind ehrlich, hilfsbereit, pflichtbewußt, von hohem Selbstvertrauen, selbstsicher, ordentlich, pünktlich und diszipliniert.[3] Freilich werden heute zunehmend auch andere Schlüsselqualifikationen verlangt, die weniger biedermeierlich anmuten, nämlich kooperativ sein, Teamgeist haben, aufgeschlossen sein und flexibel, Phantasie haben. Weder in der Realschule, noch im Gymnasium werden diese Fähigkeiten ausreichend gefördert.

Als eine Aufsteigerschule gilt die Realschule. Das soziale Spektrum ihrer Schülerschaft hat sich verbreitert. Zunehmend kompensatorische Aufgaben muß ein Realschullehrer heute erfüllen, muß Rückläufer aus dem Gymnasium auffangen. Ein Lehrer sieht es so:

„Man wird mit Problemschülern nicht fertig, also schickt man sie zur Realschule. Und auf der anderen Seite eben die bildungsbewußten Eltern, die ihre Kinder nicht zur Hauptschule schicken wollen, also schickt man sie zur Realschule."

Auch zunehmend mehr Ausländerkinder wagen diesen Sprung und schaffen ihn auch.

Schule der Realien. Als Trampelpfad für Arbeitstugenden sehen junge Realschullehrer ihre Schule jedenfalls nicht mehr.

Schule könne nicht nur „Zulieferer für bestimmte Berufsqualifikationen" sein. „Und von daher wäre in der Tat zu fragen, inwieweit irgendeine Schule, nicht nur die Realschule, einen Menschen heranbilden oder erziehen muß, der in irgendeinen Betrieb reinpaßt, sondern inwieweit die Schule einen Menschen erziehen sollte, der in der heutigen Gesellschaft leben und überleben kann. Aber ich glaube schon, daß Schule etwas anderes tun muß, als Fittings für bestimmte Industriebedürfnisse zu erzeugen."

Zweifel äußern kritische Realschullehrer, die nicht nur ständische Interessen im Kopf haben, ob diese Schulform, die im 19. Jahrhundert unter bestimmten geschichtlichen und sozialen Voraussetzungen entstanden ist, überhaupt noch Sinn gibt an der Schwelle zum 21. Jahrhundert. Ketzerisch wird da eine Integration erwogen, in der Haupt- und Realschule gleichsam eine Fusion machen sollten, gemeinsam ein Konkurrenzunternehmen gegen das mächtige Gymnasium aufziehen könnten. Praxiserfahrungen und pädagogisches Know-How, verbunden mit einem Angebot zum Abitur könnten diese Kombination durchaus attraktiv erscheinen lassen – meinen Bildungsforscher.[4]

Das Gymnasium

Wer angenommen haben sollte, das deutsche Gymnasium sei mit seinem Latein am Ende, der hat sich gründlich geirrt. Viel Schimpf und Schande wurde über diese Schulreform ausgekippt. Weltfern, elitär, abgehoben, bildungsbürgerlich, verkopft. Die verbalen Attacken waren massiv. Breitseiten schossen die Reformer ab, und aus vollen Rohren schoß die Interessenvertretung deutscher Philologen zurück. Kulturkampf gab es in den siebziger Jahren. Grundsatzdiskussionen über Struktur und Inhalt der deutschen Schule. Das Gymnasium wurde Feindbild oder Idol, je nach bildungspolitischem Standort. Relativ unversehrt ist es aus diesem Bombardement hervorgegangen. Selbstbewußt und wenig irritiert. Schwang da Vorahnung mit, daß seine heftigsten Kritiker die eigenen Kinder eben auf jene Schulform schicken würden, die sie so heftig angegriffen hatten: auf das Gymnasium?

Über Schülermangel kann diese Schulform nicht klagen: 32 von 100 Schülern gehen den gymnasialen Weg. Der Siegeszug scheint unaufhaltsam, auch in den neuen Bundesländern. Alle Versuche, besonders in den südlichen Bundesländern, Schülerströme vom Gymnasium wegzulenken und durch attraktive alternative Angebote in der Hauptschule oder durch hohe Notenbarrieren das alte Gleichgewicht zwischen den drei Schulformen wieder herzustellen, waren vergebens. Schall und Rauch. Das Gymnasium ist der Renner der neunziger Jahre, gefolgt vom Fleißigen Lieschen des deutschen Schulsystems, der Realschule.

Früher als Schulpolitiker haben Eltern erkannt, welchen Wert das Abitur für den Start ihrer Kinder in Ausbildung und Beruf hat. Der Preis ist hoch. Millionen geben deutsche Eltern für Nachhilfe aus, damit sich ihre Sprößlinge den immer noch sehr theoretischen Anforderungen höherer Bildung gewachsen zeigen. Das Abitur ist die beste Eintrittskarte in eine Wettbewerbsgesellschaft, in der weniger die Herkunft als das Bildungszertifikat die soziale Zukunft bestimmt. Die psychischen Belastungen bei Versagen sind groß, verletzender als in einer ständischen Gesellschaft. Geht es doch nun auf das Konto des Einzelnen, ist nicht mehr Lotto einer mehr oder weniger privilegierten Geburt. Die Streßsymptome unter Schülern und Schülerinnen nehmen zu. Bildungsforscher finden reichliche Betätigung in der „Klimaforschung", durchforsten die Schule nach krankmachenden Symptomen. Erfolgreich.

Und zweifellos ist der Druck ehrgeiziger Eltern, die, wie man so sagt, nur das Beste für ihre Kinder wollen, gekoppelt mit einem eher abstrakt-theoretischen Lernalltag, streßfördernd. Magendruck, Kopfweh, Apathie, aber auch Aggression sind die seelisch-körperlichen Antworten auf Überforderung in einer Schule, die Schüler als einen „Arbeitsplatz für Noch-Nicht-Erwachsene" empfinden. So eine Bielefelder Studie.[1] Insofern bleiben die skeptischen Fragen der Bildungsreformer an den gymnasialen Lernalltag nach wie vor aktuell, und die Forderung nach einem lebensnahen Lernen nicht minder. So selbstbewußt nun das deutsche Gymnasium den Ansturm auf seiner Haben-Seite verbuchen kann, so sicher ist, daß es dabei nicht ganz ungeschoren davon kommen wird.

Die neue Schülerklientel zwingt zu neuen Unterrichtsformen. Und so schwankt derzeit das Charakterbild dieser höheren Schule zwischen der nach wie vor gepflegten Vorstellung von Elitebildung für wenige in einer Gelehrtengemeinschaft und einer vom nüchternen Kalkül der Vollbeschäftigung seiner Lehrerschaft getragenen Notwendigkeit einer Massenschule, die sich für Reformen öffnen muß. Der Sieg also könnte zu einem Pyrrhussieg werden, wenn das Gymnasium seine Idee rein und in Gänze in die neue Zeit hinüberretten will, nämlich ausschließlich wissenschaftlich auf Wissenschaftlichkeit hin auszubilden. Einen Ausweg aus dem Dilemma zwischen Massenversorgung auf der einen und Exklusivität auf der anderen Seite meinen konservative Schulpolitiker in der Auslese von Hochbegabten gefunden zu haben. Spezialklassen und Spezialschulen für Eggheads sind geplant und werden bereits erprobt. Doch gegen eine solche Abstufung dürfe sich die Standesvertretung, der Deutsche Philologenverband, ebenso wehren wie gegen eine Verkürzung der Gymnasialzeit von neun auf acht Jahre. Vor die Wahl gestellt: Fördern statt Auslesen, muß sich das Gymnasium dazu bequemen, sich einer offenen Schule anzunähern, mit praktischen wie theoretischen Lehr- und Lernangeboten, wie es mancherorts schon erfolgreich vorgelebt wird.

In Gesprächen mit Studienräten werden Veränderungen bereits deutlich, aber auch die massiven Notstände. Der Bericht aus dem Lehreralltag zeigt es. Tatort: Die Otto-Kühne-Schule, ein privates Gymnasium in Bonn-Bad Godesberg.

Wolfram Kuster unterrichtet seit 1972 Musik, Englisch und Erziehungswissenschaften an diesem Bonner Gymnasium. Es ist eine Privatschule mit angeschlossenem Internat. Doch was dort geschieht, läßt sich unschwer auf alle anderen öffentlichen Gymnasien übertragen. Die Veränderungen am Arbeitsplatz Schule sind auch am Gymnasium nicht vorübergegangen.

Die herkömmliche Arbeit des Lehrers, Wissen zu vermitteln, den Lehrplan abzuhaken, Arbeiten schreiben zu lassen, Zensuren zu geben, Zeugnisse zu verteilen und den Unterricht vorzubereiten, die ganze Prozedur der Übertragung eines amtlich festgelegten Bildungskanons in Schülerköpfe also, ist nur ein Teil seiner Tätigkeit. Und sie ist fast schon Routinearbeit gegenüber den vielfältigen Aufgaben, die so mit der Zeit hinzugekommen sind.

Von „erheblichen Arbeitsbelastungen“ spricht Kuster. Doch im Gespräch gewinnt man den Eindruck, daß er diesen Zuwachs an Verantwortung eigentlich nicht missen möchte. Er gehört zu jenen Pädagogen, die nicht nur den Kopf des Schülers sehen und seine Speicherfähigkeit, sondern Interesse an der Entwicklung seiner ganzen Persönlichkeit haben.

Die Gewichte haben sich verlagert, auch im Gymnasium. Mehr Kinder, meint Kuster, kommen heute ins Gymnasium, die „vor zehn Jahren diesen Schultyp noch nicht besucht hätten“. Das sei „ein heißes Thema“, die häuslichen Leistungsanforderungen auf der einen Seite und die Überforderungen der Schüler auf der anderen. Elternarbeit beschränkt sich heute also nicht mehr nur auf die in Mitwirkungsgesetzen festgeschriebene Mitarbeit in Gremien, Konferenzen, Schulpflegschaften und Elternabenden. „Die Erwartungshaltung der Eltern ist außerordentlich groß“, sagt Wolfram Kuster. Elternwunsch und die Fähigkeit eines Kindes aber, sich im noch sehr verkopften Gymnasium zurechtzufinden, klaffen auseinander. Kuster spricht von „Problemfällen“, die „wir nicht bewältigen“, jedenfalls nicht mit 28 Schülern pro Klasse und 24 Stunden Unterrichtsverpflichtung pro Woche. Arbeit in kleinen Gruppen ist notwendig, und Kinder in den Eingangsklassen des Gymnasiums brauchen besonders viel Zuwendung. Oft haben sie nicht nur Schwierigkeit, fachlich mitzukommen, sondern auch Probleme, sich in der neuen Umgebung zurechtzufinden. Auch Gymnasiallehrer können sich da nicht auf den Standpunkt

Die Grundschule

Eine Doppelrolle spielt sie seit ihrer Gründung nach dem Ersten Weltkrieg, die erste Gesamtschule auf deutschem Boden. Ausleser und Chancenverteiler ist die Grundschule, aber auch Volksschule im besten Sinn des Wortes. Denn in ihren Klassen lernen Kinder aller Schichten gemeinsam, vier Jahre lang. In Berlin nur sind es sechs Jahre. Ein Kind der ersten deutschen Republik ist die Grundschule. Kinderschule sollte sie sein, erfüllt von reformpädagogischen Gedanken. Heute kaum vorstellbar, daß um die harmlose Grundschule einst derselbe verbissene Kampf tobte wie in den siebziger Jahren um die Gesamtschule. Schulpolitik ist Interessenpolitik.

So formierte sich bereits 1920 heftiger Widerstand konservativer Kräfte gegen „die Sozialistische Einheitsschule". Noch ehe die allgemeine Grundschule eingerichtet wurde, gab es, das beschreibt der Bildungshistoriker Ludwig von Friedeburg, „langanhaltende erbitterte Auseinandersetzungen". Heiß umstritten war auch die Dauer der Grundschule. Sollte sie nun vier, sechs oder gar mehr Jahre umfassen. Die Verfechter einer privaten Vorschule, wie sie bislang als Vorbereitung auf die höhere Schule in wohlhabenden Familien möglich war, verwahrten sich gegen die Grundschule als einem „Kinderzwangszuchthaus", gegen das „Machwerk der Novemberverbrecher". Im März 1920 legte die Regierung der Nationalversammlung „den Entwurf eines Gesetzes betreffend die Grundschule und die Aufhebung der Vorschulen" vor.[5]

Es waren wohl weniger sachliche Argumente, die gegen die Grundschule seinerzeit vorgebracht wurden, eher schon war es handfester Standesdünkel. Mit Attesten des Hausarztes versuchten begüterte Eltern ihre Kinder vom gemeinsamen Unterricht in der „Armeleuteschule", der Volksschule, abzuhalten. Die Grundschule war noch ein Teil davon. Und die Lernbedingungen dort waren auch alles andere als komfortabel. Anfang der zwanziger Jahre kamen in der Volksschule auf einen Lehrer 61 Schüler. Das besserte sich 1926 auf 1:36. Massenbetrieb also lange Zeit.[6] Immerhin die äußere Gestalt der Grundschule war geschaffen. Was nun anstand, war das Innere, die Lernatmosphäre. Wilhelminisch blieb die lange Zeit. Pickelhauben-Pädagogik durch den zentralistischen Nationalsozialismus hindurch sogar noch in die Zweite Republik hinein. Unterbewertet entsprechend die Arbeit der Primarschule und unterbewertet der Grundschullehrer.

Anerkennung als wichtige Hilfe und erster Bildungseinstieg erhielt diese Einrichtung erst in den sechziger Jahren mit der wachsenden Erkenntnis, daß die Weichen für benachteiligte Kinder aus bildungsfernen Schichten schon früh, also schon in der Grundschule, gestellt werden. Nun endlich tat sich etwas: Fördern statt Auslesen war das Motto, kleinere Klassen, eine verbesserte Lehrerbildung die Folge. Die antiautoritäre Bewegung veränderte Erziehungsstil und Einstellung der Lehrer zu ihren Schülern. Die Reformdiskussion ist nicht spurlos an der deutschen Grundschule vorübergegangen, schlug sich nieder in neuen Richtlinien, etwa in der „Grünen Hoffnung" in Nordrhein-Westfalen, wie Lehrer den 300 Seiten starken Auftrag des Kultusministers Mitte der siebziger Jahre nannten. Abschied von der volkstümlichen Bildung. Nach dem neuen Konzept war Lernziel nun, dem Kind „die Welt zu eröffnen, es zu einer sachlichen Erfüllung des Lernens anzuhalten und zu mitmenschlichem Verhalten zu führen." Das war Nordrhein-Westfalen.

Vor allem der neue Sachunterricht sollte das leisten. Andere Formen des Lernens wurden erprobt, die reformpädagogisch längst gedacht und in Privatschulen wie den Montessori- oder den Steiner-Schulen bereits verwirklicht waren. Das drang nun auch in die öffentliche Grundschule: Einzelarbeit, Freiarbeit, Gruppenarbeit, Partnerarbeit, Projektarbeit.

Umwelterziehung – schon in den siebziger Jahren habe ich sie in Grundschulen erlebt. 4. Klasse einer Grundschule in Bonn. „Müll im Wald" war das Thema: Vermodert der, was kann er anrichten? Praktisches Lernen in der Grundschule schon damals. Ein Schüler erzählte mir sehr fachmännisch:

„Das haben wir dann so gemacht, daß wir sehr verschiedene Gläser genommen haben und mit Waldboden gefüllt haben. Da haben wir dann auch Wasser reingetan, denn im Wald kann es ja auch regnen. Und dann haben wir da verschiedene Sorten Müll reingenommen: Kordel, Plastik, Glas, Kunststoff. Und dann haben wir nach zwei Wochen mal nachgeguckt. Und da haben wir gemerkt, daß das stinkt. Und daran können wir sehen, daß das verwest, anderes verwest nicht."

Diskutiert hatten Schüler und Lehrer, ob man nicht einfach „Arbeitslose ranholen soll", die den Wald säubern oder ob es nicht besser sei, seinen Müll nicht einfach in die Gegend zu werfen. Geübt wurde freie Rede, geübt wurde aber auch Verantwortung, Kritikfähigkeit. Ob hier schon das Fundament für ökologisches Denken unter jüngeren Menschen gelegt wurde? In Gruppen saßen Kinder und sie sagten deutlich, wie sie diese Form des Unterrichts fanden:

Da brauche man nicht auf den Lehrer zu hören, „was der einem immer vorplappert. Und die sagen dann immer: schreib dies und das und so. Da heißt es: schlag das Mathebuch auf und rechne! Hier bereden wir das alles. Hier können wir selbst mitarbeiten."

Erstaunlich klar beschrieb mir dieser Schüler in Bonn schon damals den Bruch zwischen Buchschule und lebendigem Lernen, der bis heute den Unterricht spaltet, nicht nur in der Grundschule. Vieles aber schien plötzlich machbar, was in meiner kargen Grundschulzeit undenkbar gewesen wäre. Da saßen wir artig auf harten Bänken hintereinander. Vorn der dozierende Pauker. Die siebziger Jahre, das später vielgescholtene „Herumexperimentieren", haben Veränderung möglich gemacht. Doch schon damals gab es Grundschullehrer, die reformbereit waren und solche, die eher ihren alten Stremel weitermachen wollten. Auch scheiterten viele schöne Vorhaben am Faktor Zeit. Die Grundschule war und ist bis heute eine Halbtagsschule. Und so schrumpfte die „Grüne Hoffnung" zu einer oft kläglichen Alltagsrealität zusammen, die mir ein Grundschulrektor vorrechnete:

Eine Stunde Musik im 1. Schuljahr, eine Stunde Musik im 2. Schuljahr, eine im dritten und im vierten gerade mal zwei Stunden. „In der Praxis bedeutet das, daß wenn ich jeden Tag einmal singe am Morgen, dann ist insgesamt schon die eine Musikstunde erledigt. Ich habe noch nicht mal Zeit, neue Lieder einzuführen." Zeitnot ist das Dauerthema der Halbtagsschule, nicht nur in der Grundschule.

Inzwischen sind in Nordrhein-Westfalen die Richtlinien erneut überarbeitet worden. Schulleben soll nun aktiviert werden. Und ein Blick in Grundschulklassen genügt: lockerer, freier und bunter ist es geworden. Doch der Rahmen bleibt der alte: die begrenzte Zeit nur von 8 bis 13 Uhr. Aber auch neue Probleme gefährden den Fortschritt: Die alternden Lehrerkollegien, weil Neueinstellungen seit Jahren nur zögernd stattfinden. Wieder größere Klassen. Die veränderte Schülerschaft, multikulturell. Viele Ausländerkinder. Das bringt Anregung, aber auch Streß. Neue Krisenzeiten ante Portas, auch in dieser Schulform?

Die Ganztagsschule bleibt die Ausnahme, trotz wachsendem Bedarf. 1970 sprangen die Kultusminister, damals waren es noch elf, über den eigenen Schatten und empfahlen, die Ziffernnoten für die ersten beiden Grundschuljahre durch Beschreibungen des Lernstandes zu ersetzen. Revolution bedeutete es in deutschen Schulstuben, in Lehrer- und Elternköpfen. Und erneut gab es Widerstand gegen den Versuch, nicht nur die fachliche Leistung, sondern auch das soziale Verhalten zu beschreiben.

„Familienschnüffelei“ argwöhnten die einen, „sozialistische Unterwanderung des Systems“ die anderen. Inzwischen haben sich Lehrer und Eltern darauf eingestellt. Die ersten beiden Schuljahre laufen entspannter.

Doch bleibt die Not der Grundschullehrer, Schüler nach dieser Schonzeit wieder nach Zahlen zu sortieren. Im einen Bundesland strenger, im anderen liberaler. Nach dem 4. Schuljahr wird es ernst. Da werden die Weichen gestellt. Noten gewinnen dann wieder an Gewicht, wenn es um die Empfehlung geht, die Lehrer Eltern dann geben müssen. Grundschullehrer entscheiden, trotz Elternwille, über den Zugang zur Haupt-, Realschule, dem Gymnasium, ob nun als Empfehlung, wie es in Nordrhein-Westfalen getarnt wird oder knallhart nach Notendurchschnitt wie in Baden-Württemberg, um die Entscheidung, das Urteil kommt keiner herum. Geeignet oder nicht.

An eine Szene erinnere ich mich auf dem Schulhof einer Bonner Grundschule. Zwei Jungs. Der eine erzählt mir stolz, er gehe nun auf das Gymnasium. Der andere sagt fast trotzig: Hauptschule. Aber wenn er gewollt hätte, dann hätte auch er zum Gymnasium gehen können. Doch er wollte nicht. Und seinem Gesicht sah ich an, daß er mühsam Fassung bewahrte. Kinderleid und Elternfrust – das steht am Ende auch einer reformierten Grundschule.

Der Versuch

Reparaturen reichen nicht,
Umbau wäre zu empfehlen

Bald ein Vierteljahrhundert alt ist die deutsche Gesamtschule. 1969 begann ihre bewegte Geschichte mit der Empfehlung des Deutschen Bildungsrates zur „Einrichtung von Schulversuchen mit Gesamtschulen". 40 Versuche mit diesem für deutsche Schulverhältnisse ungewöhnlichen Schultyp hatte das Beratungsgremium von Bund und Ländern damals empfohlen, mit einer Schule, in der Kinder mindestens bis zur 10. Klasse hinauf gemeinsam lernen sollten. Das unbequeme Beratungsgremium ist inzwischen den Weg alles Irdischen gegangen. Doch die Gesamtschule lebt und gar nicht so schlecht. Über 300 gibt es bereits. Tendenz steigend.

1971 war ich auf Reisen gegangen, wollte elf dieser Einrichtungen in fünf Bundesländern vor Ort bei der Arbeit beobachten. Deren unorthodoxer Lehr- und Lernstil sollte bald schon heftigen Widerstand hervorrufen, die Nation Deutschland-West spalten in Gesamtschulfreunde und Gesamtschulgegner. Die siebziger Jahre waren erfüllt von heftigen Kämpfen, Verbalinjurien und pseudowissenschaftlichen Erkenntnissen über Nutzen und Frommen dieser für deutsche Bildungstraditionen aufmüpfigen Schule. „Rote Kaderschmiede", Nivellierung, Gleichmacherei. Die Gesamtschule in der Brandung widerstreitender Gefühle. Ein Wunder, daß sie nicht unterging.

Damals schon stand die neue Schule unter dem ständigen Druck, schnelle Erfolgsmeldungen bringen zu müssen, unter dem Druck der Vergleichbarkeit mit dem traditionellen Lernbetrieb, dessen Maxime sie doch gerade in Frage stellen wollte. Also keine frühe Auslese nach Schultypen. Die Entscheidung über Abschlüsse möglichst weit hinausgeschoben. Nicht mehr ehern der Klassenverband, sondern Differenzierung nach Leistungsvermögen in Fächern wie Englisch, Deutsch, Mathematik. Förderkurse und Stützkurse. Ein Wahlbereich, verpflichtend, in dem ein Schüler früh Schwerpunkte selbst setzen kann. Beratung durch Tutoren. Und früh die Zeichen der Zeit erkennend, statt Halbtagsbetrieb eine Ganztagsschule mit vielfältigem Angebot. Der gemeinsame Unterricht von Kindern verschiedener Herkunft und verschiedener Fähigkeiten. Die Integration, das Fördern jedes einzelnen Schülers, nicht das Auslesen, sollte Prinzip der Gesamtschule sein. Organisatorisch eine Herkulesarbeit. Lehren und Lernen unter Hochdruck also.

Schon damals glich keine Gesamtschule der anderen. Die in Berlin entwickelte sich anders als die in Nordrhein-Westfalen oder Hessen. Keine Stunde Null gab es in der Schulreform. Und es ist eine Legende, daß dieses Experiment mit allen nur erdenklichen Vorzügen ausgestattet wurde, finanziell, personell, räumlich. Die meisten Gesamtschulen begannen in der alten Hülle, in Schulgebäuden mit starrer Raumaufteilung, obwohl doch Flexibilität und Beweglichkeit ihr Prinzip war, mit einer Lehrerschaft, die an Dreigliedrigkeit orientiert war, an Lehrplänen, die noch die alten waren. Die Schule von morgen, das war mein Eindruck Anfang der siebziger Jahre, wurde in der Schule von gestern geboren. Enge Vorgaben und ein pädagogisches Konzept, das Weite und Öffnung zum Ziel hatte. Das mußte sich wundreiben.

Ob in alter oder bereits neuer Hülle, atmosphärisch war da schon Veränderung zu spüren. Meine Beobachtungen in der Gesamtschule Weinheim etwa:

„Im Schulalltag ist vieles anders als gewohnt. Man steht nicht mehr auf, wenn der Lehrer die Klasse betritt. Man kommt und geht, ißt und spricht während des Unterrichts. Schüler liegen oder sitzen auf dem Teppichboden, wo sie sich – auch das ist bemerkenswert – konzentriert mit einer Arbeit beschäftigen. Der Vorsatz der Lehrer, mit der konventionellen deutschen Schuldisziplin zu brechen, ist überall zu spüren. Wenn es stimmt, daß man die beste Information über eine Schule erhält, wenn man das Verhalten der Kinder in den Pausen und in der Freizeit beobachtet, dann müßten viele Gesamtschulen ausgezeichnet abschneiden. Gesamtschulkinder treten selbstbewußter auf, erscheinen freier und gelöster, stellen und beantworten Fragen selbständig. Und eine Revolution in der deutschen Schule: Schüler gehen gern in die Schule."

Das schrieb ich damals, sicher auch angesteckt von der Euphorie des Neubeginns.

Schon Anfang der siebziger Jahre aber zeigte sich auch, daß der liberale Schulalltag keineswegs Aggressionen abbaute. Je schärfer Schule und Elternhaus kontrastierten, desto heftiger wurde dieser Konflikt in den Unterricht hinein und dort auch ausgetragen. Gesamtschule in den Anfängen ging ans Eingemachte bürgerlicher Erziehungsvorstellungen. Sie stellte Normen und Werte der westlichen Konsumgesellschaft zur Disposition, lange bevor es Mode wurde. Und sie tat dies sicher nicht immer geschickt, oft auch sich selbst ideologisch blockierend. Alles in allem ganz schön stressig.

Der Lehrer im Rundumeinsatz. In engen Lehrerzimmern wurden Test- oder Arbeitsbögen entworfen und abgezogen. Teamarbeit. Unzählige Fachkonferenzen. Versuche, Außenwelt in den bislang abgeschotteten Lernalltag hineinzuziehen. Projekte entstanden. Deutschunterricht eben nicht als trockene Sprach- oder Grammatiklehre. „Kommunikationsfähigkeit", das war damals Reiz- und Zauberwort, so wie „Praxisbezug".

Ungewöhnlich, mit Comics zu arbeiten. Es brachte der Gesamtschule den Vorwurf ein, die klassische Literatur zu vernachlässigen. Oder der Versuch, Fächerzersplitterung durch Projekte zu überwinden. Der Entwurf eines Kinderspielplatzes zum Beispiel. Kontakt aufnehmen mit der Stadtverwaltung. Herausgehen aus der Schule, heute längst salonfähig in der Bildungsszene. Damals noch Ketzerisches fast. Kinder entwarfen und bauten gemeinsam ihren Spielplatz. Auch Arbeitslehre, nicht nur für Hauptschüler. Das war Schulrevolution, sollte aber, mehr noch, Gesellschaft mitverändern. Lehrer und Schüler nicht nur als Lehrplanerfüller, sondern mitbestimmend, kritisch. Das wurde Kultusministern und Schulverwaltern bald zu bunt.

Pädagogen, einmal losgelassen, entwickelten Phantasie und entsprechende „Curricula", ein beliebtes Wort in diesen Tagen, da Vernünftiges, aber auch Ungares, gern in große Worthülsen verpackt wurde. Vieles wurde dann nicht so heiß gegessen, wie es gekocht worden war. An Gesamtschultagen bogen sich die Tische. Und Lehrer der alten Schule, frustriert vom alten Trott, griffen gierig zu. Bald schon fischten Gesamtschulgegner Blätter mit allzu systemkritischen Lernzielen aus der Masse kreativer Entwürfe, um damit ihrem Vorwurf einer indoktrinierenden Schule beweiskräftig Öffentlichkeit zu verschaffen. Es hat die Gemüter erhitzt, doch dem Grundgedanken dieser Schulreform nicht geschadet: nicht für die Schule, für das Leben lernen wir. Etwas Aufsässiges, gegen den Strich gebürstetes, ist als Image an der Gesamtschule haften geblieben, selbst heute noch, wo sie gesetzter und ruhiger, gleichsam in die Jahre gekommen ist.

Anfang der achtziger Jahre wurde die Geschichte der Gesamtschule als Modellversuch amtlicherseits abgeschlossen. Ein 600-Seiten-starker Auswertungsbericht lag nun vor, wirbelte erneut Staub auf. Hatte sich diese Schulform bewährt? War sie gar besser als das herkömmliche Schulsystem? Eine eindeutige Antwort war nicht zu erwarten. Kaum verwunderlich bei der Zusammensetzung der Projektgruppe: Beamte der CDU/CSU und der damals noch sozial-liberal regierten Bundesländer, Vertreter des Bundes und zwei Wissenschaftler sollten sich zusammenraufen. Erfolglos. Der Bericht spiegelt die schulpolitischen Kämpfe der siebziger Jahre wider, die bis heute nicht beendet sind.

1982 besuchte ich vier Gesamtschulen in Hannover, Berlin, Mannheim und Bonn. Ergebnis meiner Recherchen: „Die meisten Gesamtschulen sind zurückgekehrt zu festen Gruppen und Klassen. Das ständige Pendeln zwischen Fachräumen, Experimente mit Großräumen etwa und beweglichen Wänden, wie sie Anfang der siebziger Jahre als große Neuerung in einigen Versuchsschulen gefeiert wurden, das alles ist passé. Nicht passé freilich sind jene gigantischen Betonburgen, die sich manche Bürgermeister wohl als Denkmal setzten." Die so geplagten Lehrer und Schulleiter hatten sich inzwischen selbst geholfen. Schulen in den immer noch großen Schulen waren entstanden, betreut von festen Lehrerteams. Wohnlichkeit, weniger funktionale Kühle, die war in den Gesamtschulen Anfang der achtziger Jahre zu spüren.

Bonn-Beuel etwa. Ein Bau auf der Wiese. Schon äußerlich wirkt er leicht und freundlich. Bewachsene Innenhöfe. Biotope. Kleine Räume, eine Teestube, eine Cafeteria mit bequemen Sesseln, um die man mit dem Schulamt hart ringen mußte. Denn eine wohnliche Schule, in der Lernen gar Spaß macht? Da war Überzeugungsarbeit zu leisten. Auch Schulbürokratie hatte inzwischen dazugelernt. Gefährdet waren Gesamtschulen immer, in eine effiziente Lernfabrik moderner Prägung abzurutschen. Die Schularchitektur der siebziger Jahre hat das ihre dazu beigetragen. Gebäude, die eher an das Ambiente eines Großflughafens erinnerten, und die Menge der umeinanderwuselnden Schüler verstärkten diesen Eindruck noch.

„Die Gesamtschule ist in dem Moment tot, in dem sie nicht mehr bereit ist, sich in Frage stellen zu lassen." Das meinte ein Lehrer 1971. Sie hat sich als lernfähig erwiesen. Das war mein Eindruck zehn Jahre später. Ein Ganztagsbetrieb von acht bis vier Uhr am Nachmittag ist ohne Geborgenheit, nennen wir es ruhig Gemütlichkeit, eine pure Tortur. Schule mußte sich da etwas einfallen lassen. Und längst noch ist es nicht optimal. Auch weil Kultus- und Finanzminister meinen, sie bekämen Ganztagsschule zum Halbtagspreis. Vorbildlich und viel beschaut, nun auch von den Kollegen aus den fünf neuen Bundesländern, das Team-Kleingruppen-Modell der Gesamtschule Holweide, die in der Großschule feste kleine Inseln der Beständigkeit bildet. Drei Klassen eines Jahrgangs bleiben sechs Jahre beieinander, betreut von einem Lehrerteam. Die Schulpsychologin sah es so: „Das Gefühl, ein Stück Zuhause zu haben, irgendwo hinzugehören, das trägt entscheidend dazu bei, daß wir uns hier wohlfühlen."

Verzicht auch auf äußere Differenzierung in Leistungsgruppen. Dafür Arbeit intensiv in kleinen Gruppen in der Klasse doch wieder. Nur wenige Gesamtschulen haben sich das erstreiten können. Und so blieb 1982 der Widerspruch zwischen wohltuendem Schulleben und dem Anspruch nüchterner Einteilung in Leistungsgruppen in den traditionellen Hauptfächern Deutsch, Mathematik und Englisch. Der große Gesamtschulbericht bestätigt es: eine Idylle ist dieser Schultyp nicht. Trotz Förderung war kaum zu vermeiden, daß Kinder der unteren Sozialschicht auch stärker in unteren Leistungskursen saßen und Schulangst geringer war, je höher der Leistungsstand war – auch in Gesamtschulen.

Hat diese neue Schule also ihr Klassenziel nicht erreicht? Eher wohl ist festzustellen, daß der Maßstab der Vergleichbarkeit mit dem Herkömmlichen, die der Bildungsrat einst dem Modellversuch mit auf den Weg gab, zur Quadratur des Kreises wurde für alle Reformer. Doch unbestritten, das mußten selbst Skeptiker zugestehen, führt die Integrierte Gesamtschule mehr Kinder zu höheren Bildungsabschlüssen als das dreigliedrige System.

Die Berichterstatter kamen 1982 zu dem Ergebnis: Alle Daten sprechen für mehr Offenheit der Bildungswege, und sie zeigten deutlich, daß sich der Zusammenhang zwischen sozialer Herkunft und Bildungsniveau vermindere. Wo freilich die Integrierte Gesamtschule ihre Kinder wie Kartoffeln nach Güteklassen sortiert, da stellten die amtlichen Fliegenbeinzähler keine auffallend abweichenden Ergebnisse zu den Abschlußverteilungen der herkömmlichen Schule fest. Fazit: Wenn die Gesamtschule nur eine Kopie der alten Schule ist, dann wäre sie in der Tat höchst überflüssig.

Im Mai 1982 aber schrieben die Kultusminister wieder fest: Maßstab aller Dinge im deutschen Schulalltag ist der traditionelle Leistungsstandard. Die Gesamtschule am Gängelband. Was also wird bleiben? Bleiben wird eine veränderte Einstellung zum Schüler, liberaler, weniger überheblich; der soziale Auftrag, Menschen verschiedener Herkunft bestmögliche Förderung zuteil werden zu lassen; ein begründeter Zweifel an der Vorstellung, daß es feststehend, unabänderliche Begabungen gibt.

Gesamtschule hat öffentliche Schule offen gemacht für den Gedanken des Pädagogen Heinrich Roth: Der Mensch ist nicht begabt, er wird begabt. Schulleben, Projektarbeit, Zusammenarbeit von Lehrern, Gruppenarbeit vielfältiger Art, Lernen auch als ein Prozeß gewollter politischer Bildung und gesellschaftlichen Engagements, Öffnung, viele Aktivitäten von draußen hereinholen, der Ganztagsbetrieb – all das ist in der Gesamtschule geboren worden und wächst weiter hinein auch in das alte Schulsystem, verändert es von innen heraus.

In der Gesamtschule Hannover-Linden konnte ich 1982 mit Schülern sprechen, mit Vera, längst wohl bestallte Juristin und mit Walter, gelernter Schlosser inzwischen. In ihren Äußerungen spiegeln sich Erwartungen an Gesamtschule und ihre Schüler, aber auch ein ganz spezifisches Selbstverständnis dieser Schulform, gestern wie heute:

Walter: „Also ich finde, daß ich nach dieser Schule stärker war als andere, die von anderen Schulen kamen, daß ich, glaube ich, ein bißchen mehr Persönlichkeit hatte, daß ich auch mal aufgemotzt habe gegen Ausbilder und so was, was andere nicht konnten. Man hat zum Anfang der Lehrzeit drei Monate Probezeit. Da haben viele nicht aufgemuckt. Die haben gesagt: Ja, das machen wir alles und so. Ja, und ich habe das nicht eingesehen und habe auch manchmal gesagt: Das läuft so nicht, das mach ich jetzt nicht so. Und da ist mir auch nichts daraus entstanden. Und die dachten immer, daß man dann rausfliegt und so."

Und du bist nicht geflogen?

Walter: „Nö, ich bin nicht geflogen. Ich bin ab heute wieder Jugendvertreter."

Frau Korte, Sie sind jetzt an der Uni. Wie ist es denn da. Sind Sie aktiv in der Studentenvertretung?

Korte: „Nein, bin ich nicht. Ich habe das Gefühl, wenn ich sage, ich bin nicht aktiv, daß das ungewöhnlich ist für IGS-Schüler. Denn man kriegt überall den Stempel drauf: wir sind die Aktivlinge."

Aber gibt es denn etwas, was Sie von dieser Schule mitgenommen haben, was Sie meinen, daß Sie es an einer anderen Schule nicht bekommen hätten?

Korte: „Gleich daran anschließend, habe ich sicher mitbekommen, daß ich jetzt ein ungutes Gefühl habe, weil ich nicht aktiv bin, das heißt ich habe das jahrelang gemacht. Er ist in der SV, ich war es auch jahrelang bis zum Ende. Und ich bin es irgendwo gewohnt, daß man was macht. Ich bin gewohnt, daß man als Schüler, wenn man den Mund aufmacht, auch angehört wird. Daß das, was man sagt, auch Gewicht hat. Ich bin es gewohnt, nicht als Schüler behandelt zu werden, sondern als Mensch mit Meinung. Und im Vergleich zu denen, die ich jetzt auf der Uni treffe, die von normalen Gymnasien kommen: Ich komme mir immer vor, wie so ein Exot, wenn ich erzähle, was ich hier gemacht habe. Das begegnet großem Unverständnis, welche Möglichkeiten wir hier hatten, die ich als ganz natürlich empfunden habe."

Gibt es da so Vorurteile in der Professorenschaft, wenn man sagt, man kommt von der Gesamtschule? Haben Sie das mal erlebt?

Korte: „Ja, die fangen bei den Kommilitonen an. Das heißt, daß man das Abitur hat, ist ja klar. Und wenn man dann so erzählt, wo man war, dann sagen die zwar nicht gerade: Das ist ja eigenartig. Aber man hat das Gefühl, man hat ein Pappabitur gemacht. Denn man wird anerkannt, bis man gesagt hat, man war auf der IGS und hat da das Abitur gemacht. Ach so, ja, ist ja auch gut. Mach dir nichts draus, darfst trotzdem studieren. Das ist ne Sache ... man hätte hier mit Sternchen machen können, von der Reaktion der Gleichaltrigen ist ein Abitur an der IGS: Ihr kriegt es ja nachgeschmissen! Und diese Reaktion, die kenne ich nun schon, seitdem ich auf die 10. Klasse zusteure. Seit ich mit Noten zu tun habe, seit der 9. Klasse. Und daraus folgt ein ständiger Zwang, sich, ja, zu rechtfertigen, sich zu erklären. Man ist immer auf einer Position, wo man den Knüppel schwingt und sich verteidigt, wo man es im Grunde vom eigenen Gefühl her gar nicht nötig hätte."

Über 300 Gesamtschulen arbeiten also inzwischen in der Bundesrepublik, die meisten in Nordrhein-Westfalen, Hessen, Niedersachsen, Berlin, Hamburg und Bremen und neuerdings auch in Brandenburg. Und stetig wächst das Interesse von Eltern an dieser Schulform, die als Bestandteil des Regelschulsystems, in den gesamten Bundesländern nun fast zur Normalität geworden ist. Heute ist es weniger eine Glaubensfrage, sich für Gesamtschulen zu entscheiden. Es hat sich herumgesprochen, daß sie gute pädagogische Arbeit leistet. Nach wie vor sozial motiviert, läßt sie Kindern mehr Zeit, sich selbst zu finden, bietet als Ganztagsschule eine Menge Anregungen, die das traditionelle Schulsystem gerne kopiert. Andererseits wächst die Sorge, daß das Gymnasium die „unkomplizierten Schüler" anzieht und der Gesamtschule die Schüler überläßt, die gemeinhin als „Problemfälle" bezeichnet werden.

Nun, da diese Schulform nicht mehr im Fokus von Kritik und Schmähungen steht, kann sie in Ruhe ihr eigenes Profil entwickeln. Ihr Status scheint gefestigt, vielleicht auch um den Preis eines Teils ihrer ursprünglichen Originalität und Radikalität. Das wäre zu bedauern. Im neu aufflackernden Verteilungskampf um schmalere Bildungsbudgets aber könnte sie für manche Gemeinde sogar die kostengünstigere Lösung darstellen als der Erhalt von nun insgesamt vier Schultypen. Eine eher pragmatische Sicht der Dinge ist festzustellen, wohltuend nach Jahren des heißen Kulturkampfes. Beispiele gibt es bereits. Es soll noch davon berichtet werden.

Von der Hand in den Mund

Ein Plädoyer
für die Bildungsplanung

Der leidige Disput um die Schulstruktur. Niemand mag sich mehr so recht erwärmen für die Frage, welche Schulform denn die bessere wäre. Die achtziger Jahre brachten mit der Wende zum Konservativen Ruhe an die Schulfront. Ob es nicht am Ende eine Friedhofsruhe ist? Kritiker schließen es nicht aus. Doch der Preis könnte hoch sein. Erste Erosionen kündigen sich bereits an: Langsame Vergreisung ganzer Lehrerkollegien, große Klassen, Schularmut, Bildungsunrecht.

Ist es müßig geworden, über ungleiche Bildungschancen zu reden? Gymnasium und Hochschule haben Hochkonjunktur. Das Bürgerrecht auf Bildung scheint eingelöst. So sieht es auf den ersten Blick aus. Aber auch auf den zweiten? Wem ist hier was zugute gekommen? Der Run auf das Gymnasium in Ost wie West – könnte er nicht am Ende auch klammheimlicher Widerstand sein gegen alle Versuche von oben, Bildungswege zu kanalisieren? Die Inflation einstiger Elitebildung für nur wenige Prozent eines Schülerjahrgangs ist unbestreitbar und unaufhaltsam.

Erstaunlich hoch und derzeit kaum zu befriedigen ist aber auch die Nachfrage nach Gesamtschulen, dort wo es sie gibt und mehr noch dort, wo es sie nicht gibt. Und auch hier könnten ganz pragmatische Überlegungen mitspielen. Der Gedanke nämlich, daß diese Schulform die Entscheidung für den Schulabschluß länger offenhält und auch der Ganztagsbetrieb, den viele Eltern und Alleinerziehende heute wollen, auch wenn die Finanzminister noch krampfhaft den Staatssäckel zuhalten. Sollte nun eintreten, was Bildungsforscher voraussagen: eine Teilung der Bildungsgesellschaft in Gymnasium hier und Gesamtschule dort?

Die Bildungswerbung der Reformzeit trägt ihre Früchte heute. Eltern planen die Zukunft ihrer Kinder bewußter – auch schulisch. Festzuhalten aber ist, daß dieses gesteigerte Bildungsbewußtsein und mit ihm die staatlich geförderte und gewollte Bildungsexpansion der siebziger Jahre vom Kindergarten bis zur Hochschule vor allem der Mittelschicht zugute kam. Auch wenn das Wort „Chancengleichheit“ weder in den Medien noch in wissenschaftlichen Publikationen, noch in ministeriellen Broschüren mehr auftaucht, es ist weiterhin ein Thema. Das Schicksal der Analphabetin Marka ist auch im letzten Jahrzehnt vor 2000 kein Exotikum weniger Versprengter im Bildungsdschungel. Es schreibt sich fort in den Schicksalen der Kinder von Aussiedlern, Asylbewerbern und Gastarbeitern, aber auch in den Bildungskarrieren deutscher Kinder aus der Unterschicht, deren Chancen sich keineswegs nachhaltig verbessert haben.

Der Bildungsforscher *Klaus Klemm* hat es in seinem „Bildungsgesamtplan 90“ mit Daten und Zahlen belegt. Vorerst nur für den Westen der

Republik. Doch es bedarf wenig Phantasie vorauszusagen, welche sozialen Folgen der schwerfällige Umbau des Schulwesens im Osten für die junge Generation haben wird. Schon jetzt klagen Schüler, daß sich ihre Lehrer nicht mehr sonderlich um ihr Fortkommen kümmern. Und unschwer auszumalen ist, welche Kinder in den fünf neuen Bundesländern die neuinstallierte Hauptschule, beziehungsweise den entsprechenden Zweig in der Mittelschule, bevölkern werden. Denn die Gesamtschule, als Regelschule neben anderen Schulformen, hat bislang nur in Brandenburg eine Chance.

Nach dem Zusammenbruch sozialistischer Planwirtschaft ist die Lust nicht gerade groß, eine nun gesamtstaatliche Bildungsplanung zu betreiben. Doch bereits lange vorher, schon vor dem Fall der Mauer, war sie Bund und Ländern im Westen längst vergangen. 1973 unternahmen sie den Versuch, einen gemeinsamen Bildungsplan zu entwerfen. Er mißlang. 1982 dann wurde das Unternehmen gänzlich eingestellt. Die Bildungslandschaft, nun auf 16 Bundesländer erweitert, gleicht seither mehr denn je einem patchwork bunter Bildungskonstellationen, was ja eigentlich, Föderalismus hin und Planungsmüdigkeit her, gegen den Verfassungsauftrag steht, wonach die Lebensverhältnisse in dieser Republik so gestaltet sein sollten, daß der Umzug von einem Bundesland ins andere nicht zum karrierebedrohenden Abenteuer wird.

Nun werden die Kultusminister einwenden, es gäbe ja die Kultusministerkonferenz, die das alles einstimmig regelt. Doch unbestritten ist, daß – nehmen wir das Beispiel Integration behinderter Kinder – dies in Nordrhein-Westfalen sehr viel liberaler vonstatten geht als in Baden-Württemberg. Daß die Übergänge von Realschule, respektive Hauptschule, zu höheren Schulformen und Abschlüssen in eben diesen beiden Ländern zum Beispiel unterschiedlich, das heißt strenger oder lockerer, gehandhabt werden, trotz kultusministerieller Übereinkünfte. Auch ist die Alternative einer Gesamtschule nicht in jedem Bundesland vorhanden. Soviel zur Einheitlichkeit der Bildungsverhältnisse. Es ist nicht weit her damit.

Das ist die eine Seite des Problems. Die andere ist, daß ein moderner Industriestaat wie die Bundesrepublik es sich einfach nicht leisten kann, so vor sich hin zu wursteln, zeitgemäßer gesprochen, den Bildungsbereich gleichsam dem freien Spiel des Marktes zu überlassen. Wohin das führt, zeigen die hoffnungslos überfüllten Hochschulen, denen die politisch Verantwortlichen derzeit nichts Klügeres zu raten wissen, als doch noch etwas ins Wageninnere aufzurücken. Das zeigen die ersten Mangelerscheinungen beim Nachwuchs, ob das nun die Hochschulen sind oder der deutsche Kindergarten oder eben auch die Schule. Schon fehlen qualifizierte Leute. Denn die sind inzwischen abgewandert, ergreifen erst gar nicht mehr den Beruf des Lehrers, des Erziehers. Perspektive fehlt.

Andere europäische Länder sind da munterer. Frankreich, Dänemark, England, sie alle analysieren ihr Erziehungswesen laufend, erstellen Berichte, entwerfen Pläne für die Zukunft, unterstreichen damit die Bedeutung von Bildung und Erziehung, bieten ihren Bildungspolitikern, vor allem aber ihren Finanzpolitikern, Entscheidungshilfen. Nicht so in der Bundesrepublik.

Seit dem vom Deutschen Bildungsrat entworfenen „Strukturplan für das deutsche Bildungswesen", der 1970 veröffentlicht wurde, seit dem Ende der gemeinsamen Bildungsplanung von Bund und Ländern Anfang der achtziger Jahre liegt kein Zukunftsentwurf mehr vor, geschweige denn ein Finanzierungskonzept. Bund und Länder leben gleichsam von der Hand in den Mund. Wachsende Ausbildungsnot, überlastete Hochschulen, das Vergreisen ganzer Lehrerkollegien, Schulsterben – alle diese Krisensymptome werden seither teils durch Appelle, teils durch Aussitzen oder Verdrängen erledigt. Bildung ist zu einem Selbstbedienungsladen für Finanzpolitiker geworden. Und hier sind wahrlich keine parteipolitischen Differenzierungen vorzunehmen. Auch in Nordrhein-Westfalen gilt es als durchaus hinnehmbar, daß Lehrerstunden gekappt und Klassen wieder größer werden. Und dies obwohl die Probleme in den Schulen keineswegs geringer werden.

Während also Politiker jeglicher Färbung Bildungspolitik zu einem randständigen Thema haben verkommen lassen, harrt Artikel 3 Grundgesetz nach wie vor seiner Ausfüllung:

„Niemand darf wegen seines Geschlechts, seiner Abstammung, seiner Rasse, seiner Sprache, seiner Heimat und Herkunft … benachteiligt oder bevorzugt werden." Das Fazit der Bildungsforscher sollte Warnung sein.

„Wir stellen fest," heißt es im ‚Bildungsgesamtplan 90', „daß auch Ende der achtziger Jahre Arbeiterkinder deutlich weniger Chancen haben (11,2 Prozent), ein Gymnasium zu besuchen als zum Beispiel Beamtenkinder (54,5 Prozent)."[1]

Auch ist es mit der viel beschworenen Durchlässigkeit zwischen den einzelnen Schultypen nicht weit her. Unter ein Prozent aller Haupt- und Realschüler schaffen den Aufstieg zum Gymnasium.[2] Der Abstieg dagegen ist weit häufiger. Jeder 13. Schüler verläßt die deutsche Schule ohne Abschluß.

Schulabbrecher sind beruflich und sozial vorverurteilt, ihre Lebenschancen sind erheblich eingeschränkt.[3]

Fördern statt auslesen wäre angezeigt, meinen die Bildungsforscher, ein 10. Schuljahr für alle Schüler, eine Neuauflage des Schüler-BAföG, der Schülerförderung, die Anfang der achtziger Jahre in den alten Bundesländern drastisch heruntergefahren wurde. Und die Lehrergewerkschaft hört es gerne, der Finanzminister wohl nicht: mehr Lehrer und Erzieher braucht das Land. Denn nicht weniger, sondern mehr Schüler wird es wieder geben. Ausländerkinder, Aussiedlerkinder, mehr Geburten. Im Westen zumindest.

Dankenswerterweise haben es sich die Essener Bildungsforscher zur Aufgabe gemacht, die schöne Legende vom vorzüglichen deutschen Bildungswesen, in dem jeder sich frei entfalten kann, ein wenig zu entmystifizieren. Denn die soziale Auslese setzt sich in allen Bereichen fort. Obwohl immer mehr Jugendliche länger Schulen besuchen, ist es nach wie vor so, daß von den 17- bis 18jährigen nur rund 35 Prozent Arbeiterkinder in Vollzeitschulen sind, aber über 58 Prozent der Angestellten- und über 68 Prozent der Beamtenkinder.[4] Die tummeln sich am häufigsten in der Gymnasialen Oberstufe und in den Hochschulen.

Nur knapp neun Prozent aller Arbeiterkinder haben die Chance, ein Studium zu beginnen, aber über 30 Prozent der Angestellten- und rund 46 Prozent der Beamtensprößlinge.[5] Der Anteil der Arbeiterkinder an der Gesamtstudentenschaft liegt nach Schätzung von Bildungsforschern bei nur 13 Prozent. Wer nicht studiert, geht in die Lehre. Neben dem Betrieb ist die Berufsschule die wichtigste Bildungseinrichtung. Ihr Mangel an Personal und Ausstattung aber macht sie zum Hinterhof der Nation. Suffisant bemerken die Autoren des Bildungsgesamtplans:

Es fällt schwer, keinen Zusammenhang zwischen dieser Vernachlässigung der beruflichen Bildung in Teilzeitberufsschulen und der Tatsache zu sehen, daß 43 Prozent aller Auszubildenden im Alter von 17 und 18 Jahren Arbeiterkinder, aber nur sechs Prozent Beamtenkinder sind.[6]

Wer hat, dem wird gegeben. Auch in den neunziger Jahren ist das Ziel einstiger Reformpolitik noch nicht eingelöst: das Bürgerrecht auf Bildung. Marka läßt schön grüßen. Künftig wird laut Gesetz die Herkunft im Mikrozenus erst gar nicht mehr abgefragt. Datenschutz heißt es. Doch ist das Problem damit schon vom Tisch?

Inzwischen sind die Bildungsforscher auch in den neuen Bundesländern unterwegs, um dort erst einmal die Bildungsstatistik aus dem Bereich der Manipulation ans Tageslicht einer handhabbaren Planungsgröße zu ziehen. Ihr „Bildungsbericht 90“ erschien just zum Zeitpunkt der Öffnung der Mauer, gab also nur einen Eindruck von der westdeutschen Bildungslandschaft. Nun wird er ergänzt durch den Blick in die neuen Bundesländer.

In ihrer neuesten Veröffentlichung „Bildungsplanung in den neuen Bundesländern“ stellen die Verfasser Klaus Klemm und Wolfgang Böttcher auffallend ähnliche Problembereiche, aber auch Asynchronitäten in der Bildungsentwicklung West und Ost fest. In der nun beginnenden Bildungsexpansion in den neuen Bundesländern sehen die Forscher zwar durchaus einen Gewinn. Doch mit dem ideologischen Schleier riß auch der holde Wahn entzwei, das einstige sozialistische Bildungssystem sei sozialer gewesen und hätte dem bis zur Ermüdung beschworenen Arbeiter- und Bauernkind bessere Aufstiegschancen geboten als es im kapitalistischen Westen der Fall war. Die Autoren kommen im Gegenteil zu dem Schluß:

Selbst wenn das Schulsystem der DDR im Prinzip weniger sozial selektiv als das der BRD war, so ließ es infolge der grundsätzlich großen Selektivität am Ende der Polytechnischen Oberschule nur für eine insgesamt kleine Gruppe sozialen Aufstieg durch Bildung zu. Die reichlich 15 Prozent der Angehörigen eines Altersjahrgangs aus Arbeiterfamilien, die in den alten Ländern Ende der achtziger Jahre in Bildungswegen lernten, die zu einer Studienberechtigung führten, werden zwar im Vergleich zu den etwa 50 Prozent der Kinder aus Beamtenfamilien zu Recht als unterprivilegiert wahrgenommen. Im Vergleich zu den aber insgesamt höchstens 15 Prozent Studienberechtigten je Jahrgang, die es in den achtziger Jahren in der DDR gab, liegt ihre Quote aber gleichwohl leicht höher als die Durchschnittsquote aller Studienberechtigten in der DDR.[7]

Im Nadelöhr des äußerst engen Zugangs zur EOS, der Gymnasialen Oberstufe, und zur sozialistischen Hochschule blieben auch die Aufstiegshoffnungen so mancher „Arbeiter- und Bauernkinder“ stecken.

Chancengleichheit also, das Bürgerrecht auf Bildung einzufordern, das wird eine zentrale politische Aufgabe auch in den neuen Bundesländern bleiben. Zugleich aber verschärft die noch „ungleiche infrastrukturelle Ausstattung" in den einzelnen Bildungsbereichen die gesellschaftliche Ungleichheit zwischen Ost und West. Geburtenrückgang konstatieren die Bildungsforscher in der ehemaligen DDR, Folge wachsender Verunsicherung, Arbeitslosigkeit, Unklarheit über die Zukunft. Abbau von Schulstandorten und der Aufbau des dreigliedrigen Schulsystems werde in den einzelnen Regionen zu neuer Ungleichheit in der Bildungsversorgung führen, befürchten die Wissenschaftler. Denn

... in einem gegliederten Bildungssystem profitieren die einzelnen sozialen Gruppen, dies lehrt die Schulforschung in den alten Ländern.[8]

Fazit: Der demographische Einbruch in Ostdeutschland wird „tiefe Spuren im Bildungssystem hinterlassen", weil es Schulschließungen bedeutet, erst von Grundschulen, dann von weiterführenden Schulen. Längere Schulwege aber werden das soziale Gefälle wieder verschärfen, da bekanntermaßen die Bereitschaft gerade in der Unterschicht gering sei, meinen Klemm und Böttcher, größere räumliche Distanzen zu überwinden, um ihren Kindern zu höherer Bildung zu verhelfen. Auch wird sich die Arbeitsperspektive der Lehrer verschlechtern und damit das Klima in den Schulen. Nur eine sehr geringe Einstellung von Lehrern ist in den nächsten Jahren zu erwarten, was die Reformen im Schulwesen erschweren wird.

Deshalb plädieren die Forscher für einen „Einstellungskorridor für junge Lehrer und Lehrerinnen" im Osten, und sie empfehlen schon jetzt mehr Kooperation und mehr Integration im Schulwesen. Die aber zeichnet sich bisher nicht ab in den neuen Bundesländern, eher schon eine zunehmende Zersplitterung der Bildungsangebote.

Daß Bürger dort inzwischen wachgeworden sind, zeigt auch die neueste Befragung des Dortmunder Instituts für Schulentwicklungsforschung. So waren 57 Prozent der Befragten in den neuen Bundesländern der Meinung:

Die Abkehr von der parteiideologisch beeinflußten Pädagogik halte ich für richtig. Die äußere Schulstruktur (wohnortnahe Polytechnische Oberschule für alle Kinder, Erweitere Oberschule oder Lehre, Berufsausbildung mit Abitur) sollte man ruhig beibehalten.

93 Prozent der Befragten wünschten sich eine wohnortnahe Schule. Weit mehr als die Hälfte aller Befragten sind für den Polytechnischen Unterricht und für ein flächendeckendes Angebot mit Hortplätzen. Auf der Wunschliste stehen weiter ein 10. Schuljahr für alle Kinder, eine Schülerförderung, besonders für Arbeiterkinder.[9] Was gegen den öffentlich vermittelten Eindruck im Westen steht, die Bürger in den neuen Bundesländern, genervt von 40 Jahren Arbeiter- und Bauernstaat, wollten dergleichen nicht mehr hören.

Alarmierende Nachrichten also auch aus dem Osten der Republik und eher triste Perspektiven aus der Sicht von Fachleuten für Gesamtdeutschland. Wenn nichts geschieht. Eine langfristige und vorsorgliche Planung fordern die Essener Bildungsforscher und eine „antizyklische Finanzpolitik". Das heißt: Mehr Investitionen für die Bildung als Strukturhilfe ersten Ranges, als Vorsorge für morgen. Und dieses fordern sie für den Osten wie den Westen Deutschlands, deren Probleme so unterschiedlich nun doch nicht sind, trotz Wohlstandsgefälle.

1964 warnte *Georg Picht* vor einer deutschen Bildungskatastrophe. Sein Fazit damals:

> *Deutschland kann als Kulturstaat noch erhalten bleiben. Dazu bedarf es einer entschiedenen Wendung. Das Volk muß bereit sein, die Versäumnisse der letzten Jahrzehnte durch finanzielle Opfer zu bezahlen. Die Regierung und die Parlamente müssen jetzt handeln. Tun sie es nicht, so steht schon heute fest, wer für den dritten großen Zusammenbruch der deutschen Geschichte in diesem Jahrhundert verantwortlich ist.*[10]

1991 wird sie wieder beschworen, die drohende Bildungskatastrophe. Selbst konservative Bildungspolitiker scheinen sich zur Planung wieder bequemen zu wollen. Und daß sie nun gesamtdeutsch auch über eine Reform der Schule an Haupt und Gliedern nachdenken müssen, liegt auf der Hand. Doch bislang fehlt ein gemeinsames Forum, ein gemeinsamer Denkpool. Eine Wiederbelebung des Deutschen Bildungsrates halten viele inzwischen für unerläßlich, einen Bildungsrat, der unparteiisch, ostwestlich besetzt, über die Zukunft des deutschen Bildungswesens nachdenkt, vom Kindergarten bis zur Weiterbildung.

Warum nicht endlich über den Schatten des Berechtigungswesens springen, der nach wie vor vom 19. auf das 20. Jahrhundert fällt und damit neue Sichtweisen verstellt? Warum nicht auch dem Meister oder Facharbeiter den Zugang zum Studium ermöglichen – ohne große Umwege? In einigen Bundesländern gibt es hoffnungsvolle Ansätze, doch längst noch nicht in allen. Warum nicht endlich Leistung und Bewährung an die Stelle alter, überholter Privilegien (Abitur) setzen? Das würde auch die Schullandschaft öffnen, würde diese Institution endlich von ihrer lästigen Zuteilerrolle befreien. Neue Perspektiven sind nötig und aufmüpfige Vordenker.

Vieles liegt da im Argen, vom Stundenausfall einmal abgesehen, der beträchtlich ist. Doch Schule ist mehr als ein Stundenplan. Nach wie vor trennt diese Einrichtung fein säuberlich zwischen Kopf und Hand, Folge einer antiquierten Sicht, die den Menschen parzelliert, statt die Vielfalt aller seiner Fähigkeiten hervorzulocken. Nach wie vor ist der Unterricht ein Sammelsurium unzusammenhängender Wissensfetzen.

Nach wie vor bleibt Wissen abstrakt und fern der praktischen Bewährung. Nach wie vor ist Schule überregelt und verwaltet, füllen staatliche Erlasse und Verordnungen tausende von Seiten und die Kritik daran ganze Bände. Nach wie vor fühlen sich viele Lehrer als Exekutoren staatlicher Lehrpläne und rufen doch bei aller Schelte auf Dienstherrn oder Dienstfrau nach immer neuen absichernden Regelungen. Nach wie vor wird Anpassung honoriert, nicht Zivilcourage, bei Schülern wie bei Lehrern. Und nach wie vor empfinden alle Beteiligten Lernen als Streß und Schule als Zwangsbeglückung. Sollte sich das nie ändern?

Glasnost, eine neue Offenheit im verharrschten Schulapparat, die wäre nicht nur wünschenswert. Sie ist unausweichlich. Sowohl die Anforderungen an Schule von außen, wie auch der Frust innen zwingen zum Umdenken. Und mancherorts hat es bereits begonnen. Weniger idealistischer Reformelan als Leidensdruck zwingen heute zu Veränderungen in Schule und Unterricht.

Musterkinder – Kindheitsmuster

Schule muß sich dem gesellschaftlichen Wandel anpassen

Haben wir die richtige Schule für die Kinder von heute? Und wird diese Einrichtung, so wie sie nun einmal gebaut ist, verkopft und abstrakt, ihren Bedürfnissen, ihren Nöten, ihren veränderten Lebensbedingungen gerecht?

In seinem Vorwort zur „Geschichte der Kindheit" von *Philippe Ariès* hat der Schulreformer *Hartmut von Hentig* seine Erfahrungen mit Kindern heute so beschrieben:

Von Kindern meinen wir, sie seien wie das Gras – zu allen Zeiten gleich. Erst die Jugendlichen scheinen am Wandel der Gesellschaft, an der Geschichtlichkeit, teilzunehmen (und so das jeweilig neue Generationsproblem zu erzeugen). Daß dies nicht so ist, habe ich jetzt gelernt: Die heutigen Kinder sind ganz offensichtlich die Kinder ihrer Zeit und ihrer Umwelt, sie sind ihr entlarvendster Spiegel.

Nervös, ungeordnet, vital, gestört nennt sie Hentig. Sie streiten ununterbrochen, zerstören, sind bindungsunfähig und sie müssen „ununterbrochen schreien".

Natürlich haben sie auch liebenswerte, ja bewundernswerte neue Eigenschaften, aber diese sind meist die unmittelbare Folge und Kehrseite einer ihrer Schwierigkeiten: aggressiv wie sie sind, können sie Erwachsenen frei, ungebeugt begegnen; indifferent, unkooperativ und kritisch wie sie sind, können sie diese Schwäche sehr ehrlich einsehen und sehr beredt anklagen; ungeordnet wie sie sind, können sie in bestimmten Lagen sich selbst und ihren Anspruch zurücknehmen.[1]

Eine Bestandsaufnahme Mitte der siebziger Jahre. Sie trifft wohl auch heute noch den Punkt. Freilich machen Bildungsforscher zunehmend auch eine nach innen gewandte Aggression, eine Art Aggressionsstau, aus, der gepaart ist mit Anpassung und Bereitschaft zu schulischer Soll-Erfüllung, weniger aus Begeisterung am Lernen als vielmehr aus der nüchternen Einsicht: es wird mir später nützen. Streß in der Schule. Klimaforscher im Bereich deutscher Lehranstalten sprechen inzwischen von „bio-psycho-sozialen Spannungszuständen".

Sie strapazieren die „Anpassungskapazitäten und Bewältigungsmöglichkeiten von Kindern und Jugendlichen über Gebühr"[2] und ziehen Belastungs- und Krankheitssymptome nach sich. Einer hohen Leistungserwartung sehen sich Schüler ausgesetzt.

Der „Erwartungsdruck der Elternhäuser“ habe sich verstärkt, meint der Bielefelder Jugendforscher Klaus Hurrelmann und versucht auf Lehrertagen seine zunehmend aufmerksamer lauschenden Zuhörer für das zu sensibilisieren, was nicht nur Kinder, sondern auch Lehrer belastet. Denn Erfolg in der Schullaufbahn wird heute als entscheidende Vorbedingung für die Sicherung des sozialen Status der Familie gewertet, als Vorbedingung für sozialen Aufstieg. Was zweifellos keine falsche Einschätzung ist. Eltern wollen nur das „Beste“ für ihr Kind und das bedeutet einen hohen Schulabschluß. Denn, so Hurrelmann, „eine gute Schulausbildung mit einem hochwertigen Abschluß ist heute eine notwendige Voraussetzung für den Zugang zu bestimmten Berufslaufbahnen, aber keineswegs eine Garantie dafür.“ „Marktführer“ ist das Gymnasium geworden.

Die Zugangsquote steigt unaufhörlich, und Kinder als Erfüller elterlicher Aufstiegprojektionen zahlen ihren Preis dafür. Die Bielefelder Forscher belegen aus Umfragen, daß Jugendliche Schule vorrangig als „verlorene Lebenszeit“, als einen „Arbeitsplatz für Noch-Nicht-Erwachsene“ betrachten. Zertifikate stehen im Mittelpunkt. Nicht Bildung, Qualifikation ist gefragt. Entsprechend atemlos der Wissenserwerb und entsprechend angstbesetzt, weil existenzbedrohend, mögliches Versagen. 54 Prozent der befragten Realschüler und 53 Prozent der Gymnasiasten gaben dem Bielefelder Team schulische Leistungsprobleme zu Protokoll, berichteten von Konflikten im Elternhaus. Und auch an Hauptschulen und Gesamtschulen liegt der Prozentsatz erstaunlicherweise nicht viel niedriger, bei 43 respektive 49 Prozent. Drogenkonsum, delinquentes Verhalten, negative Gefühle, Magendruck, Kopfschmerzen – all das sind die Folgen von „Schulstreß“. Teuer bezahlt also die Anpassung an ein Leistungsdenken, das im Gegensatz zur aufmüpfigen Generation der siebziger Jahre heute nicht mehr „in Frage“ gestellt wird.

1983 schon zeichnete sich das ab. Damals legte ich Kindern Beschreibungen von Kinderleben in früheren Jahrhunderten vor. Zum Beispiel diese: Die Engländerin *Sarah Gooder* berichtete, wie sie als Achtjährige untertage arbeiten mußte:

Ich bin Lorenschlepperin in der Gauber-Grube, ich muß die Loren schleppen und da habe ich Angst. Ich gehe um vier und manchmal um halb vier morgens hin und komme nachmittags um fünf oder halb sechs wieder heraus. Ich lege mich zwischendurch nie schlafen. Manchmal singe ich, wenn ich Licht habe, aber im Dunkel nicht. Dann traue ich mich nicht.

Kinder heute – sind sie glücklich und dankbar, dieser Ausbeutung entronnen zu sein? Ein Zwölfjähriger in der Gesamtschule Bonn-Beuel sah das eher so:

„Also ich meine, das hat sich jetzt ausgetauscht. Früher mußten die Kinder auf dem Feld oder im Kohlenwerk arbeiten, statt in die Schule zu gehen. Und wir gehen jetzt nicht mehr aufs Feld oder in die Kohlenmine, wir müssen dann in die Schule, dann müssen wir Hausaufgaben machen. Also wir haben das getauscht. Also die Arbeit auf dem Feld kommt nun in die Schule. Dann wird das da in Fächern durchgenommen, wie es auf dem Feld früher gewesen ist, wie die Ägypter die Pyramiden aufgebaut haben oder die Römer ihre Feldzüge gemacht haben. Das wird jetzt in der Schule durchgenommen. Und früher die Kinder, die konnten da nicht viel reden, die mußten ihre Sache tun auf dem Feld. Und wenn das nicht hinhaute, dann kriegten die eins drauf. Das ist genauso wie in der Schule. Wenn man da nicht seine Sache macht, dann kriegt man zwar auch eine drauf, aber früher war es schlimmer. Wir haben es jetzt ein bißchen besser, schon besser. Aber Arbeit ist Arbeit, und da gibt es keinen Unterschied."

Kinderleben gestern und heute. Äußerlich scheint es bequemer geworden zu sein. Von Schonzeit und glücklicher Kindheit zu sprechen, fällt dennoch schwer. Es ist eine verplante Zeit, bestimmt maßgeblich durch Lernen und Schule und die erbarmungslosen Bildungsambitionen der Altvorderen: Tanz- und Musikschule, Tennis, Klavierspielen. Die Mutter als Chauffeur. Kindheit rosig verbrämt und doch auf Erfolg schon programmiert. Kein freies Stromern mehr durch Wälder und Felder. Die zubetonierte Welt, verkehrsreich und abgezirkelt, verlangt eine gemessenere Gangart schon von den Kleinen. Welt, nicht mit den eigenen Beinen erobert, sondern im Vorbeisausen aus dem Auto, flüchtig nur wahrgenommen. Drachen werden selten selbst gebastelt. Sie werden gekauft. Flucht ins Weltall per Videoclip. Welterfahrung aus zweiter Hand, medial aufbereitet und serviert. Kaum einer, der da noch von einer Wespe gestochen wird. Sicher, aber auch ohne Spannung. Kein Abenteuer, kein Ausprobieren mehr der eigenen Kräfte und ihrer Grenzen. Eine Kindheit weitgehend in geschlossenen Räumen: Wohnung, Schule, Sportverein, Hort. Leben auf Inseln also.

Nicht jede Zeit kannte „Kindheit". Der Franzose Philipp Ariès hat es aufgedeckt. In seiner Geschichte der Kindheit belegt er an Hand von Quellen, Gemälden, Grabsteinen, zeitgenössischen Berichten, daß Kinder im Mittelalter mit sieben Jahren schon wie Erwachsene lebten und auch so behandelt und akzeptiert wurden. Alt und jung feierten, spielten, arbeiteten und lernten zusammen. Im 15. Jahrhundert war es dann soweit. Man steckte Kinder in Kleidchen, und schon bald machten sich auch die Moralisten und Erzieher über sie her, um sie fest in den Griff ihrer Theorien, zweifelhaften Praktiken und nicht minder problematischen Bildungsstätten zu nehmen, sie zu erziehen und zu beschulen.

Genügend Schriftwerk schildert, wie sich Berufene und Nichtberufene nun anschickten, gleichsam mit der Heckenschere die aus ihrer Sicht schädlichen Triebe zu kappen. Ihr Ziel: die Lichtgestalt des erzogenen Menschen. Der amerikanische Sozialwissenschaftler Neil Postmann hat diese Spaltung zwischen Kind und Erwachsenen mit der Erfindung der Buchdruckerkunst erklärt. Sie machte die Kleinen zu Unwissenden, die Großen zu notorischen Besserwissern. Nun aber, meint Postmann, könnte sich das Blatt wieder wenden. Das Medium Fernsehen, so seine Theorie, macht jetzt noch Unvorstellbares möglich: „Das Verschwinden der Kindheit." Sie sei bereits Geschichte.[3]

Zwar trifft seine Analyse einer veränderten Medienwelt wohl zu, die Eltern wie Kinder wieder gemeinsam vor die Glotze zwingt und somit Unterschiede einebnen könnte. Doch bleibt die Abhängigkeit zwischen Groß und Klein, immer wieder fixiert durch den Geldbeutel. Kinder sind zu einem Marktfaktor geworden. Es gibt einen Markt für Kinder und Jugendliche. Doch erst die Höhe des Taschengeldes macht sie zu interessanten Kunden. Klamotten, Outfit sind notwendig für die Stellung in der Gruppe. Bleibt nur Jobben nebenbei oder Betteln zu Haus: „Gib mal Kohle!" Ein zusätzlicher Streßfaktor moderner Kindheit und ständiger Konfliktherd in Elternhäusern: „Solange du noch deine Füße unter meinen Tisch stellst ...". Ratgeber, als Angebote in Buchläden ausgelegt und viel gekauft, verraten Ratlosigkeit, Ohnmacht, Konflikte im Erziehungsgeschäft. Je älter die Jugendlichen, desto ausgeprägter die Sprachlosigkeit zwischen jung und alt.

Nachdenklich stimmt, was mir der Schriftsteller Peter Härtling erzählte. Vor Gymnasiasten las er damals aus seinem Buch „Nachgetragene Liebe", in dem er beschreibt, wie er unter dem strafenden Schweigen seines Vaters gelitten hat. Und als Härtling gelesen hatte, da habe einer der Lehrer gesagt: „Na gut, heute gibt es ja solch ein Schweigen nicht mehr." Und da sei etwas Eigentümliches passiert. Voller Zorn nämlich habe eine Schülerin widersprochen: „Das mag ja bei Ihnen so sein, Herr Doktor. Bei mir ist es so: Mein Vater kommt nach Hause, wirft die Aktentasche in die Ecke, setzt sich vor die Glotze und schweigt." Das sei kein „wilhelminisches Schweigen" mehr, meinte Peter Härtling damals. Es habe wohl etwas mit den Freiheiten zu tun, „die sich Erwachsene heute nehmen, und zwar nicht gegenüber den Kindern, sondern von den Kindern weg. Das schuf diese scheinbar freien Verhältnisse.“ Aber es schuf auch ein neues Schweigen, das Kinder und Jugendliche allein läßt, ein unverbindliches Schweigen.

Oft ist dieser schweigende Vater oder die schweigende Mutter ganz verschwunden, und geblieben ist die Torsofamilie: Mutter oder Vater mit Kind. Lehrer und Lehrerinnen heute haben es zunehmend mehr mit diesen „Scheidungswaisen“ zu tun. Erst langsam und zögernd werden diese Kindheitsmuster wissenschaftlich erforscht. Bislang wurde Scheidung als ein Problem von Erwachsenen beschrieben. Es ist auch eine tiefgreifende Lebenskrise für Kinder, Weggabelung zwischen Hoffnung und Trauma. Lehrer erleben sie oft nur indirekt mit in erhöhter Apathie oder Aggression ihrer Schüler und in Verweigerung. Paradoxie der Postmoderne. Kinder sollen reifer und erwachsener sein als ihre Vorbilder, die Großen. Der Berliner Pädagoge *Ulf Preuss-Lausitz* sieht es so:

> *Von Kindern wird erwartet, daß sie sich in neuen Lebenssituationen zurechtfinden, daß sie bereit sind, neue soziale Beziehungen aufzubauen und vorher alltäglich gelebte Beziehungen über räumliche und zeitliche Distanzen hinweg aufrechtzuerhalten. Sie erleben die Unsicherheit, daß Beziehungen nicht unbedingt auf Dauer angelegt sind. Sie können aber auch erfahren, daß man sich aus Einschränkungen befreien kann. Hier wird auch von den Kindern Auseinandersetzungsfähigkeit verlangt.*[4]

Wer aber hilft ihnen dabei. Die Schule steckt heute in der Klemme zwischen ihrer Funktion als möglichst effektive leistungsstarke Lernfabrik und zugleich Ersatzheimat. Und Lehrer geben zu, ob in Grundschule oder Gymnasium, daß sie zwar guten Willens sind, Lebenshilfe zu geben, sich aber auch hoffnungslos überfordert fühlen. Wo in der Lehrerausbildung wird das hehre Bild von der Familie durch den Blick auf die Alternative erweitert, auf die Tatsache nämlich, daß viele Kinder keine vollständige Familie mehr haben. Die soziale Frage gleicher Startchancen, Ende der siebziger Jahre Antrieb für Reformen, hat eine zusätzliche Dimension bekommen. Schule wird zwar von Kindern und Jugendlichen durchaus ernstgenommen als Zuteiler von Abschlüssen und Berechtigungen, aber sie muß mehr und mehr auch Lebensnöte abfangen und abfedern, die ihr ganz andere Fähigkeiten abverlangen als bisher. Der Lehrer als Miterzieher, Schule als Lebensraum. Markante Schlagworte der neunziger Jahre. Wie weit sind sie bereits Wirklichkeit?

Knast meiner Jugend

Wer Schule verändern will,
sollte auf Schüler hören

Lebensweisheiten mögen in philosophischen Lehrbüchern stehen. Wahrheiten über Schülerleben aber sind oft an weniger würdigen Orten eingeritzt. An der Klotür einer Schule nahe Bonn war da Tiefsinniges zu lesen:

„Kennst du die Schule,
wo die Sonne nie lacht,
wo man aus Schülern Idioten macht,
wo man nichts hält von Schönheit und Tugend?
Das ist ... dorf,
der Knast meiner Jugend.“

Schülersprüche, Schülerprotest. Im Witz steckt bekanntlich immer auch Ernst. „Knast meiner Jugend.“ Das klingt böse nach.

Schulen heute sind sauberer geworden. Ging es in den Siebzigern noch drunter und drüber, Papierschnitzel hier, Geschmiere da, so leben Kinder und Jugendliche heute in einer ordentlichen Lernwelt. So clean das Äußere, so aufrührerisch das Innere. Die Ordentlichkeit trügt. Gewalttätigkeiten nehmen zu. So jedenfalls berichten die Medien. So klagen aber auch Lehrer und Eltern und die Standesvertretung von 130 000 Grund-, Haupt-, Real- und Sonderschullehrern, der Verband Bildung und Erziehung. Sein Vorsitzender Wilhelm Ebert meinte kürzlich in einem Interview: Eine „gewisse Brutalisierung“ sei schon auszumachen im Schulalltag. „Alleinschuldige“ gebe es nicht.

Die „stetige Präsenz von Gewalt, Terror und Krieg in unseren Medien“, könne ein Grund sein, aber auch die „ständig wachsenden Anforderungen in Familie, Schule und Beruf“. Belastend die großen Klassen, der hohe Unterrichtsausfall, die vielen Kulturen, die nun im Klassenzimmer aufeinandertreffen, aber auch die hohen Leistungsansprüche. Nicht nur die Sparsamkeit der Finanzminister sei die Ursache allen Übels, sondern auch das „kleinkarrierte Pokern um Schüler-Lehrer-Relationen, Einstellungsquoten und Schulausstattung“, die permanenten Debatten um „Strukturen und Organisationsformen unseres Schulwesens“. Das Szenario aktueller Schulnot hatte Wilhelm Ebert in kurzen Sätzen umrissen. Von der Not des Schülers wäre noch zu sprechen, der sich, gegängelt von Stundenplänen und Notendruck, fragt, ob das, was ihm da täglich serviert wird, eigentlich das „Gelbe vom Ei“, nicht eher von Anno-dunnemal ist. Heute äußert sich Schulfrust in weniger faßlichem Unmut. Das war einmal anders.

Die aufregenden Zeiten sind lange vorüber. Auch *„Das kleine rote Schülerbuch*“, der Mao-Bibel nachempfunden, ist schon Geschichte. Irgendwo aus der hinteren Reihe meines Bücherregals fische ich es. In der 7. Auflage 1971 blättere ich. Auflage immerhin 170 000. Obstinate Kleinschreibung. Protest. Es war einmal. Ich lese:

Die schule macht dich unpolitisch. Das ist ihre politische aufgabe.[1]

Fett gedruckt diese Sentenz. Und weiter:

Was lernst du? Du mußt das hebelgesetz und bruchrechnen lernen, du mußt die niederschläge in hinterindien und die römischen eroberungen kennen, du mußt die kommasetzung und die speisung der 10 000 beherrschen. du mußt den aufschwung üben und im märzen dem bauern die rößlein einspannen. All diesen unsinn und vieles mehr halten die erwachsenen für so wichtig, daß du es lernen mußt. Was du selbst für wichtig hälst, ist unwichtig.[2]

Und dann gebe es Fächer, die

in keinem stundenplan stehen, die du aber in jeder stunde hast. Sie heißen: mundhalten, fleiss, ordnung, sorgfalt, mitarbeit, leistung, wetteifer, gehorchen, ungerechtigkeit ertragen, arbeitshaltung, anpassen, verzichten und immer wieder mundhalten.[3]

Aufmüpfiges gegen das „süstem" wurde da Schülern von Schülern vor 20 Jahren warm ans Herz gelegt.

Schule und gesellschaft hängen miteinander zusammen. Wir müssen das eine ändern, damit sich das andere verändert.[4]

Politisierung der Schule – Horrorvision und Schabebaum in vielen schulpolitischen Auseinandersetzungen der siebziger Jahre. Aus heutiger Sicht wirken die Ratschläge fast milde. Doch sie sind aktueller denn je. Beispiel:

In den Richtlinien für lehrer steht, daß die unterrichtsstunden lebendig und daß die schüler aktiv sein sollen. Aktiv ist man, wenn man in der stunde selbst etwas tut oder sagt. Man ist nicht aktiv, wenn man immer nur zuhört und nur dasitzt und sich langweilt. Versucht eurem lehrer das klarzumachen.[5]

Bis heute ist das nicht gelungen.

Gespräche mit Schülern habe ich so oft wie möglich gesucht, wollte nicht über die Köpfe derer hinweg schreiben, die Schule tagtäglich aushalten müssen. Längst ist dort wieder politische Enthaltsamkeit eingekehrt. Aggressionen richten sich heute nicht mehr gegen das „süstem", eher schon gegen sich selbst, den Mitschüler, den Lehrer, das Schulmobiliar. Längst haben Mitbestimmungsgesetze Konflikte kanalisiert, sie kalmiert. Die SV, die Schülervertretung, eine zähflüssige Angelegenheit. Kaum Kandidaten stellen sich zur Wahl. Und das ist einsichtig. „Es gibt eben kein Feld, wo Schüler sich durchsetzen. Sie können nur ihre Wünsche vortragen", sagt ein Verbindungslehrer zwischen Kollegium und Schülervertretung nüchtern. Müde dümpelt dahin, was als Anlasser zu politischem Handeln dienen sollte, als Trainingsfeld für demokratische Tugenden. Eine „Spielwiese" sei es bestenfalls. Das ist Schülermeinung. Fêten organisieren, die nächste Klassenfahrt. Ertragen wird es.

Warum?

Es hänge damit zusammen, daß Schüler auf Passivität getrimmt, wenig „Bock" hätten, Verantwortung zu übernehmen. Eine SV, die sei doch nicht notwendig, sagt Jörg aus der Dreizehn, „ich komme mit dem Lehrer allein klar." Schüler heute sind „Egoisten mit Scheuklappen. Ich gehe meinen Weg". So sieht es Thomas (12. Klasse). Der Abschluß zählt, sonst nichts. Anpassung deshalb um jeden Preis. Schule sei nun einmal ein „Qualifikations- und Aussonderungsbereich". „Konsumentenhaltung" ist angesagt und Stoff „reinschlucken". Denn der Abschluß bestimmt die Knete später. Kühles Kalkül also.

Schule ein Knast, das wohl nicht, meint Patrick (12. Klasse), eher sei sie ein „langweiliger Videofilm", viel zu lang und mit Dingen vollgestopft, die nicht interessieren. Mehr Wahlfreiheit wünscht er sich bereits in der Mittelstufe. Ingmar widerspricht. Diese Freiheit, die hätte er doch „gnadenlos ausgenutzt". Was Schüler selbst nicht bringen, fordern sie von ihren Lehrern und Lehrerinnen. „Euphorie" vermisse man bei denen und die Bereitschaft, über aktuelle Themen zu diskutieren. Stereotype Antwort auf diese Forderung: „Wir müssen mit dem Stoff weiterkommen." Kritik zu ertragen und Diskussionen zulassen, das mache den guten Lehrer aus. Selten genug ist der zu finden.

Vom täglichen Leben draußen lerne man doch gar nichts. Die „hauen einen mit Wissen voll", klagt Thomas. Und Daniel lakonisch: Wer da noch seine Phantasie behalte bei dem „ständigen Analysieren", der sei gut dran. Phantasie, die werde doch systematisch kaputtgemacht in deutschen

Schulen. Harte Kritik. Doch ein Gran Wahrheit mag schon dran sein. „Nicht für das Leben, für die Klausuren lernen wir." Gesellschaftsfähige Wesen, die müsse Schule heranziehen, Menschen mit „Eigeninitiative", fordert Marc. Die aber würde weder in der Unterstufe, noch in der Mittelstufe geweckt. Gerade diese „erzieherische Funktion" aber sollte Schule in sich stärken, weg von reiner Wissensvermittlung, „partnerschaftlich" der Lehrer. Schülerwünsche 1991. Sie werden kaum abgefragt, geschweige denn erfüllt.

Vieles klang mir recht vernünftig. Doch wer hört hin? Das Abitur, vielbegehrt, das haben diese Schüler bald in der Tasche. Doch der Sinn der langen Vorübungen, der bleibt ihnen wohl verborgen. Nach 13 Jahren Schulzeit fühlen sie sich in ähnlicher Verfassung wie die begriffsstutzige *Alice im Wunderland*, die von der Herzogin streng belehrt wird:

> *Scheine, was du bist und sei, was du scheinst – oder einfacher ausgedrückt. „Sei niemals ununterschieden von dem, als was du jenen in dem, was du wärst oder hättest sein können, dadurch erscheinen könntest, daß du unterschieden von dem wärst, was jenen so erscheinen könnte, als seiest du anders."*
> *„Ich glaube, das könnte ich leichter verstehen", erwiderte Alice sehr höflich, „wenn ich es geschrieben vor mir hätte; beim bloßen Zuhören komme ich leider nicht ganz mit."*[6]

Gespräch mit Patrick

Patrick ist einer, der Umwege macht. Sein Lebensmuster paßt nicht in das Bild von einer schönen, harmonischen, zügigen Kinderwelt ohne Brüche. Viel Zeit verbringt er mit seinen Freunden, entwirft das Lay-out einer antifaschistischen Zeitung. Grafik-Design will er studieren. So klar sieht er das schon. Zugleich aber steht er auf Horrorvideos. Geht auf Sauftour mit seinen Kumpels. Patrick ist einer, der auszog, das Gruseln zu verlernen. Die Welt packen, dabei sein. Von seinen Abenteuern erzählt er mir:

Ja, also ich beschäftige mich selber so mit so Okkultismussachen und lese Bücher darüber oder so, aber ich habe mal ein paar Freunde gehabt, mit denen bin ich jetzt nicht mehr so gut befreundet. Die haben selber so – also ich weiß nicht, ob das so'n Sekte war, die haben so Teufelsbeschwörungen gemacht oder so was auch.

Kannst du das mal beschreiben?

Ja, die haben halt so Kreuze aufgestellt und haben das umgedreht und haben dann irgendwelche Kerzen angezündet und haben sich da total reinversetzt. Konntest mit denen gar nicht mehr reden, die waren total weg oder so. Später haben sie noch was gemacht mit irgendwelchen Tieren oder so was – daß die Tiere aufgeschlitzt haben und so was …

Wo fand das statt?

Das weiß ich nicht – auf dem Friedhof war das glaub' ich oder so – die haben auch Grabsteine umgeschmissen oder sowas alles, solche Sachen. Ja, dann hatte ich auch keine Lust mehr zu. Ich war nie in der Clique drin, also ich kannte die Leute nur. Ich hab da einmal zugeguckt ein bißchen. Da haben sie auch nichts mit Tieren gemacht. Da haben sie nur erzählt. Ja, ich interessiere mich auch für Nostradamus, halt so was, mit seinen Voraussagungen und solche Sachen alles.

Warum das?

Ja, weil ich irgendwie – ich hab von einem Freund das Buch gekriegt, und wenn ich mal so gucke, irgendwie die meisten Voraussagungen stimmen irgendwie echt oder so, deswegen fasziniert mich das schon ganz gut.

Ich habe jetzt keine Panik, weil er hat gesagt: 1999 wäre das Ende der Welt oder so. Das wär mir egal – denn irgendwie ist es sowieso Ende – wenn das so weiter geht. Deswegen mach ich mir auch keine Panik.

Fühlst du dich bedroht?

Ja, schon, ich probier damit umzugehen, jetzt nicht, daß ich die ganze Zeit fertig wäre. Ich probier noch das Beste daraus zu machen halt.

Von was fühlst du dich bedroht, darf ich das fragen?

Von Umweltsachen auch, mit dem Ozonloch zum Beispiel, halt von Kriegssachen, jetzt zur Zeit mit dem Irak oder solche Sachen halt. Alleine schon, wenn man alleine durch die Stadt geht, auch von Neonazis oder so was alles, daß man gleich eins abkriegt. Aber da muß man halt probieren mit umzugehen. Irgendwie habe ich keine Lust jetzt, mich nur noch zu Hause zu verkriechen und dann nicht mehr Farbe zu bekennen. So steh ich zu den Sachen, auch wenn's mal ein Risiko gibt.

Abwege, Umweg oder Fluchtwege aus den kühlen Apparatewelten zurück in mythische Vorzeiten? In seinem autobiographischen Roman „Anton Reiser" mahnt *Karl Philipp Moritz*:

Möchte dies alle Lehrer und Pädagogen aufmerksamer und in ihren Urteilen über die Entwicklung der Charaktere junger Leute behutsamer machen, daß sie die Einwirkung unzähliger zufälliger Umstände mit in Anschlag brächten, und von diesen erst die genaueste Erkundigung einzuziehen suchten, ehe sie es wagten, durch ihr Urteil über das Schicksal eines Menschen zu entscheiden, bei dem es vielleicht nur eines aufmunternden Blickes bedurfte, um ihn plötzlich umzuschaffen, weil nicht die Grundlage seines Charakters, sondern eine sonderbare Verkettung von Umständen an seinem schlecht in die Augen fallenden Betragen schuld war.[7]

Auch nach 200 Jahren ist diese Mahnung bedenkenswert.

Machen feinere Strafen feinere Menschen?

Vom aufgeklärten Absolutismus im deutschen Schulalltag

Wenn dem Kind geheißen, etwas mit einer bestimmten Hand zu überreichen, es aber eigenwillig darauf beharrt, statt dieser die andere Hand dazu zu nehmen – was in der Welt könnte wohl gleichgültiger sein, als das Äußere dieser Handlung; der vernünftige Erzieher wird nicht eher ruhen, als bis die Handlung dem Geheiße vollkommen entsprechend ausgeführt und der unreine Beweggrund ihr genommen ist.[1]

Diesen Ratschlag gab der tüchtige *Dr. Daniel Gottlob Moritz Schreber* Eltern und Lehrern. In Kinder- und Klassenstuben des 19. bis tief ins 20. Jahrhundert hinein fanden seine Empfehlungen offene Ohren, seine Praktiken willige Nachahmer. Gelungene Erziehung sei dann am Ziel, wenn „das Kind fast durchgehend nur mit einem elterlichen Blick regiert wird."

Schreber Junior spricht in seinen „Denkwürdigkeiten" von „Seelenmord". Er ahnte, wie er schreibt, „daß zu der Zeit, als meine Narrenkrankheit einen schwer heilbaren Charakter anzunehmen schien, ein Seelenmord von irgendeiner Seite, wenn auch erfolglos, an mir versucht worden ist."Eine Gruselgeschichte aus längst vergangenen Zeiten?

Wer würde denn heute noch seine Kinder mit Geradehaltern traktieren, ihnen nachts die Hände festbinden, um sie vor „unsittlicher" Berührung ihres Körpers zu „bewahren". Das Zeitalter der professionalisierten Pädagogik, der literarischen Tiefenschürfungen zum Thema Erziehung, scheint von solchen barbarischen Methoden der Unterdrückung Lichtjahre entfernt. Die antiautoritäre Erziehung hat, viel und kontrovers diskutiert, Spuren hinterlassen. Man schlägt sein Kind nicht mehr auf offener Straße. Doch was geschieht unter deutschen Dächern? Der Kinderschutzbund hat kürzlich erst ein Gesetz empfohlen, das die Bestrafung von Kindern verbietet. Eine Million Kinder würden schwer körperlich bestraft. Achtung vor Kindern fordert der Kinderschutzbund. Noch aber ist es mit der nicht so weit her, in Familie, aber auch in Schule. Läuft Erziehung in diesen beiden Institutionen, wenn sie denn nicht gewalttätig ist, nur subtiler, aber mit den gleichen Zielen, die einst Vater Schreber beflügelten: Gehorsam, Unterwerfung, Anpassung?

Von Ohrfeigen bis zu Fernsehverbot und Hausarrest reicht heute das Arsenal gestreßter Erzieher. Und in die Ecke gestellt werden vorlaute Kinder auch heute noch in deutschen Klassenzimmern. Und sei es nur mit Worten. In Gesprächen mit Eltern und Lehrern gewinnt man den Eindruck, als habe sich da schon etwas getan in den letzten Jahren. „Im Vergleich zu meiner Erziehung war es so," erzählte mir eine Mutter, „daß ich trotz der guten Vorsätze, nicht auf Strafen verzichtete, aber den guten Willen hatte, es mit guten Worten zu machen. Das ist mir nicht gelungen. Aber jetzt ist es doch so, daß ich im Gespräch mit den großen Kindern eigentlich feststelle, daß ich mit Worten viel mehr Erfolg habe, als wenn ich strafen würde. Strafe ist jetzt der Autoentzug oder, daß ich eine bestimmte Zeit angebe, wann sie zu Hause zu sein haben." Also keine Ohrfeigen mehr oder seltener, dafür der moralische Druck. Auch bei einer Fünf gäbe es keine großen Diskussionen mehr. „Sie empfinden eine Fünf als so große Strafe für sich selber, daß sich das erübrigt." Schule also übernimmt hier einen Teil des Abstrafens, arbeitsteilig sozusagen. Strafen sind subtiler geworden. Aber machen feinere Strafen schon feinere Menschen?

Den Rohrstock gibt es nicht mehr, auch nicht das schmerzhafte Schlagen auf die Fingerspitzen oder das Ziehen an Haaren und Ohren, wie ich selbst es noch ertragen mußte. Aber an den Pranger gestellt werden Störer der Schulordnung auch heute noch. Ehrlich gab es ein Lehrer zu, daß Strafen eben den schnellen Erfolg bringen.

„Als Lehrer muß man sich darüber im Klaren sein, daß sich die Erziehungsarbeit innerhalb einer Klasse immer vor einer großen Öffentlichkeit abspielt, daß also eine einzige tadelnde Bemerkung in Richtung auf einen Schüler hin, je nachdem, was für ein Schüler das ist, bei dem einen sehr schlimme Gefühle auslösen kann, fast die Persönlichkeit untergraben kann, während die gleiche Bemerkung zu einem anderen Schüler, in einer anderen Situation gesagt, eine ganz andere Wirkung haben muß."

Kinder bestätigen das. Eine Zwölfjährige erzählte mir, wie das bei dem Mathematiklehrer so abgelaufen ist:

„Wenn wir die Regeln nicht konnten, hatten wir in unser Aufgabenheft mit Rot eintragen müssen: „Nicht gekonnt." Und wenn wir es das zweite Mal nicht gekonnt haben, dann mußten wir einmal das ganze Regelheft abschreiben. Und dann ist es passiert, daß einige doch in Panik gekommen sind. Dann hat einer, der tat mir so leid, fünfmal abschreiben müssen. Das fand ich eigentlich ein bißchen fies, weil derjenige ein bißchen in Panik gekommen ist."

Ein Tabu sind Strafen nicht, auch nicht in der Fachliteratur. Im *Pädagogischen Lexikon* von 1970 zeigt sich der Autor in der Sache hart, in der Art und Weise jedoch flexibel: „Gerade bei einer Bestrafung ist pädagogischer Takt notwendig." Und weiter heißt es:

Unpädagogisch ist das Sprichwort, daß auf einen groben Klotz ein grober Keil gehöre. Vielmehr gilt „daß feinere Strafen nicht bloß von feineren Menschen kommen, sondern auch feinere Menschen machen" (H. Nohl).[2]

Was freilich noch zu beweisen wäre.

Strafen hat wohl weniger mit dem Bestraften zu tun als mit der Seelenlage des Strafenden. „Strafe entlastet sehr schnell." Man befinde sich auch als Strafender „in einem gewissen Affektstau. Und man läßt auch einen Teil der Aggressionen dadurch ab". Das schaffe „Erleichterung". Eigentlich strafe man, weil man „selbst als Erziehender schwach" sei. So sieht es ein Lehrer selbstkritisch.

Manche seiner Kollegen mögen da heftig widersprechen. Sie empfinden sich bei wachsender Ruppigkeit ihrer Schüler eher ohnmächtig in der Rolle des Opfers, nicht des Täters. Und mancher mag da eher nach den „Mutigen Erziehern" rufen, die wieder Ordnung und Disziplin in den Laden bringen wollten – in Familie und Schule. Nur um welchen Preis?

Die Probleme liegen bei Eltern und Lehrern tiefer. Und Abstrafen erscheint nur als eine Form der Verdrängung von Problemen, die etwa in überhöhter Anspruchs- und Erwartungshaltung der Erwachsenen liegen und in einem Rollenverständnis als Lehrer, das notorische Besserwisserei geradezu herauslocken muß: die Rolle des Zuteilers von Bildungs- und damit von Lebenschancen. Lehrer, von Streß geplagt, begeben sich heute sogar in Therapie. Mit einigen konnte ich dort sprechen.

Herr B. zum Beispiel, Studienrat, muß heute nicht mehr den starken Max vor seinen Schülern spielen, kann auch Ängste und Schwächen eingestehen, habe er doch mit Hilfe des Therapeuten erfahren, „daß ich selbst in einem starken Maße als Kind mich angepaßt verhalten habe". Den Vorstellungen und Wünschen seiner Eltern sei er brav nachgekommen, und das sei ihm auch gelungen, „weil ich auf vielen Gebieten begabt war". Manche schönen Dinge aber hat er sich damit versagen müssen, und Neidgefühle erfüllten ihn manchmal auf die Freiheit, die sich Kinder und Jugendliche heute ganz selbstverständlich zu nehmen wagen. Und diese Seelenverfassung dürfte sicher nicht ein Einzelfall sein.

Die deutsche Erzieherzunft auf die Couch? Selbsterfahrung wäre sicher so manchen Eltern und manchem Lehrer zu empfehlen. Doch der Abschied von der strafenden Erziehung setzt mehr Freiheit in der Gesellschaft voraus und weniger „Ordnungspolitisches" – in Ost wie West.

Ein kleiner Junge sagte es mir recht deutlich:

„Ich finde, daß die Menschen gegenseitig Respekt haben sollten." „Gleichberechtigung" müsse zwischen Erwachsenen und Kindern sein, „weil dann hören einmal die Eltern auf die Kinder und sagen: das ist nicht gut, was ich da gemacht habe. Oder die Kinder hören auch mal auf die Eltern und sagen: daß ich das mache, ist totaler Unsinn." Das müsse eben „ausgewogener" sein.

Noch aber ist die Beziehung zwischen Jung und Alt nicht ausgewogen. Weit entfernt das Verhalten vieler Erwachsener von den Einsichten eines *Janusz Korczak*. 1942 starb er mit seinen 200 Waisenkindern in Treblinka im Gas. Seine Bewacher hatten ihm freigestellt zurückzubleiben. Er lehnte es ab. In seinem Buch „Wie man ein Kind lieben soll", hat Korczak seine Erfahrungen niedergeschrieben, die er als Leiter des Warschauer Heimes für jüdische Waisenkinder gemacht hatte. Es ist sein Vermächtnis an alle, die mit Kindern leben:

Du, der du mit Kindern zu tun hast, du solltest dich lieber freuen. Du bist schon dabei, deine Vorurteile, deine sentimentalen Ansichten über Kinder aufzugeben. Du weißt bereits, daß du nichts weißt ... Habe Mut zu dir selbst, und suche deinen eigenen Weg. Erkenne dich selbst, bevor du Kinder zu erkennen trachtest. Leg dir Rechenschaft darüber ab, wo deine Fähigkeiten liegen, bevor du damit beginnst, Kindern den Bereich ihrer Rechte und Pflichten abzustecken. Unter ihnen allen bist du selbst ein Kind, das du zunächst einmal erkennen, erziehen und ausbilden mußt. Es ist einer der bösartigsten Fehler anzunehmen, die Pädagogik sei die Wissenschaft vom Kind – und nicht zuerst die Wissenschaft vom Menschen.[3]

Das Hütchenspiel

Von Not und Elend
des falsch vermessenen Menschen

„Mehr Topleistungen durch Förderung" verspricht eine Pressemeldung aus dem Bundesministerium für Bildung und Wissenschaft. Seit Anfang der achtziger Jahre blüht die Hochbegabtenforschung. Sonderklassen und Sonderschulen für die Egg-heads der Nation werden diskutiert, teils schon erprobt. Andere Ziele und damit eine andere Sprache bestimmen die bildungspolitische Diskussion. Seit der „Wende", dem Regierungswechsel von sozial-liberal zu konservativ-liberal im Herbst 1982, prägen Begriffe wie Wettbewerb und Konkurrenz, Elite und Spitzenleistung die Bildungslandschaft. Und jeder möchte top sein. Der Druck wächst auch auf die Schulen, Auslese zu betreiben, und dies nach möglichst unanfechtbaren Kriterien.

Streßfaktor Nummer eins im deutschen Schulalltag ist die Note. Und Eltern fordern sie vehement und unerbittlich, in den alten wie den neuen Bundesländern. Keine Chance an diesem Fetisch zu rühren. Die Ankündigung der Schleswig-Holsteinischen Kultusministerin, vier Grundschuljahre ohne Noten zu wagen, hält selbst die Schülerunion (CDU) „für einen Schlag ins Gesicht" aller leistungsbewußten Schüler. Und der Vorsitzende des Landeselternbeirats entrüstete sich über das „sozialistische Menschenbild".[1] Was immer das auch sein mag.

Die deutsche Schule ohne Ziffernnoten. Undenkbar. Doch was Schülerfunktionäre bekritteln, kann Otto-Normalschüler nur mit Galgenhumor quittieren, etwa so: „Lieber eine Fünf in Mathe, als gar keine persönliche Note."

Ein „Ende der Demütigung durch die Noten", fordert eine sechzehnjährige Realschülerin in einer Umfrage, die der Frankfurter Sozialforscher *Klaus Sochatzy* 1988 unter einigen hundert Kindern getätigt hat.

Ich würde auch die Zeugnisse abschaffen. Wieviele Mädchen und Jungen bringen sich deswegen um.[2]

Meinung einer sechzehnjährigen Hauptschülerin. Zeugniszeiten sind Krisenzeiten in deutschen Familien. Und mag es auch nicht so dramatisch ausgehen, wie diese Schülerin befürchtet, Not und Elend des so vermessenen Menschen sind nach wie vor groß.

Im *Jahrbuch für Lehrer* 1979 ist folgende Szene beschrieben, die sich unschwer auch 1992 so abspielen könnte, ab der 3. Klasse zumindest:

Die Schüler einer 2. Klasse gehen nach der Pause in ihren Raum. Ein Mädchen bleibt stehen. Es wirkt ganz verloren, dies kleine Mädchen an der Wand. Ich frage sie, warum sie nicht mit hineinkommt. Keine Antwort. Der kleine, gesenkte Wuschelkopf, der zusammengekniffene Mund, sonst nichts. Und gerade dieses Kind ist sonst sehr aufgeschlossen. Ich bin bei der Zeugnisvergabe dieser Klasse dabei. Dasselbe Kind, plötzlich auf seinem Stuhl, den Kopf auf der Tischplatte, hemmungslos weinend. Vor dem Kind das Zeugnis: Nicht versetzt.[3]

Inzwischen ist sie verlängert worden, die Galgenfrist. In allen Bundesländern gibt es in den ersten beiden Schuljahren keine Noten. Doch dann geht es wieder hart zur Sache. Auch Anfang der neunziger Jahre ist Sitzenbleiben keine Ausnahme. Fast 140 000 Schüler der Sekundarstufe I, machte der Bildungsforscher Klaus Klemm aus, sind 1986/87 „Opfer dieses Verfahrens geworden."[4] Und besonders hart verfahren wird offenbar in Realschulen und Gymnasien. Zeugnisse, Zensuren, Noten, sie gehören – Bildungsreform hin und kinderfreundliche Sprüche her – zu den ehernen Grundsätzen deutschen Schullebens und zu seinem Dauerproblem. Gängige Frage an Eltern: „Geht es Ihnen gut, oder haben Sie ein Kind in der Schule?" Unberührt von allem persönlichen Kummer und wachsendem Zweifel unter Fachleuten, bestimmen Ziffernnoten das Lernen – gestern wie heute. Woher aber der Glaube an deren Objektivität?

Bildungsforscher Hellmut Becker betrachtet es eher als einen Irrglauben:

„Wenn man Zahlen sieht, hat man das Gefühl, man hat einen objektiven Maßstab. Wenn man verbale, auch sehr ausführliche Darstellungen über Können und Leistung liest, hat man das Gefühl: ach, das sind subjektive Äußerungen von Personen."

Relativ unwesentlich war diese Note, als wenige das Gymnasium besuchten und wenige nur die Hochschule. Der Druck der Note verstärkt sich mit der Inflation höherer Bildungsgänge. Als er ein kleiner Junge war, erinnert sich Hellmut Becker, da habe „kein Hahn danach gekräht, ob ich nun eine Drei oder eine Eins in Latein hatte. Heute, wenn Sie diese Dramen in den Familien sehen, schon von der Grundschule an, die Aufregung über Zensuren ..." Damit sei diese Zensur mit Aufgaben belastet worden, denen sie „wegen ihrer objektiven Ungenauigkeit und Unexaktheit nicht gewachsen ist".

Es geht also nicht nur um Not und Elend des vermessenen Menschen. Es geht auch offensichtlich um Not und Elend des falsch vermessenen Menschen. So übrigens lautet der Titel eines recht aufschlußreichen Buches von Stephen Jay Gould, einem Biologen und Wissenschaftshistoriker an der Harvard University: „Der falsch vermessene Mensch.“ Er hat die Vergangenheit der Begabungs- und Intelligenzforschung untersucht und recht üble Machenschaften zu Tage gefördert. Was er herausfand, dürfte die Skeptischen bestätigen, die immer schon Noten, Tests und Einstufungsprüfungen aller Art kritisiert haben, mit denen Menschen aussortiert, ab- und aufgewertet werden bis auf den heutigen Tag.

Die peinliche Angelegenheit beginnt schon früh in den USA mit den Schädelmessern, den eifrigen Sammlern großer und kleiner Köpfe und einer wissenschaftlichen Fragestellung, die, so Gould, „von vorneherein durch die Festlegung auf Rangordnungen“ in der menschlichen Gesellschaft ausgerichtet war, der Rangskala von Klassen, Rassen, Geschlecht und Intelligenz. Mehr als tausend Schädel hatte der Arzt Samuel George Morton in Philadelphia zusammengetragen. Zeitgenossen nannten sein großes Beinhaus das „amerikanische Golgatha“ – ein ebenso makabrer wie hellsichtiger Vergleich. Denn damit beginnt er, der Leidensweg der vermessenen Menschheit. Morton füllte die Schädel mit Senfkörnern. Aus dem Fassungsvermögen – großer Kopf, viel Grips, kleiner Kopf, wenig Grips – erstellte er eine Skala der höheren und der minderwertigen Rassen. Und damit die weiße Rasse eindeutig Spitzenreiter blieb, manipulierte Morton schamlos. Indianer mit großem Schädel waren in seiner Sammlung unterrepräsentiert.

Die Folgen dieser frühen Rassenforschung reichen bis weit in unser Wissenschaftsjahrhundert hinein. Das alles geschah im 19. Jahrhundert, mag man einwenden, gehört ins Panoptikum einer an Irrungen und Wirrungen wahrlich nicht armen Wissenschaftsgeschichte. Doch so einfach liegen die Dinge eben nicht. Denn es gibt, behauptet Stephen Jay Gould, eine gerade Linie von der grotesken Craniologie zur Intelligenz- und Begabungsforschung unserer Tage. Ein- und Aussortieren, Auf- und Abwerten von Menschen, das geschieht bis heute. Es ist die fixe Idee der eifrigen Vermesser geblieben, hat Schicksale geprägt und Entwicklungschancen verbaut.

1904 wurde der Direktor des Psychologischen Laboratoriums der Sorbonne, Alfred Binet, von dem Französischen Erziehungsminister beauftragt, ein Verfahren zu entwickeln, mit dem Kinder gefunden werden konnten, die einer besonderen zusätzlichen Förderung bedurften. Binet entwarf eine Skala von Aufgaben verschiedener Schwierigkeitsgrade, und er wies jede Aufgabe einer bestimmten Altersstufe zu. Ein Kind fing also mit der Aufgabe für die jüngste Altersstufe an bis zu der Aufgabe, die es nicht mehr bewältigen konnte. Dies wurde dann als sein geistiges Alter festgelegt und vom wahren Lebensalter abgezogen. Kinder, deren geistiges Alter weit unter ihrem Lebensalter blieb, brauchten besondere Förderung. Der Intelligenzquotient, der IQ, war geboren. Der deutsche Psychologe William Stern verfeinerte ihn dann noch. Bis heute ist er die Meßlatte geistiger Fähigkeiten. Mit einer ursprünglich guten Absicht also setzt sich die triste Geschichte des falsch vermessenen Menschen fort.

In den USA wurde, das beschreibt *Stephen Jay Gould*, der IQ gezielt bemüht, um soziale Ungerechtigkeit in selbstverschuldeten sozialen Abstieg umzumodeln und auch Einwanderer auf Ellis Island guten Gewissens wieder abzuschieben. Für viele Flüchtlinge aus Nazi-Deutschland wurde diese Meßgröße zur unüberwindlichen Barriere.

Die Wege der Vernichtung sind häufig indirekt, doch können Ideen genauso tödlich sein wie Kanonen und Bomben.[5]

Die Testeritis nahm in Amerika ihren Ausgang und fand in Europa muntere Nachahmer, zumal die junge Wissenschaft Psychologie, an Profilneurose leidend, nun ihren Weg zur geachteten Disziplin frei sah.

Die Geschichte des IQ ist auch eine Parabel auf die Verführbarkeit von Wissenschaft. Und fast tragisch ist es, daß Wissenschaftler wie Binet oder später William Stern eigentlich ganz anderes damit im Sinn hatten, nämlich Hilfen zu bieten, nicht Entwicklungen zu blockieren, sondern sie erst gezielt möglich zu machen.

1912 stellte der deutsche Entwicklungspsychologe William Louis Stern seiner Zunft eine verfeinerte Methode der Intelligenzfeststellung vor. Doch wollte sie Stern eben nicht als Mittel zur Klassifizierung von Menschen eingesetzt wissen. Mit Sorge hat er den Mißbrauch vorausgesehen, das Ankurbeln der Testmaschinerie, die bereits zu Lebzeiten von Stern an Tempo zulegte. Militär und Schulen wurden zum begehrten Testfeld, erzählte mir Sterns Biograph, der Psychologe Werner Deutsch.

Stern aber habe im Gegenteil die Entwicklung und Entfaltung des Menschen mit Hilfe seines IQs im Sinne gehabt. Sein Glaube an die menschlichen Möglichkeiten sei groß gewesen, vergleichbar vielleicht den Vorstellungen von Heinrich Roth, der dann 1969 mit seinem Gutachten für den Deutschen Bildungsrat, „Begabung und Lernen“, Weite in die Pädagogik brachte. So sei Stern später in der Emigration in den USA Helen Keller begegnet, die taub und blind geboren war, aber durch ihre besondere Erziehung in der Lage war, sich über das Fingeralphabet zu verständigen. Stern hat diese ungewöhnliche Frau in Amerika getroffen.

Helen Keller, meint Werner Deutsch, das wäre so ein Fall, „an dem Stern deutlich gemacht hat: selbst wenn die Bedingungen einer Person ausgesprochen durch sensorische, motorische Defizite eingeschränkt sind, kann man durch besondere Maßnahmen ein Potential, das da ist, zur Blüte bringen“.

So aber wird der IQ eben nicht verstanden. Wie mir Schulräte bestätigten, ist der sogar eine justiziable Größe, wenn es im Streitfall zwischen Eltern und Schulaufsichtsbehörde um Schullaufbahnentscheidungen geht, also etwa die Zuweisung eines Kindes zur Haupt- oder Sonderschule.

Der Mensch auf eine Formel gebracht. Der Mensch auf eine Zahl gebracht, auf die Note, die Zensur. Längst ist klar, daß die Einstellung des Benoters eine nicht geringe Rolle beim Benoten spielt. Selbst in exakten Fächern wie Mathematik kann eine Arbeit, zwei Lehrern vorgelegt, höchst unterschiedlich bewertet werden. Weder sagt die Note etwas aus über den Lernstand des Schülers, noch über die Art, wie diese Leistung erreicht wurde.

Eine Beschreibung des Lernprozesses wäre weitaus nützlicher, weil sehr viel deutlicher in Worten auszudrücken ist, wo Schwächen und Stärken liegen, als dies eine Ziffer vermag. Etwa so: „Du strengst dich an, aber du gibst beim kleinsten Widerstand schon auf.“ Es entsteht ein Gespräch zwischen Lehrenden und Lernenden. Kein Aburteilen. In Fachkreisen ist der Wert der beschreibenden Beurteilung unumstritten. Warum also noch Noten? Und welchen Sinn haben sie, wenn sie denn pädagogisch wertlos sind?

Lehrer geben es offen zu: Die Note ist neben der subtilen Strafe der Herabsetzung vor versammelter Klasse das einzige harte Disziplinierungsmittel, das ihnen noch geblieben ist. Und hier liegt eines der Grundübel modernen Schullebens. Schüler werden entgegen den großen Sprüchen von Wahrhaftigkeit und Ehrlichkeit, Mut und Zivilcourage, durch Notendruck systematisch zu angepaßten Duckmäusern gemacht, die früh erkennen, wie sie sich verhalten müssen, um dem Lehrer, wie sie zu sagen pflegen, eine gute Beurteilung „abzuschleimen“. Nicht der aufrechte Gang ist die Wirkung, sondern Ducken und Durchkommen. Das Hütchenspiel mit den Noten – Lehrer, Eltern und Schüler wissen um dieses Falschspiel und spielen es weiter mit.

Aburteiler und Showmaster dazu

Auch die Lehrer haben die Nase voll

Und die Lehrer? Zwischen Aburteiler, Grobsortierer und Lebenshelfer, auch Vertrauter, schwankt sein Charakterbild durch die Schulgeschichte. „Mama", das sage ein Kind schon mal zu ihr, erzählt eine Grundschullehrerin. Eine Mama, die „Sternchen" verteilt, unter Diktate und Aufsätze mal ein lachendes Gesicht malt, mal nur ein Häkchen setzt. Zarte Vorübungen für den Ernstfall. Schule ist keine Heimat und müßte es doch sein in Zeiten, da sich familiäre Strukturen auflösen und alleinerziehende Mütter und Väter, gestreßt von der Überlast vieler Aufgaben auf einer Schulter, dringend den Miterzieher im Pädagogen brauchen.

Dem nun stehen oft Tarif und Pflichtgefühl im Wege. Lehrersein ist ein Job wie jeder andere mit heftig umkämpften Arbeitszeiten. Beamtenstatus. Auch Beamtenmentalität? Und dann die Halbtagsschule, in die nun alles hineingepreßt werden muß, die Wissensvermittlung und die Zuwendung. Das sei maßlos anstrengend, sagt Antje Kühne, Grundschullehrerin für die ersten beiden Klassen. „Da bleibt nichts mehr übrig für mich." Vielleicht möchte sie auch sagen: Da bleibt nichts mehr übrig von mir. Erschöpfung nach einem Vormittag. Und ausgehöhlt fühlt sich auch eine Pädagogin, die es mit Leidenschaft ist. Die Schule verläßt sie „keine Minute mehr am Tag".

Das steht gegen das öffentliche Bild vom faulen Pauker, der diesen Beruf einfach so abreißt, ihn nur gewählt hat, weil er viel Freizeit verheißt. Häuslebauer und Tennisspieler. Das Image dieser Zunft: die lassen es sich gut gehen, während andere malochen. Doch so ist das eben nicht. Jetzt erst könne sie sich ihrer Aufgabe voll widmen, sagt Antje. Nun sind ihre Kinder groß, die Pflichten zu Hause geringer geworden. Zwei Kinder hat sie alleine großgezogen. Auch Lehrer sind Alleinerziehende. Doch nun habe sie nicht mehr so viel Kraft. Bedauern schwingt da mit. Denn sie liebt ihren Beruf.

Es gibt ihn sicher, so wie es ihn in jeder Berufssparte gibt, den Abhaker, Absitzer, den Routinier, den Unengagierten. Auch im Lehrerberuf gibt es ihn. Klischees sind schnell hergestellt. Im Gespräch mit Grundschullehrerinnen und einem Grundschulrektor wird deutlich: Lehrer brauchen auch Anerkennung, saugen sie auf wie Nektar. Prügelknaben und Prügelmägdlein der Nation, ständig gewogen und zu leicht befunden. Sehr motivierend ist das nicht. Vom „Frust" spricht Rektor Henner Eidt und von der Anstrengung, eine Klasse beisammenzuhalten, ohne Drohungen. „Die Klasse kann ein unheimlicher Gegner sein". Von einem Kollegen erzählt er, da „krabbelten die Schüler während des Unterrichts aus dem Fenster und kamen zur Tür wieder rein." Die Superkids der Postmoderne sind nicht gerade pflegeleicht, zappelig oft, unruhig, unkonzentriert und erstaunlich selbstbewußt. In der Mittelstufe wird es dann noch stressiger. Und in der Oberstufe, da sagen Schüler laut und vernehmlich, was ihnen nicht paßt, oft freilich vergeblich. Lehrer sehen es anders.

Schüler können einen auch „fertig machen". Souveränität verlangt das, zumindest ein gutes Nervenkostüm. Nicht alle Kollegen haben es. Sado-Mado im deutschen Schulalltag: Einer gegen alle. Alle gegen einen? Extremfälle sicher. Als Showmaster fühle sie sich schon. Kommentar einer Realschullehrerin. Und ihre Kollegin in der Grundschule sieht es so. „Dauernd auf dem Sprung ist man", und dauernd „muß man sich etwas einfallen lassen", müsse den Unterricht „wahnsinnig gut planen". Ständig stehe man unter dem „psychischen Druck der Starken", sagt Rita Hoffmann. Sie unterrichtet in der 3. und 4. Klasse, also in Jahrgängen, wo es nun um die Wurst, respektive die Verteilung auf die verschiedenen weiterführenden Schultypen, geht. Dann verstärke sich der Druck der Eltern, die meinen, „ihr Kind langweile sich". Übersteigerter Leistungsanspruch schon in der Grundschule. Kinder suchten sich ein Ventil. Da übersteigt das gegenseitige Rätzen auf dem Schulhof schon mal das Maß traditioneller Keilereien, wenn ein Kind mit dem Kopf auf den Boden geschlagen wird. Da würgt der eine schon mal den anderen. Das kommt schon vor.

Lehrer müssen sehen, wie sie mit dem fertig werden, was ihnen die Gesellschaft vor die Füße kippt. Nun seht mal zu, wie ihr das packt. Daß sich in den Familien Dramen der Trennung, des Abschieds, abspielen, erfährt Antje oft nur indirekt, wenn ein Kind unvermutet ausflippt, unerträglichen Innendruck nach außen abläßt. Noch haben Lehrer wenig Mittel zur Hand, um diesen Kindern Hilfe zu geben in Lebenskrisen. Jede dritte Ehe in der Bundesrepublik wird inzwischen geschieden. Das Bild von der heilen Familie aber steckt nach wie vor in vielen Pädagogenköpfen. Weder gibt es eine entsprechende Fortbildung, die den veränderten Realitäten gerecht wird. Noch haben Lehrer Entlastung durch kleinere Klassen, so daß sie sich um ein Kind besonders kümmern könnten. In den wieder volleren Schulstuben wird das nicht mehr möglich sein. Den Kultusminister einen Tag lang hospitieren lassen vor Ort. Kein teures Gutachten könnte ihm überzeugender vermitteln, was not tut im deutschen Schulalltag.

Oder ein anderer Krisenherd. Vermittlerin zwischen vielen Kulturen ist die Grundschullehrerin Antje Kühne. Hört sich gut an. Doch wie sieht es tatsächlich aus? Manche ihrer Kinder wollen nicht neben den „dunklen Kindern sitzen". Und die dunklen Kinder spüren es und leiden darunter.

Also muß die Lehrerin Abwehr gegen das Fremde mit Anfaßspielen auffangen. Der kleine Marokkaner ist sehr begabt. Aber die anderen Kinder „schrecken zurück“. „Ein hochflexibler Job“ sei das, einer, der in ständiger Konkurrenz mit den anderen Shows der Gesellschaft stehe, mit dem perfekten Fernsehen zum Beispiel …

In Gesprächen mit Lehrern ist Unmut zu spüren. Viel Freiheit, eine große Freiheit, haben Lehrer. „Keiner schreibt uns was vor“. Doch diese Freiheit will auch gelebt sein. Nicht nur Laissez-faire. Und da eben ist Schulleben anstrengender geworden, wenn auch anregender als früher. Viele Kollegen wissen, wo es längs gehen müßte: Solidarität, soziales Handeln, Spaß am Lernen, eher Lust als Frust. Nur müßten die Verhältnisse entsprechend sein. Weniger Kinder in der Klasse vor allem. Mehr Aktivitäten draußen. Angst vor Reformen? Lehrer Anfang der neunziger Jahre sind durchaus wagemutig. Reformen, ja, doch dürften die einem nicht einfach per Dekret übergestülpt werden, sollten erprobt sein. Vor- und Nachteile also. Sonst müsse es der Lehrer wieder ausbaden.

„Unredlich“ sei es, meint Rita Hoffmann, „alles auf einen Buckel zu laden“, Lehrer und Lehrerinnen zu Versagern zu stempeln. Verunsicherung im Selbstbild, die ist im Gespräch schon zu spüren. Der Lehrer heute ist „kein Gott mehr“, sein „Status sei deutlich gesunken“ und damit sein Ansehen in der Gesellschaft. Ein Signal für den Aufbruch zu neuen Ufern? Pädagogen in einer ganz anderen Rolle: in der Rolle des Vertrauten, des Helfers auf dem schwierigen Weg in die Welt.

Es gibt sie heute schon, diese Lernpartner. Marc studiert nun Sozialwissenschaften. Er erzählt es mir. Erst in Klasse 12 sei er einem begegnet, der didaktisch gar nicht so perfekt war, doch als Person wohl glaubwürdig. Der habe ihn wieder neugierig gemacht auf das Abenteuer Bildung nach langen Jahren der Zwangsbeglückung und der wachsenden Unlust. Begegnungen zwischen Lehrern und Schülern, die gibt es eben auch im Schulregime. Prägend für das Leben. Vielen Pädagogen bin ich begegnet, die nicht mehr Überwacher, Abstrafer, Zurichter sein wollen. Von einigen will ich berichten.

Sichtweisen

Die reformpädagogischen Ideen sind aktueller denn je

Im Spätsommer 1991 lag das Ergebnis vor. Unternehmensberater hatten sich im Auftrag des nordrhein-westfälischen Kultusministers daran gemacht, den Schulbetrieb auf in- und output hin zu durchforsten. Ein Riesenunternehmen ist die Schule im größten deutschen Bundesland. Laut Haushaltsplan für das Jahr 1991 umfaßt dieses Unternehmen 2 392 650 Schüler in Allgemeinbildenden Schulen, Berufsschulen und Kollegschulen, sowie 137 625 Lehrerstellen, was Summa summarum stattliche 9,8 Milliarden im Haushalt verschlingt.[1] Da darf der Steuerzahler schon einmal fragen, ob diese Milliarden denn auch sinnvoll ausgegeben werden.

Über zwei Millionen soll das 800 Seiten starke Gutachten gekostet haben. Und ziemlichen Wirbel hat es verursacht. Schlendrian machten die Betriebserkunder aus. Ihre Empfehlung zu mehr Rentabilität im Extrakt: Lehrer sollten gefälligst mehr arbeiten und Klassen und Kurse wieder größer werden. Unter betriebswirtschaftlichen Gesichtspunkten ist Schule offenkundig ein ziemlich ineffizienter Laden, dem einfach nur das rechte Management fehlt. Rationalisierung scheint angesagt. Doch sind die Probleme des Lernbetriebs nur durch bienenfleißige Lehrer, weniger Stundenausfall und eine wirtschaftlichere Organisation zu lösen? Saufen Schüler nur, weil sie zu viele Freistunden haben? Nehmen sie Drogen, weil mal wieder eine Mathestunde ausfiel? Und verursacht ihnen Magenschmerzen, daß Lehrer x wieder auf Fortbildung ist, statt sie mit Wissen vollzupumpen?

Da ist doch der Philosoph *Michel de Montaigne* 1588 schon sehr viel näher an der heutigen Schulmisere als die Unternehmensberater 1991. In seinem Essay „Über die Kindererziehung" sagt es voraus, was die Schule in der dritten industriellen Revolution krank machen wird und mit ihr Schüler und Lehrer:

Bei alldem will ich nicht, daß man den Jungen einsperrt. Ich will nicht, daß man ihn den trübsinnigen Launen eines wütenden Schulmeisters ausliefert. Ich will seinen Geist nicht dadurch verderben, daß er nach Art der anderen 14 oder 15 Stunden am Tag auf die Folter gespannt wird, wie ein Lastträger. Noch fände ich es gut, wenn er aus irgendeiner eigenbrödlerischen und schwermütigen Veranlagung heraus sich zu unmäßig über die Bücher stürzte und man ihn darin bestärkte; dererlei macht die jungen Menschen unfähig zum Umgang mit anderen und hält sie von besseren Beschäftigungen ab. Und wieviele Leute habe ich zu meiner Zeit nicht durch ausschweifende Gier nach Wissen verblöden sehen? [2]

Mit ein wenig Phantasie liest sich das wie eine treffende Beschreibung des Lernalltags unserer Tage, in dem es spitz und auf den Punkt gebracht, doch so abläuft: Trichter drauf, Stoff rein, Stoff abgefragt, Zensur, Abschluß, raus. Der Nächste. Es ginge aber auch anders. Zum Beispiel so:

Fall 1: Die Wand

Gespräch mit einem Schüler

Wie findet ihr die Schule?

Was Farbe rein in den grauen Betonalltag. Grau, grau. Das sieht aus wie ein Gefängnis. Ja, grau sind die Gefängnisse. Jetzt nicht mehr. Jetzt wo das so bunt ist. Jetzt ist das ne ganz neue Schule.

Besuch in einer Sonderschule in Aachen. Sprayer hatten nachts die öde Betonfassade der Sonderschule am Kennedy-Park mit einschlägigen Sprüchen besprüht. Rechtsradikale wohl. In diesem Stadtteil wohnen viele Ausländer. Nachrichten vom Krisenherd Schule. Null-bock, Leistungsversagen, Verweigerung, Aggressivität. Bildungsforscher sprechen von einer „epochalen Wende in der Schulgeschichte". Doch keineswegs zum Besseren. Man muß es klar sehen. Länger denn je bestimmt Schule Jugendzeit. Eine Anstalt, fern vom Leben, abgeschottet meist von der Umwelt. Die aber läßt sich nicht ausschließen, wie die Naziparolen in Aachen zeigen. Was tun?

Da helfe es wenig, meint die Sonderschullehrerin Gertrud Schucklis, wenn man zum Beispiel in Geschichte oder Politik sagt: „Hier habt ihr Bücher und da steht zu dem Problem was drin." Sonderschüler mit Lernproblemen haben Schwierigkeiten, die Welt nur über den Kopf zu begreifen. Doch nicht nur sie.

Abstrakte Weltsicht, die trifft in erhöhtem Maß noch auf die deutsche Buchschule, das Gymnasium, zu, obwohl Schüler dort weniger Schwierigkeiten haben, Theoretisches in sich zu speichern – sagt man. Gähnend oft schlucken sie, was ihnen gesagt wird, in der Hoffnung, daß dies alles irgendwann einmal in ferner Zukunft bedeutsam für sie werden könnte.

Von einem „pädagogischen Spiegelkabinett" spricht der Pädagoge *Klaus Mollenhauer*. Und zweifelnd stellt er seine Fragen an eine „Version von Bildsamkeit", die immer perfekter und immer langweiliger wird:

Wir können die Bildsamkeit eines Kindes im Intelligenztest messen;
– wir wissen, daß Begabungen – von wenigen Ausnahmen abgesehen – keine Naturtatsachen sind, sondern Resultate kultureller Milieus;
– wir wissen, daß solche kulturellen Milieus Produkte der Sozial- und Wirtschaftsgeschichte sind;
– wir wissen, daß die Bildsamkeit eines Kindes durch die Interaktionsformen, denen es ausgesetzt ist, zugeschüttet oder angeregt werden kann;
– wir wissen, daß das, was ein Kind in den ersten Lebensjahren erfährt, folgenreich für seine Bildsamkeit ist, für manche ihr Leben lang und so weiter.
Aber können wir deshalb besser erziehen? Zweifel sind angebracht, besonders angesichts der Tatsache, daß Kinder durchaus – und nicht nur gelegentlich, als Ausnahme – ihre Bildungsbereitschaft vermindern oder verlieren, je mehr sie in das Netz moderner Bildungsbemühungen integriert werden.[3]

Ein trauriges Fazit, aber zutreffend. Zurück zur Sonderschule am Kennedy-Park. Schüler und Lehrer haben es nicht gern, wenn von „Lernbehinderten" gesprochen wird. Und von Schülern des benachbarten Gymnasiums als „Brettergymnasium" verhöhnt zu werden, das tut weh. Da schlägt einer schon mal um sich. Der junge Lehrer erzählt es mir, zeigt herunter auf seine Sandalen. Freundlich wollte er mit dem Schüler sprechen, doch der habe ihm plötzlich mit voller Wucht auf die nackten Zehen getreten. Nur so. Einfach nur so.

Oder da läßt einer unvermittelt seine Wut an Mitschülerinnen aus, brüllt und stößt wie wild um sich. Unverständlich. Läuft doch sonst alles so ordentlich und geplant in dieser Halbtagsschule. 1988 hatte ich sie besucht. Erinnerungen frisch wie heute.

Auf dem Schulhof stehen wir vor der bemalten Wand. „Türken raus" stand da vorher und etliches andere rechtsradikal Eindeutiges in Runen, Zeichen, Schrift. Nun ziehen sich bunte geometrische Malereien entlang der Hauswand, überdecken, was da stand. Doch immer noch ist da etwas gegenwärtig, obwohl es überstrichen wurde. Und plötzlich ist es wieder da. Ein Flugblatt. Der Dialog zwischen Lehrer und Schüler:

Lehrer: Du hast mir eben was in die Hand gegeben.

Schüler: Ich weiß nichts darüber.

Lehrer: Wo hast du das denn her?

Schüler: Vom Tor da.

Lehrer: Und was steht drauf?

Schüler: Zerschlagt den Kommunismus. Und dann ist noch …
Schüler: So ein FAP.

Lehrer: FAP, was ist das?

Schüler: Freie Arbeiterpartei.

Politikunterricht am lichten Tag. Und doch so wenig Durchblick offensichtlich. Null-Ahnung sozusagen:

Lehrer: Weißt du, was Kommunismus bedeutet?

Schüler: Na ja, also Kommunismus, das hat ja alles einen politischen Hintergrund. Also die Neonazis haben sich früher mit den Kommunisten rumgeschlagen. Ja, dann kam Adolf Hitler an die Macht. Und da haben sie sie alle vergast. Ins KZ kamen sie. Und jetzt haben sie wieder die Kommunisten auf dem Kieker.

Aber eben nicht nur die Kommunisten …,

… sagt der Lehrer geduldig und erinnert an die vielen anderen Zettel eindeutiger Herkunft, die so einfach in die Sonderschule geflattert sind. Oder hineingetragen wurden?

„Ausländer raus!" Das sei schon eine eigenartige Sache, erzählt mir die Lehrerin später. In der Klasse gebe es keine Feindseligkeiten zwischen türkischen und deutschen Kindern. Im Gegenteil. Doch „dringend nötig" sei dieses Projekt schon gewesen. Denn gerade die Jungen sind anfällig für diese Sprüche. Von Wehrsportgruppen berichten die Lehrer. Die treiben im Wald paramilitärische Spielchen und geben diesen Jugendlichen das Gefühl von Geborgenheit, das sie sonst vermissen.

Inzwischen trägt Michael die Bomberjacke mit der Aufschrift: „Ich bin stolz, ein Deutscher zu sein“ nicht mehr. In der Schule wenigstens. Inzwischen wird er die längst auch verlassen haben. Nachdenklicher ist er wohl geworden. Das „Ausländer raus“, das ginge gegen die Türken. „Also meine Meinung, ich bin dagegen. Ich habe selber ausländische Freunde und so.“ Ob er denn protestieren würde, wenn an seiner Arbeitsstelle so über einen Menschen geredet wird, frage ich ihn. „Ja, ich würde schon meine Meinung sagen, ob es denen gefällt oder nicht,“ antwortete Michael damals.

Befangen bin ich schon. Junge Menschen sitzen vor mir, deren Bildungskarriere ganz offensichtlich mit ihrem schweren Start zu tun hat. Auffallend viele Kinder aus sozial schwierigen Verhältnissen besuchen diese Sonderschule: Arbeitslosigkeit zu Hause, Trinken, Vernachlässigung, triste Aussichten, mäßige Berufschancen, trotz Bemühen ihrer Lehrer. Zynisch klingt da die gängige Meinung, daß jeder doch seines Glückes Schmied sei. Die Zukunft dieser Jugendlichen ist vorgestanzt: Hilfsarbeiterjobs in der Regel. Was bleibt da noch? Resignation? Schule wenigstens muß eine Art Ersatzheimat werden, in der sie Zuwendung finden, und sie muß ihnen durch praktisches Lernen Mut machen, etwas zu tun. Noch aber empfinden Schüler das alles wie ein Gefängnis. Jürgen sagte es damals deutlich. In der Pause zum Beispiel fühle er sich eingesperrt.

„Da wird immer abgeschlossen, damit keiner rauskommt, wegen der kleinen Kinder. Aber ich finde, das ist nicht gut für uns Große, daß wir dann eingesperrt sind.“

Schule eine geschlossene Anstalt. Das ist sie bis heute geblieben. Eine Welt für sich, in der Wirklichkeit zum Lehrplan geronnen, in kleinen Häppchen verabreicht wird: 45 Minuten dies, 45 Minuten das. Vertröstungen auf morgen: „Dazu kommen wir später“. Lehrerantworten auf ungeduldige Fragen. Selten werden Zusammenhänge deutlich, selten beim Lernen alle Sinne erfaßt, Kopf, Herz und Hand.

Mag sein, daß dieses Projekt, die Wandmalerei, das Nachdenken befördert hat. Erlebnisse prägen eher als theoretische Erörterungen. Schüler und Lehrer haben gemeinsam überlegt, was mit dieser verhunzten Wand geschehen könnte, und was das alles zu bedeuten hat. Da mußte erst tüchtig grundiert werden, nicht nur die Wand, auch in den Köpfen. Es wurde gemeinsam überlegt, was da hinpassen könnte. Es wurden Entwürfe maßstabsgerecht für die Mauer gemacht. Farbe wurde gekauft und schließlich gemeinsam gemalt. Und der bunte Fries fand sogar öffentliches Interesse. Ein großes Erlebnis für Jugendliche, die darunter leiden, immer am Rand der Gesellschaft zu stehen. Jürgen sagt es:

„Uns freut das ja auch, wenn so Leute vorbeikommen und begucken sich die Wand und sagen: Schön und so."

Ob Jürgen in seinem Denken widerständiger geworden ist, bleibt abzuwarten. Und doch könnten sich mit Pinsel und Farbe Einsichten nachdrücklicher in sein Langzeitgedächtnis eingeprägt haben. Lernen einmal ganz anders als gewohnt. Daß Lehrer und Schüler erst Eingaben machen mußten bei den zuständigen Behörden, bevor sie mit der Malerei beginnen konnten, das sagt viel aus über die verwaltete Schule. Da könnte ja jeder kommen. Die Aachener Lehrer hatten den Mut, eigene Wege zu gehen.

Doch nicht nur Sonderschulen müssen sich etwas einfallen lassen. Auch das verkopfte Gymnasium übt sich inzwischen im „praktischen Lernen", auch deutsche Studienräte legen schon mal Hand an, um den Schulhof zu begrünen, dessen Asphaltöde symbolisch ist für den Zustand deutscher Lehranstalten. Projektwochen sind nicht unumstritten im Kollegium. Sie bringen zusätzliche Arbeit, halten ab vom Fachlichen, werden als chaotisch empfunden, sind nicht genau meßbar. Doch auch im Gymnasium wird es stressiger. Ratloses Lamentieren auf Lehrertagen.

Fall 2: Fern und nah

„Was man selber tut, das prägt sich besser ein." Auf diese einfache Formel brachte es der Schüler des Helmholtz-Gymnasiums in Dortmund. Ich hatte es 1988 besucht, um mir ein Bild zu machen, wie Schule auch laufen kann, wenn sie den Mut hat, sich in aktuelle politische Auseinandersetzungen einzumischen. Damals gab es dort eine Gruppe von Lehrern und Schülern, die sich in Wort und Tat gegen Menschenrechtsverletzungen in Südafrika stark machten, öffentlich auf dem Marktplatz mit Bürgern diskutierten, Briefe an die Botschaft schickten, Patenschaft mit schwarzen Südafrikanern eingingen. Mit Amnesty International war man im Kontakt. Seit Jahren schon. Die Zusammenarbeit gehört inzwischen zum Schulalltag.

Diese Form des Lernens sei schon gut, meinte ein Schüler, „weil man das Ganze viel intensiver in sich hineinnimmt". Sensibler war er geworden auch gegenüber Ausländerhaß vor der eigenen Haustür. Vor Diskussionen mit Neonazis scheuten sich diese Jugendlichen nicht. Und die

Lehrer? Zwar sei man an bestimmte Richtlinien für das Fach Politik gebunden, doch die erlaubten mehr als mancher Kollege wahrhaben möchte. So sahen es die beiden Pädagogen, die mit den Schülern zusammenarbeiteten. Auf die Uhr gucken, kann man da nicht. Klar. Es sei eben eine Frage der „persönlichen Betroffenheit", und die könne man nicht programmieren. „Die kann man sich höchstens wünschen."

Verkrustungen der alten Paukschule aufbrechen. „Es gibt keinen Ersatz für die direkten, persönlichen, unmittelbaren Erlebnismomente aus erster Hand." Der einzige Weg zu ihnen sei, sie zu erfahren. „To experience it", sagt der Reformpädagoge John Dewey schon 1899. Fast hundert Jahre später aber ist diese Form des Lebens immer noch die Ausnahme im Schulalltag. Projektarbeit, vier Tage im Jahr, das ist zwar inzwischen Teil des Stundenplans. Doch Eltern und Lehrer haben so ihre Not, es einzuordnen in das gewohnte abgezirkelte Prozedere: Lernziel angepeilt, Lernziel erreicht. Veränderungen in der Wahrnehmung sind nicht mit dem Fieberthermometer zu messen. Sie kommen fast beiläufig, sind spürbar nur in einem flüchtig hingeworfenen Satz, einer Bemerkung, einem anderen Verhalten, in einer veränderten Beziehung zwischen allen Beteiligten, zur Umwelt, zum politischen Geschehen draußen. Anstrengend, aber anregend und immer auch chaotisch. Das irritiert den Ordnungspolitiker im Pädagogen. In jedem steckt auch der Lehrer Lämpel mit dem erhobenen Zeigefinger. So aber könnte er zum Partner werden. Nur will er das?

Szenenwechsel.

Fall 3: Der Dom

Im Lehrerzimmer einer katholischen Realschule für Mädchen in Xanten. Kaffeetrinken, Vorbereitung auf die nächste Stunde, Papierarbeit. Lehrer kommen und gehen, das typische Utensil deutschen Schullebens in der Hand: Einen großen Schlüsselbund, mit dem Lernbereiche auf- beziehungsweise abgeschlossen werden. Auch dies ein Symbol der wachsenden Zerstückelung von Erfahren und Erleben. Türe aufschließen. Biologieunterricht. Klingeln. Eintrag ins Klassenbuch. Schüler raus. Türe zu. Der klirrende Schlüsselbund. Wärterfunktion. Schüler werden verwahrt. Ist es nicht so?

In Xanten also habe ich 1988 folgendes erlebt. Ein Lehrer wirbt unter seinen Kollegen für eine Fortbildungsveranstaltung. Okkultismus und

Spiritismus nehmen beängstigend zu unter den Schülern. Schwarze Messen im Wald. Sogar ein Selbstmord. Da muß etwas geschehen. Aber was?

Eine lange Geschichte verbindet die Marienschule mit dem Xantener Dom. Was lag näher, als einen Führer für Kinder und Jugendliche zu machen. Photos und erläuternder Text. Der Deutsch- und Religionslehrer Walter Plümpe hat es einfach einmal versucht. Raus aus der Schule. Zwei Stunden pro Woche. Nicht viel. Besser als nichts. Wir gehen über den Domplatz. Verlängerungskabel und Lampen werden mitgeschleppt. Eine hohe Leiter wird schließlich vor den Marienaltar geschoben. Von Heinrich Douvermann ist er entworfen und 1536 aufgestellt worden. Es ist wohl das schönste Kunstwerk im Dom. Schülerinnen balancieren auf der hohen Leiter. Belichtungszeiten einstellen, den richtigen Abstand nehmen, Kamera schußbereit, Motiv anvisiert, ruhig durchatmen und Schuß. Technische Anweisungen von unten in luftige Höhen hinauf.

Die Kriegswirren hat der kostbare Altar in einem Salzbergwerk überstanden. Und beiläufig fast weist der junge Lehrer auf das Galen-Fenster im Seitenschiff. Das erinnere an eine „entscheidende Rede des großen Kardinals von Münster, der hier mit ganz klaren Worten die Nationalsozialisten angeklagt hat wegen ihrer Haltung zum angeblich menschenunwürdigen Leben: ‚Es gibt noch die heiße Asche über der Erde von Menschen, die Zeugnis abgelegt haben für ihren Glauben‘." Mutige Worte damals. Anspielung auf Asche, Urnen und Gräber drunten in der Krypta.

Dort liegen sie, die beiden römischen Offiziere, die sterben mußten, weil sie den alten Göttern den Gehorsam verweigerten, Dissidenten, Opfer der letzten großen Christenverfolgung. Und gegenüber Aschenerde aus den Konzentrationslagern Auschwitz, Bergen-Belsen, Dachau. Gedenkstätten für drei Märtyrer der Neuzeit.

Der Xantener Dom, ein steinernes Geschichtsbuch. Nur eine Photo-AG? Beim Fotografieren muß man genau hinsehen, es muß gut ausgeleuchtet werden. Eine Schülerin sagt es einfach: „Ich meine, man sieht dann auch mehr, so durch den Photoapparat, weil dann sucht man schöne Motive und sieht vielleicht auch mehr noch, als wenn man nur so davorsteht."

Bewußteres Sehen, bewußteres Wahrnehmen, den Blick schulen für die Schönheiten des Doms und seine Geschichte. In der hallenden Stille empfinde ich, daß Lernen eben auch etwas Räumliches, Mehrdimensionales ist, das alle Sinne aktiviert, das Auge, das Ohr, die Hand, das Gefühl. Standhaftigkeit, durch die Zeiten und in Zeiten, da viele sich beugten, an diesem Ort erlebt, könnte einprägsam sein für das Leben.

Und wieder ein Szenenwechsel.

Fall 4: Die Zeche

Hamm im Ruhrgebiet. Eine Hauptschule, dörflich, mitten in einer lieblichen, doch ausgebeuteten Landschaft liegt sie. Die Martin-Luther-Schule, eine Hauptschule, in Hamm-Heesen. Landwirtschaft wurde hier einmal betrieben. Dann wurden die ersten Schächte gebaut. Hochkonjunktur und Niedergang. Längst steht das Schachtzeichen der Zeche Sachsen auf dem Kopf. Die Zeche ist tot. Spurensuche. Im Klassenzimmer zeigen mir Schüler Karten und Photos. Auf einem lese ich: Im März 1945, Luftangriff auf die Zeche. 92 Menschen starben. 113 russische Kriegsgefangene in Zwangsarbeit. „Die haben dort Unter Tage gearbeitet," erklärt mir die Lehrerin Inge Block-Löher. In der Nähe der Zeche war das Lager. Ein großes Grab, das gibt es noch auf dem Heesener Friedhof. Und es gibt noch die Ruinen der Zeche Sachsen, geheimnisvoll, einsam. Schon lange habe ihn dieser Ort interessiert, sagt ein Schüler. „Aber ich wußte ja nicht, mit wem ich mich darüber unterhalten sollte."

Die Geschichte einer alten Zeche. Sie ist eng verbunden mit der Geschichte dieser Schule. Als einklassige Volksschule begann sie in einer katholischen Landgemeinde. Der Zuzug von Bergarbeitern verändert das Dorf Heesen. Von regelrechten Religionskriegen zwischen Schülern weiß der Rektor der Schule noch zu berichten. Stille liegt nun über dem Dorf mit den kleinen Bergarbeiterhäusern. Väter und Mütter arbeiten auswärts. Aus der Zeche ist eine Industriebrache geworden, verlassen, öde. Doch für die Schüler ist sie neu belebt.

Heimatgeschichte, auch ein Stück Familiengeschichte. Der Großvater, der hier bei einer Schlagwetterexplosion starb. Und Namen, die keiner mehr nennt. Die Gräber der russischen Kriegsgefangenen. Die wolle man nun säubern, erzählen die Schüler. Eine Gedenktafel fehlt. „Und da wollen wir die Stadt fragen, ob sie da nicht einen Grabstein hinbauen können." Praktisches Lernen hat den Blick geschärft und auch die Bereitschaft, etwas zu tun.

Damals 1988 hatte die Lehrerin große Pläne für die Zukunft der Zeche Sachsen. Und die Kinder ihrer Schule wollte sie daran beteiligen. Kontakt hatte sie aufgenommen mit dem Heimatverein und der Landesentwicklungsgesellschaft. Ein Naturlehrpfad sollte entstehen. Eine Lehrerin kann viel bewegen, wenn sie sich bewegt. Wüste Pläne gab es, wie dieses Gelände kommerziell zu nutzen wäre: Ein Autokino zum Beispiel und eine Superdisko. Unter durchsichtigem Tanzboden sollten Tiere leben. Das war geplant. Die Gemeinde hat sich gewehrt, und die Schule hat sie dabei unterstützt. Bäume wurden gepflanzt. Schüler übernahmen die Patenschaften. Ein großer natürlicher Park sollte entstehen.

Zwei Bergleute waren damals dabei, als mich die Klasse auf das windige Gelände führte. Ein weites Feld. Verlassen lag die große Maschinenhalle. Zerschlagen die Fenster, wilde Graffitis an bröselnden Wänden, Rechtsprovokantes. Früher, bei einer bestimmten Windrichtung, da habe es immer nach faulen Eiern in der Klasse gerochen, erinnern sich die beiden Rentner. Sie wissen, wo der Boden belastet ist durch die einstige Kokerei.

Einen Stollen gebe es, der sei hervorragend geeignet für ein Bergbaumuseum. Die beiden Pensionäre und die Schüler – sie genossen den Kontakt sichtlich. „Wenn Herr Quandte und Herr Dreesmann unsere Lehrer wären, dann würden wir noch mehr erfahren." Kindern und Jugendlichen gaben sie Lebensmuster. Vorbilder eines gestandenen, auch durchgestandenen Lebens. Später erzählte mir der Rektor von den Ängsten seiner Schüler, von zerbrochenen Familien, von ihrer Orientierungs- und Bindungslosigkeit. „Die Zukunft wird abgesagt, wegen Mangel an Beteiligung." Irgendwo hatte ich dieses Graffiti gelesen.

Im Dorf Heesen freilich zeigten sich Schüler damals nicht mehr so abständig. Gegenbilder konnte die Lehrerin Inge Block-Löher den perfekt brutalen Videoclips entgegensetzen. Veränderungen, die hat sie bei ihren Schülern schon wahrgenommen.

„Die sind viel sensibler für so ganz kleine Naturerscheinungen geworden. Ich bin ja sehr häufig mit denen auf das Gelände gegangen. Und während die am Anfang also wie so eine Elefantenherde hier durchgetrampelt sind, sind sie, besonders nach dem Erlebnis mit dem jungen Kiebitz, vorsichtig. Und ich glaube, vor einem halben Jahr wäre ihnen der tote Maikäfer vorne am Eingang des Geländes gar nicht aufgefallen, während sie so was jetzt sofort mitkriegen."

Es sei eben doch ein fundamentaler Unterschied, ob man etwas vorgesetzt bekommt oder etwas selbst erlebt.

„Wenn ich zu dem Friedhof gehe und die verfallenen Grabsteine mir angucke und versuche, die Namen zu identifizieren, dann sind die viel betroffener, als wenn ich ihnen erzähle, daß da 113 tote Kriegsgefangene liegen."

In seinem Buch „Vergessene Zusammenhänge“ schreibt *Klaus Mollenhauer*:

Wir haben es längst gewohnheitsmäßig akzeptiert, daß die Welt der Pädagogik eine riesige Montage aus Bildern und dargestellten Vorstellungen ist, die nicht „die Sache selber“ sind, sondern nur noch auf die Sachen und Sachverhalte „zeigen“.[4]

Umkehr scheint kaum noch möglich. Oder doch?

Es hat mich interessiert, was aus diesem Projekt geworden ist, das ich 1988 gesehen hatte. War es eine Eintagsfliege geblieben? Zweifel schon. Und so rief ich im Herbst 1991 in der Schule an. Eine Weile habe sich wenig getan auf der Zeche Sachsen, erzählte Inge Block-Löher. Doch nun ist klar und amtlich abgesegnet, daß dort ein Zentrum für ökologisches Bauen und Wohnen entstehen soll. Im März 1991 war Grundsteinlegung. Die Stadt hatte angefragt, ob die Schule etwas zur Eröffnungsfeier vorbereiten würde. Und so hat die Lehrerin mit ihren neuen Schülern ein kleines Modell vom Zechengelände nachgeformt, die Tümpel, die Tafelhalde, eine kleine Maschinenhalle. Und bepflanzt wurde das Modell mit den Gräsern und Blumen, die man gefunden hatte. Eine Art Steckbrief aus gepreßten Pflanzen wurde aufgehängt und die Information dazu, welche Pflanzen sich in diesem Jahr vermehrt haben auf der Zeche Sachsen und welche ausgeblieben sind. Umweltunterricht also ohne großen Lehrplan, einfach durch Tun. Und die Kinder haben mitgemacht, so engagiert wie ihre Vorgänger.

Die einstigen Pläne also sind Wirklichkeit geworden. „Und ganz unbeteiligt daran sind wir sicher nicht,“ sagt die Lehrerin nicht ohne Stolz. Einen Bauerngarten soll die Schule nun anlegen auf dem Zechengelände. 1 000 DM Zuschuß gab die Stadt. Wichtiger noch aber ist, selbst Hand anzulegen und zu sehen, daß es gelingt. Das sei doch das beste Mittel gegen die vielbeklagte Gewalttätigkeit und Abständigkeit unter Jugendlichen. So abwegig ist das nicht. Spiegelt sich darin doch auch ohnmächtige Wut gegen eine vorgefertigte Welt.

Kritisch sieht die Lehrerin in Heesen auch die Barrieren in ihrer eigenen Zunft. Eine „fürchterliche Angst“ hätten viele Lehrer, „daß bei ihnen etwas entdeckt werden könnte.“ Auch „Faulheit“ mag es sein. Kürzlich erst hatte sie Besuch aus dem Osten der Republik. Bewunderung. Solche Möglichkeiten müßte man haben. Inge Block-Löher hat widersprochen. Die „Perlen“, die liegen doch auf der Straße. Man muß sich nur bücken und sie aufheben. Und eine weitere Perle hat sie gefunden: Den Bahnhof von Heesen. „Der ist auch nicht zu mir gekommen und hat gesagt: ich bin 100 Jahre geworden.“ Die Geschichte „unseres Bahnhofs“, die hat sie nun interessiert. „So was brauche ich auch“, sagt sie und meint wohl, daß es allen Beteiligten Auftrieb gibt.

„Ja, aber rechnet sich das denn auch?“ Mit dieser ökonomischen Maxime ist eine solche Art des Lernens wohl nicht zu machen. Es gilt abzuwägen zwischen Effizienz, Routine und wachsender Langeweile im bundesdeutschen Schulalltag und einem Lernen, das allen Beteiligten wieder neue Impulse gibt. Und es sind just diese angeblich so unrentablen Unternehmungen, ob es nun Musik, Kunst oder die Paukerband im Fahrradkeller, ob es die Arbeitsgemeinschaft im Dom, das Gespräch nach dem Unterricht oder eben das Projekt Zeche Sachsen ist, die Frust wieder in Lust verwandeln könnten.

Der Fluß

Auch in der deutschen Buchschule tut sich etwas

Der Schulleiter Erich Ott erzählt es. Mit einigem Mißtrauen hätten Heidenheimer Bürger dieses Experiment beäugt. Es war ihnen nicht „gymnasial“ genug. Und damit mögen die Skeptiker sogar recht gehabt haben. Denn in diesem Gymnasium lernen Schüler neben Fremdsprachen und Algebra, kurz dem klassischen Bildungsgut, auch ihre Hände zu gebrauchen, sei es nun im künstlerisch medialen Bereich, im technischen oder im naturwissenschaftlichen Kurs.

Elemente der Lehrlingsausbildung sind in den Unterricht eingegangen, aber auch Reformpädagogisches. Großer Wert wird auf Gemeinsamkeit und Verantwortung gelegt. Sicher nicht immer ganz einfach in einer Schule, die eher auf Einzelleistung und Egotraining ausgerichtet ist. Auf den Besten eben.

Offen und licht wirkt dieser moderne Schulbau am Rande der Kreisstadt Heidenheim, mitten in der Schwäbischen Alb. Fern der Metropolen. Eine Schule arbeitet da an einem ganz besonderen Profil: Das Werkgymnasium Heidenheim.

1971 wurde es vom ehemaligen CDU-Kultusminister Wilhelm Hahn gegründet. Anregung gab eine Arbeitsgemeinschaft pädagogisch interessierter Industrieller, der Ettlinger Kreis.

Ein Produkt der Bildungsreform also, bevor die sich eingrub in starren Fronten. Eine Art Orchidee in der Baden-Württembergischen Schullandschaft, die mehr noch als andere Bundesländer auf die traditionelle Dreigliedrigkeit setzt. Eine Orchidee auch in der deutschen Gymnasialwelt, einer Schulform, die sich kaum des Auftrags ihres Gründers *Wilhelm von Humboldt* entsinnt. Der nämlich sprach nicht vom sturen Pauken, sondern von

> *der höchsten und proportionierlichsten Bildung seiner Kräfte zu einem Ganzen.*[1]

Eine Buch- und Kopfschule ist daraus geworden. Nicht so in der schwäbischen Provinz.

Als ich diese Schule 1986 besuchte, wurden mir Kinderbücher gezeigt, die Schüler der Unterstufe selbst entworfen, geschrieben und bemalt hatten. Rechtschreiben, das haben sie spielerisch fast nebenbei gelernt.

„Ich kann eben kein Kinderbuch herstellen, in dem ich Rechtschreibfehler finde oder grammatisch falsche Sätze.“ Teile seines Deutschunterrichts hatte Peter Strobel einfach einmal so gestaltet. Erfolgreich. „Kinder erkennen so auch den Sinn dessen, was sie in der Schule lernen.“

Und damit hatte Lehrer Strobel in einfachen Worten den Kern derzeitiger Schulprobleme benannt: es ist nicht einsichtig, warum ich etwas lernen muß. Diese Kinder wußten warum, denn sie schrieben ihre eigenen Bücher.

Ähnlicher Effekt beim Bau eines Heißluftballons. Fünftklässler bastelten damals einen Ballon aus Seidenpapier, lernten dabei mit bestimmten Materialien umzugehen, benutzten Werkzeug. Spielend erfuhren sie etwas über physikalische Gesetze, über Anziehung, Thermik, Auftrieb und Fallgeschwindigkeit. Das Schubladen-Denken der isolierten Fächer wurde so durchbrochen, an einigen Stellen zumindest. Spezialwissen wird einsichtig, nicht erst in Jahren. Von Null-Bock-Stimmung hatte ich schon damals nichts gespürt.

Eine Ganztagsschule, noch Schule sicher, aber auch wohnlich mit gemütlichen Ecken. Viel Grün, viel fürs Auge: Figuren, Bilder, Photos der Lehrer, Arabische Landschaften in Sandkästen. Aber auch einfach Serviceleistungen, zum Beispiel eine Berufsberatung. Inzwischen haben auch andere Gymnasien in Heidenheim Berufsberatung im Angebot. Multiplikatorenwirkung? Vielleicht. Doch im Werkgymnasium gibt es weit mehr noch. Die Stadtteilbücherei wurde in die Schule hineingeholt.

Und dann eben die Werkstatt. Metall, Holz, Elektrotechnik. In deutschen Gymnasien hatte ich so etwas noch nicht entdeckt. Mädchen feilten und hämmerten. Im schönsten Schwäbisch erzählte mir eine Schülerin „ebbes" über alte Bilder in Elternköpfen:

„Mei Mama hat erscht gesagt, also des isch doch nix für a Mädle. Und da hab i gsagt: Des find i überhaupt net."

Kritisch sagte mir eine Schülerin: Sie könne sich gut vorstellen, daß es den Schülern mehr Spaß machen würde zu lernen, „wenn mer die Fächer (Mathe, Deutsch, Sprachen) mehr verbinde tät, als bloß e Buch lese, und wenn mer des zwischenei irgendwie verbinde könnt". Leider kann auch das Werkgymnasium nur „zwischenei verbinde". Aber das tut es bis heute mit konstanter Hartnäckigkeit. Amtliche Vorgaben verbieten eigentlich derartig Ketzerisches. Also müssen klassische Fächer auch in Heidenheim abgelernt werden. Nebenher aber läuft noch eine Menge.

Schon bei meinem ersten Besuch war es zu spüren: ein anderes Schulklima. In der Druckerei Schüler beim Steindruck. Schwere Steine wuchteten sie auf die Presse, bestrichen sie mit Farbe. An den Wänden hingen fertige Drucke. Handwerkliches und Künstlerisches. Beides gab es hier. 1986 hatten Schüler Mathematik- und Lesebücher für tigrenische Schulkinder gedruckt, die als Flüchtlinge im Südsudan lebten. Auch so kann man junge Menschen für die Problemregion Afrika sensibel machen. Selbst tausende von Kilometern entfernt in der Schwäbischen Alb. Abständig schienen mir diese Jugendlichen nicht. Abständigkeit produzieren wir erst durch künstliche Barrieren zu den Realien des Lebens.

Als ich nach langer Fahrt durchs Schwäbische in Heidenheim ankam, wurde ich erst einmal nach meiner Schuhgröße gefragt. Gummistiefel standen für mich bereit, denn der nächste Ortstermin sollte feucht werden. Am Ufer der Brenz, der Heidenheim durchzieht, traf ich sie: Schüler und Lehrer der Klasse 11 beim Biologieunterricht. Gewässerkunde. Einige saßen an kleinen Tischen, füllten Wasserproben in Reagenzgläser, Blick durchs Mikroskop. Andere standen im Fluß, wendeten Steine und stocherten mit klammen Fingern und zogen mit Pinzetten heraus, was sich bewegte auf und unter den Steinen. „Kleinlebewesen" suchten sie. An ihrem Zustand war der Grad der Verschmutzung dieses Gewässers festzustellen. Da wolle man nun über „die Zeit hinweg sehen, wie sich das entwickelt".

Im gurgelnden Wasser watete ich damals. Interview im Nassen, mal was ganz Neues.

„Wenn die Industrie etwas reinläßt, das kann man kurzfristig feststellen. Aber Fließwasser, das reinigt sich von selber und geht dann wieder verloren", meinte ein Schüler resigniert.

So ein Job später als Umweltingenieur, warum nicht. Heidenheimer Schüler lernten anwenden, was sie im theoretischen Unterricht erfahren hatten, und sie sahen früher als andere Schüler ihres Jahrgangs Zusammenhänge. Da konnte es sein, daß nicht nur die Jugendlichen und die Lehrer in der Brenz kalte Füße bekamen, sondern auch die Anreinerindustrie, die sich gestört sah, seither gestört sieht, wie noch zu berichten sein wird.

Ein Polizeibeamter radelte damals am Ufer vorbei. Die Schüler sollten mal nicht so strenge Maßstäbe anlegen. So wie man halt mit jungen Gören umgeht, die von Tuten und Blasen noch keine Ahnung haben. Die Schüler hatten sie, dank praktischer Erfahrung.

Für manchen mag an diesem schönen Nachmittag die Welt nicht mehr so ganz in Ordnung gewesen zu sein, wie sich das in den vier Wänden der Schule noch ausgemacht hätte. Der Lehrer Wolfgang Jäkel sagte damals etwas über Wirkung, aber auch Grenzen einer solchen Erfahrung:

„Wir können nicht hergehen – da reichen unsere Möglichkeiten nicht aus, – um irgendwelche Firmen anzuklagen. Wir können Ergebnisse darstellen. Die Schlußfolgerungen daraus zu ziehen und eben auch gemeindepolitische Schlußfolgerungen zu ziehen“, das sei dann Aufgabe der Stadt. Ein Schüler, er war inzwischen bei der Bundeswehr, befragt, was ihm diese Schule mitgegeben hat fürs Leben, machte es „an der Krönung eines überalterten Erziehungssystems“, dem Militärdienst, deutlich:

„Das lernt mer hier wahnsinnig gut, daß mer sagt, das gefällt mer net und des wirklich auch begründet. Daß mer einfach sage kann: was ihr macht, ist sinnlos. Das lernt mer hier in der Schule ziemlich gut.“

Fünf Jahre später. Im Herbst 1991 bin ich wieder in die Schwäbische Alb gefahren, neugierig, was aus diesem Experiment geworden ist. Hatte sich der einstige Elan gleichsam abgeschliffen an der zähen Beständigkeit, mit der im Süden der Republik Kopf und Hand schulpolitisch immer noch säuberlich geschieden werden? Bange Fragen. Ermutigende Nachricht: Es geht weiter in der schwäbischen Provinz.

Den kreativen Deutschlehrer Peter Strobel treffe ich wieder. Inzwischen hat sich ihm ein Kunstlehrer zugesellt und aus den handbemalten Kinderbüchern sind nun Bücher entstanden mit bizarr abstrakten Linolschnitten, die Schüler der 5. und 6. Klasse auf der Hochdruckpresse selbst drucken. Kleine Kunstwerke, gebunden in Ölpapier.

Im Puppenspiel werden nicht mehr nur Märchen aufgeführt. Statt Prinzessinnen nun Müllmonster und Müllhexen. Die treiben ihr umweltschädliches Spiel. Bizarre Handpuppen, von Schülern modelliert. Künstlerisch Ästhetisches hat der Kunstlehrer Kindern dabei nahegebracht. Kulissen wurden entworfen und beklebt. Müllkollagen. Kinderphantasien. Schüler heute schreiben eben Müllstücke. Zeitzeichen. Preisträchtig sind sie. Kinder lernen dabei sorgsamer mit Abfall umzugehen und vermitteln es anderen Kindern über das Puppenspiel.

Erste Öffnungsversuche des Werkgymnasiums auch für Behinderte. Zwischen Weihnachten und Ostern kommen geistig behinderte Kinder in diese Schule, basteln zusammen mit den Schülern dort Holzpuzzle. Vorsichtig nimmt sie Lehrer Strobel aus dem Schrank. Gemeinschaftsarbeit also. Noch ist sie so wenig selbstverständlich in Baden-Württemberg wie das Zusammenleben mit Behinderten in der Schule. Berührungsängste wohl, auch bei Eltern, die recht leistungsbezogen reagieren: Das könnte mein Kind ja hemmen im Fortkommen. Die Schule ist so zum Trimm-Dich-Pfad für diverse Lockerungsübungen auch im Seelischen geworden. Peter Strobel, selbst Vater eines behinderten Kindes, fördert diese Begegnung. Befremden, das gäbe es schon, wenn die Gäste in der Schulkantine mit am Tisch sitzen. Doch nur so werden Ängste durchbrochen – auf beiden Seiten: Durch Begegnung. Live.

Anfänge sicher. Jeder Weg beginnt mit dem ersten Schritt. Im Zimmer des Rektors treffe ich den Biologielehrer Georg Frey. Biologieunterricht im Freien hat mittlerweile Tradition in Heidenheim. Flechten als Bioindikatoren. Ein neues Projekt ist entstanden. Flechten reagieren besonders sensibel auf Luftverschmutzung. Schüler des 8. Schuljahres also beobachten diese Gewächse an Bäumen und Gebäuden in Parks und im Stadtzentrum, vergleichen, werten aus, dokumentieren. Schüler, die in diesem Kurs mitgemacht haben, erzählt der Biologielehrer, die sehen einfach mehr. Ihr Interesse ist geweckt. Die würden vom Skiurlaub heimkommen und berichten, was sie dort beobachtet hätten.

Sehr angenehm seien diese Jugendlichen in ihrem Verhalten, nehmen sich gegenseitig Arbeit ab, machen sogar zusätzliche Arbeit. Und Lehrer Frey erklärt sich diese Wirkung so, „daß etwas in die Schule hineingebracht wird, was Schüler zu Ziel und Leistung anspornt“. Schulfrust, der käme doch aus einem Lernen, „das sehr viel Theorie hat, wenig praktische Arbeit, keinen Bezug zu dem, was man macht. Oft ein Müssen“.

Kein Elyseum ist die Schule in der Schwäbischen Alb. Auch dort vorgestanzte Lehrpläne, große Klassen, der ganz formale Kram, zuviel Bürokratismus, all das, was einen deutschen Schulalltag so ärgerlich für alle Beteiligten macht. Doch da ist auch die Bereitschaft, den alten Trott abzugeben. Versicherungsfragen lassen sich klären. Schüler bewegen sich doch auch sonst in der Innenstadt, ohne gleich Schaden an Leib und Seele zu nehmen. „Risikoscheu“ macht Lehrer Frey bei Kollegen aus. Das Heidenheimer Gymnasium hat den Sprung ins Freie gewagt. Nachmachen empfehlen seine Lehrer.

Nicht alle sind zu dieser Arbeit bereit. Sein Lehrerteam konnte sich Schulleiter Ott nicht aussuchen. Er muß mit denen arbeiten, die da sind, bauend darauf, daß Lehrer, die ihre Routine durchbrechen, eben auch zufriedene Lehrer sind. Eigentlich aber sei dies eine Art, Schule zu machen, „die keinen Beamten verträgt“. Und so kollidiert auch im Schwäbischen Gymnasium manchmal schon der versagte Aufstiegswunsch in der Schulhierarchie mit der Freiheit einer Pädagogenseele, dem Revoluzzerischen in ihr. Es sei eben so eine „Grundneugierde“ und die Bereitschaft, sich „zu engagieren“, wie sie nicht von Beamten zu erwarten sei. Resignative Töne auch. Und doch sind es just beamtete Lehrer, die in Heidenheim neue Formen des Lernens erproben.

Keine Idylle also in der Alb, kein kostbar ausgestatteter Schulversuch. Die Schule zehrt von der Substanz, einmal als etwas Besonderes konzipiert zu sein. Noch sind sie da, die proper ausgestatteten Werkräume für

Holz, Metall, Elektrotechnik. Keine Müllhalde aus der Reformzeit also. Die Chance wird genutzt. Und Schritt will die Schule halten mit der Entwicklung draußen. In einer Ecke der Metallwerkstatt wird eine Drehmaschine auf CNC, computergesteuert, umgerüstet. Schüler von Jahrgang 9 bis Jahrgang 13 sind daran beteiligt. Ein Jugendlicher kann dabei „die Notwendigkeiten, die Mathematik stellt, hier in der Praxis erleben", erzählt der Mathelehrer Gerd Rehm. Oder technisches Zeichnen auf dem Monitor. Lernen à jour sozusagen. Am Ball bleiben, auch am Fortschritt, der sich in der Produktion draußen in großen Sprüngen vollzieht.

Technikakzeptanz. Mädchen die sind da noch zögerlich. Über die Programmierung ihres Strickmusters hat der Lehrer eine Schülerin motivieren können, sich der High Tech zuzuwenden. Ideen muß man haben.

Im Büro des Schulleiters steht es, fast stolpere ich darüber. Eine Altpapierverpackungsapparatur, einfach und leicht handhabbar. Ein Patent der Schule, das sie gern verkaufen möchte. Denn mit dem Schulhaushalt allein ist das alles nicht zu finanzieren. Da muß Geld eingeworben werden, ohne sich irgendwelchen Interessen untertan zu machen. Der Rektor betont es. Die Verpackungsmaschine ist ein Weg.

Doch, um im Bilde zu bleiben, fertig geschnürte Bildungspackete, die will die Schule ihren Schülern nicht zumuten. Bildung ist nie fertig. Eine unendliche Geschichte. Wie also den Technikfreaks auch Zweifel an Technik und Wissenschaft beibringen? Noch gibt es darauf keine Antwort. Im Kontrastprogramm vielleicht, wenn etwa im Religionsunterricht praktische Hilfe für die dritte Welt geübt wird. Schüler haben ein Verkaufsteam gebildet, Orangen beim Großhändler besorgt und sie für eine Mark das Stück verkauft. Der Erlös ging in den Sudan zum Beispiel. Und was Schüler da so an mancher Haustür zu hören bekamen, das war politischer Unterricht pur, das Unternehmen insgesamt Erziehung zur Solidarität. 21 000 Mark sammelten Schüler für die Partnerschule in Bangladesh. Briefe wurden geschrieben, mußten im Englischunterricht übersetzt werden. Sprachschulung, so ganz nebenbei.

Wo praktisches Lernen einmal beginnt, wuchert es. Die Gewässeruntersuchungen. Beim schlichten Messen ist es nicht geblieben. Irgendwann, erzählt der Rektor, hätten seine Schüler gemosert, hier nur als „Meßknechte degradiert zu werden". Etwas bewirken wollten die Jugendlichen schon. Und wer sagte denn, daß die Industrie nicht in den übrigen Wochentagen ihren Dreck einleitete. Klar war, daß Dienstags nur die Schüler des Werkgymnasiums im Fluß messen. Also wurde ein Nachtmeßgerät angeschafft. Teuer. Die Schüler haben es mitfinanziert, indem sie privaten Haushalten anboten, Trinkwasser für zehn Mark zu untersuchen. Nun werden ihre Daten noch durch Messungen des Landesamtes für Umweltschutz gegengeprüft. Erst wenn da Auffälligkeiten auftreten, nimmt die Schule Kontakt auf mit dem Schulträger. Ernstfall also. So etwas prägt sich tiefer ein als die Spielwiese „Schülermitbestimmung".

Nicht ohne Stolz vermerkt Studienrat Wolfgang Jäkel, daß die Geräteausstattung zur „biologischen und chemischen Untersuchung eines Fließgewässers" inzwischen nicht nur professionellem Standard genügt, sondern, wohl „einmalig im schulischen Bereich", die technischen Möglichkeiten von Wasserwirtschaftsämtern sogar übersteige. Wichtiger aber ist diesem Promotor praktischen Lernens im verkopften Gymnasium, daß „dieses Projekt in außergewöhnlichem Umfang Jugendlichen den direkten Bezug schulischer Arbeit zu ihrem unmittelbaren Lebensumfeld vermittelt, ihnen eigene Erfahrungen im Spannungsfeld politischer, ökonomischer und ökologischer Interessen ermöglicht und sie zu verantwortlichem, sachkundigen Handeln als Bürger anleitet". Was will man/frau mehr.

Kompetenz hat sich die Schule erworben in den letzten fünf Jahren. Als Tschernobyl geschah, klingelte im Werkgymnasium das Telefon. Bürger baten, daß Schüler ihre Milch, ihre Kinderspielplätze messen. „Da tickten die Geigerzähler", sagt Erich Ott trocken.

Es gäbe noch vieles zu berichten von diesem Versuch, die engen Grenzen schulischer Unverbindlichkeit und Weltferne zu durchbrechen. Keine einfache Arbeit. Auch Heidenheimer Schüler machen das Abitur, stöhnen über viele Klassenarbeiten, Vokabelpauken und Üben am Abend noch und am Wochenende. Doch hier und da das sture Büffeln durchbrechen zu können und erfahren zu haben, daß Wissen etwas bewirken kann, also nicht nur Prüfling zu sein, sondern auch einer, der Einfluß gewinnt, diese Erfahrung haben Heidenheimer Schüler in ihrem Lebenssack. Inzwischen trägt Schulleiter Ott sein Wissen nach Thüringen in die neuen Bundesländer. Ein Gymnasium in der Schwäbischen Alb macht Schule – und hoffentlich nicht nur im Osten der Republik.

Das Huhn

Höchste Zeit, andere Wege zu gehen und Schule anders zu leben

Ich mußte schon zweimal hinschauen. Da schritt es wirklich hoheitsvoll über hoheitliches Gebiet. Ein Huhn. Ein freipickendes Huhn auf einem deutschen Schulhof. Ja, wo kommen wir denn dahin? Direkt in die Peter-Petersen-Schule, eine öffentliche Grundschule in Köln-Höhenhaus. Zwischen bunten Gärten und kleinen dunklen Holzhäusern, fast norwegisch anmutend, liegt sie die Grundschule Am Rosenmaar. Es soll „was Gutes für Kinder sein, vor allem für sie". Erwin Klinke, der Rektor, sagt es so einfach. Dazu braucht es keine seitenlangen theoretischen Erläuterungen. Das muß man einfach tun.

Eine öffentliche Grundschule wie gesagt. Doch kein teurer Modellversuch mit Sonderkonditionen. Eine Ganztagsschule. Mitten in einem Eichenwäldchen liegt sie, der erste Schulbau in Köln nach Krieg und Zerstörung. Da war die Gemeinde noch großzügig, sah nicht auf den Quadratmeter: Wir müssen etwas für die Kinder tun nach der Katastrophe. Die Schule Am Rosenmaar hat heute noch Gewinn davon. In einer zugebauten Welt haben Kinder hier noch Auslauf, Freiräume, Abwechslung, Abenteuer. Der deutsche Schulhof, ein Kapitel für sich, ausbetoniert, sauber gefegt und sterbenslangweilig. Da kann man sich nur die Knie wundschlagen. Anders Am Rosenmaar. Zwischen alten Bäumen große Rasenflächen. Ein Park schon und ein Riesenspielplatz. Eine Seilbahn im Eichenwäldchen, auf der man sich wie Tarzan im Gummireifen von Baum zu Baum schwingt. Platz zum Bolzen. Wo kann ein Großstadtkind noch über den Rasen toben?

„Erwin" wird er gerufen, der gestandene, dynamische Schulleiter. „Mit Kindern bin ich glücklich", sagt er. Einer, der nicht mosert im deutschen Schulbetrieb. Einer, der noch Spaß hat an seinem Beruf. „Das Büro stinkt mir." Seinen breiten Buckel hält er zwischen seine Schule und die Schulaufsicht in Köln, die Schulverwalter in Düsseldorf. Einer, der klug auch delegieren kann und Verantwortung verteilt. Einen Lehrerrat hat er sich listig zur Seite gestellt. Der ist Vermittler zwischen seinem Amt, den Verantwortlichkeiten und dem Lehrerkollegium. Das federt innerbetrieblich ab, auch in Konflikten, von denen eine Schule nie frei ist, nie frei sein kann, wenn sie kein starres Gebilde ist, sondern etwas, das sich in ständiger Gärung befindet.

Es war nicht etwa die böse Schulaufsicht, die der guten Schule das Leben schwer gemacht hat. In der Peter-Petersen-Schule spiegelt sich auch ein Stück bundesdeutscher Reformgeschichte. Zwei Schülerläden auf dem Gelände zeugen noch von den heißen Kämpfen in den siebziger Jahren um ein fortschrittliches Schulkonzept, was nicht immer auch eine wohnliche, freundliche Schulatmosphäre bedeutete. Eifernd ging es da oft zu, um den rechten, respektive den rechten linken Glauben. Im Gespräch mit dem Schulleiter schwingt noch Erinnerung nach an den Eifer, das Eifernde auch, mit dem damals Erwachsene über eine kinderfreundliche Schule debattierten. „Da wehte nicht nur symbolisch die rote Fahne."

Warum dieses herrliche Schulgelände nur für 50 Kinderladenkinder nutzen? Erwin Klinke hatte offenbar so sein Tun, den Ganztagsbetrieb durchzusetzen. Nicht etwa gegenüber der Schulverwaltung, sondern gegenüber den Schülerläden, die sich dadurch in ihrer Existenz bedroht sahen. Inzwischen haben sich alle Beteiligten zusammengerauft. Und neben dem Blauen Haus, das die Schule eingerichtet hat für alle Kinder dieser Schule, gibt es nun einen munteren Grenzverkehr zu den beiden Schülerläden, die nach wie vor auf dem Schulgelände ihre Arbeit tun. Eine Ganztagsschule kann nicht genug Abwechslung bieten.

Mit den Böcken sei das so eine Sache, erzählt Erwin Klinke. Die stoßen schon einmal mutwillig nach den Schülern. Die müßten dann leider verkauft oder geschlachtet werden. Großer Jammer, aber auch großer Genuß beim Lehrergrill und Sommerfest. Schafe nämlich weiden auf dem Schulgelände. Elf Muttertiere mit Lämmern. Nun im Herbst sind sie draußen auf der Weide. Und weil es inzwischen elf Muttertiere gibt, hat Rektor Klinke als Schaffleischerzeuger sogar Anrecht auf 33 Mark EG-Subvention. Er erzählt es mit Schmunzeln. Sonst übrigens steckt er in der Latzhose. Das ist praktischer beim Stallausmisten.

Ganz klar. Dieser Pädagoge hat es sich zur Lebensaufgabe gemacht, den Augiasstall Schule zu reinigen von vielen unnötigen Selbstbeschränkungen, Ängsten, aber auch Vorurteilen, die Eltern- und Lehrerseelen durchziehen. Das haben wir doch immer schon so gemacht. Da könnte ja jeder kommen.

Auf dem Schulhof stehen wir. Ein Junge zupft Erwin am Ärmel, während wir miteinander reden. Stefan, nennen wir ihn so, sitzt im Rollstuhl. Fachmännisch zeigt er mir, wie er das Gewicht verlagert auf abschüssigem Gelände, wie er bremst, beschleunigt. 1981 schon traf die Schulkonferenz einstimmig den Beschluß, auch behinderte Kinder Am Rosenmaar aufzunehmen. Es waren übrigens Eltern nichtbehinderter Kinder, die diesen Gedanken hatten: warum getrennt, wenn es auch gemeinsam geht? Etwa 60 der 400 Kinder dieser Grundschule sind Behinderte. Mitschüler sehen das eher so wie Sarah aus dem 1. Schuljahr: „Jacqueline ist nicht behindert, die kann nur nicht laufen."

Ohne die fachmännische Hilfe von Sonderschullehrern ginge es sicher nicht und auch nicht ohne die Zivildienstleistenden, die diesen Kindern zur Hand gehen, sie in die Klasse führen, auch auf die Toilette, in den Turnraum, in dem zwei Therapeuten tätig sind, oder auch nachmittags ins Blaue Haus, wenn die Schule aus ist, die sie betreuen, bis Busse oder Taxen um vier Uhr vor der Tür stehen. Das hört sich arbeitsintensiv an und ist es wohl auch. Doch es schafft auch eine Atmosphäre in dieser Schule, die lebensprägend für Kinder sein dürfte, nämlich einen ganz selbstverständlichen Umgang mit dem Anderssein.

Die Sonderschullehrerin, die gemeinsam mit der Kollegin aus der Grundschule zusammenarbeitet, sagt es einfach so. „Es ist auch toll, einmal nichtbehinderte Kinder um sich zu haben." Zehn aggressive Schüler, das schraube sich hoch. Viel Zuwendung braucht der Junge neben ihr, und, geschult in dieser Form Verhaltensschwierigkeiten, kann sie gezielte Hilfe geben. Aber es sei eben nicht diese „Ballung" wie in der Sonderschule. Freilich verlange das schon besondere Bedingungen, personell und räumlich. Doch aus ihrer Sicht ist jedes Kind zu „integrieren". Bei Sinnesgeschädigten hat es vielleicht seine Grenzen, meint sie zweifelnd.

Und die Nichtbehinderten? Die verhielten sich ganz normal. Keine Betulichkeiten. Die sind ganz normal im Umgang mit den Schwierigkeiten ihrer Mitschüler. Manchmal reagieren sie auch genervt und sauer, wenn sie helfen sollen, oft aber auch erstaunlich einfühlsam und selbstverständlich. In der Pause auf dem Schulhof schiebt ein Gehbehinderter seinen Freund im Rollstuhl vor sich her. Warum soll der nicht spielend erfahren, wie es ist, in diesem Gefährt zu sitzen. Kein Eiertanz also umeinander. Jeder nach seinen Möglichkeiten. Im Schulgarten gibt es Beete. Holzkästen in Tischhöhe, auf denen wachsen Tomatenstauden und Wicken. Und diese Kästen sind nach unten so abgeschrägt, daß Rollstuhlkinder mühelos heranfahren, pflanzen, pflegen und ernten können.

Es ist vieles möglich im angeblich so verregelten Schulalltag. Die Peter-Petersen-Schule Am Rosenmaar beruft sich auf ihren Namensgeber, den Reformpädagogen Peter Petersen, der früh schon Zweifel hegte an Sinn und Zweck von Jahrgangsklassen, wie sie uns die genormte, fabrikähnliche Schule des 19. Jahrhunderts überliefert hat. Wo leben Menschen je nach Altersgruppen sortiert? In keinem Verein, in keiner Familie, keinem Parlament der Welt ist das so. Kinder aber müssen es. Denn in der Schule ist es die Regel, daß Sechsjährige mit Sechsjährigen und Achtjährige mit Achtjährigen zusammensitzen, so als gäbe es keine Unterschiede zwischen den Menschen.

Die Petersen-Grundschule aber hat sich die Freiheit genommen, diese Regel einfach zu durchbrechen. Dort gibt es keine Klassen von 1 bis 4, jeder getrennt hinter verschlossenen Türen „beschult". Je 25 Kinder vom 1. bis 4. Schuljahr lernen gemeinsam in der Stammgruppe, betreut von je zwei Pädagogen. Partnerarbeit fördert das. Da hilft Rainer aus dem zweiten Schuljahr Tina aus dem ersten beim Lesenlernen. Und irgendwann wird Tina selbst in die Helferrolle schlüpfen und ihrerseits einem Erstklässler helfen. Das übt auch für das Leben, in dem der Schwache nicht immer schwach und der Starke nicht immer der Starke ist. Und während Rainer mit Tina übt, kann sich die Lehrerin mit anderen Kindern beschäftigen.

Es gibt den Kernbereich, in dem alle Kinder beisammen sind, in dem Kreisgespräche, Gruppen- und Partnerarbeit geübt und Themen aus dem Sachunterricht erarbeitet werden oder Kinder an ihrer Wochenarbeit sitzen und ihre Matheaufgaben oder Sprachübungen erledigen. Daneben gibt es besondere Kurse in Mathematik oder Sprache, wo in kleinen Gruppen intensiv gelernt wird. Ziel ist, den kultusministeriell gegebenen Lehrplan bis zur Klasse 4 auch zu erfüllen. Das ist der Rahmen. Doch was in diesem Rahmen passiert, wie Lernziele erreicht werden, das ist Sache der Schule. Die Freiheit nimmt sie sich einfach.

„Wir wollen nicht alles andauernd mit Ziel machen", sagt Erwin Klinke. „Es regelt sich vieles, ohne daß man ein Ziel hat."

Und wie sich bereits erwiesen hat, haben Pertersen-Schüler keine auffallenden Schwierigkeiten, sich nach Klasse 4 in weiterführende Schulen einzuklinken. Doch daß sie die nahe Gesamtschule in Köln-Holweide bevorzugen, dürfte kein Zufall sein, gleicht diese Gesamtschule doch atmosphärisch der Schule Am Rosenmaar. Keine Ziffernnoten gibt es übrigens in der Petersen-Schule, nur eine differenzierte Beschreibung des Lernstandes, in dem sich ein Kind befindet, wobei immer die gesamte Persönlichkeit im Blick ist, vor allem seine Entwicklung zu einem Menschen, der nicht seine Ellenbogen gebraucht.

Auffallend übrigens wie still es in der Klasse ist. Kaba-Pause. Frühstückspause. In der Ecke eine Lernszene, typisch für diese Schule. Leise diktiert ein Schüler einem Mitschüler einen Text. Gruppentische. Ein Kind spielt mit kleinen Autos, eines schreibt, andere hören nur zu. Vorne wird vorgelesen. Ein leichtes Kreischen plötzlich. Ein autistischer Junge. Das kleine Mädchen neben ihm beugt sich zu ihm, legt den Finger auf den Mund. „Anna", das ist das einzige Wort, das dieses Kind bisher spricht. Keine Schule wollte es aufnehmen. Nun hat es Am Rosenmaar ein Zuhause gefunden. Ein bunter Klassenraum mit Sesseln, Regalen, Büchern, Globus, Steinen, Spiel- und Lernsachen. Ob etwas von alledem in seine Einsamkeit dringt, ihn öffnen wird, ihn zum Sprechen bringt? „Je größer das soziale Spannungsfeld, desto mehr lernt man“, sagt Erwin und macht dem Kind, das stumm auf seine Schultasche zeigt, den Reißverschluß zu.

Vier Uhr Nachmittag. Am Eingang zum Schulpark sitze ich, warte darauf, abgeholt zu werden. Nach Kassel geht es, zum Lehrertag. „Streß in der Schule“ ist das Thema. Sollte Abhilfe gegen Schulfrust in dieser Schule Am Rosenmaar zu finden sein?

Noch vieles gäbe es zu erzählen. Über den Backofen auf dem Schulhof, in dem Brot gebacken wird, über den großen Webstuhl im Souterrain, die Keramikwerkstatt mit den vielen Figuren, über das große Piratenschiff mitten im Sandkasten. „Die wilde Rosenmaarie“ haben die Kinder es genannt und über das Federvieh wäre zu berichten, das gemessen dahinschreitend, mal nach rechts, mal nach links scharrend, sein Futter sucht.

In der Nachmittagssonne sitze ich, denke nach über die Zwänge, die sich Menschen ohne Not auferlegen und über die Mutigen, die sie immer wieder durchbrechen. Hinten kräht ein Hahn. Und das auf einem deutschen Schulhof. Zivis fahren, lässig eine Gitarre auf dem Rollbrett balancierend, an mir vorbei. Kinder springen heran, hangeln an der Seilbahn. Schulschluß und doch Ende offen. Und hinten am Schulgelände ein Relief bunter Kindermalerei.

Später auf dem Lehrertag in Kassel steht eine Lehrerin auf, sichtlich gestreßt, ratlos, fordert Hilfe gegen eine Schule, die ihr keinen Spaß mehr macht, sucht Rezepte, wie sie Freiheit leben kann. Ärger über einen verregelten Schulbetrieb und Angst, selbst etwas daran zu ändern. Da aber möchte ich sie ermutigen, endlich das frei pickende Huhn in sich zu entdecken, dem ich auf dem Schulhof Am Rosenmaar tags zuvor begegnet war.

Das Kopftuch

Chance von Schule ist, Vermittler zu sein zwischen den Kulturen

Am Tag der Deutschen Einheit war es. 3. Oktober 1990. Auf dem Marktplatz von Jena versammeln sich Skinheads und ihre Sympatisanten. Martialisches Gehabe. Grölend. Das übliche Outfit: Bomberjacken, Springerstiefel, geschorene Köpfe. Verfremdet brutal die jungen Gesichter. Auch Mädchen darunter. Bürger eilen verschreckt im großen Bogen vorüber. Der Markt sonst lebensvoll, ist plötzlich leergefegt. In der Mitte hat die NPD ihren Propagandastand aufgefahren.

Vorsichtig tippe ich einem jungen Mann mit einer Narbe auf dem Hinterkopf auf die Schulter. Brüsk wendet er den Kopf. Aggressiv. Dann bin ich im Gespräch mit diesen Jugendlichen, die orientierungslos, losgelassen vom besitzergreifenden, doch sinnstiftenden Jugendverband, lauthals ihrer Verunsicherung Luft machen – direkt in mein Mikrophon hinein. Aussteuern kann ich da nur meinen Aufnahmepegel, kaum ihre Wut, die sich ungehemmt auf „die Ausländer“ entlädt. „Die Vietnamesen damals, wie die Grenzen noch offen waren, da haben se die zum Teil in West ausgezahlt. Die haben Knete gehabt. Heute stehen se hier und verkofen Kippen und son Zeug. Raus das Viehzeug, weg!“

Kein zeitlich begrenztes Phänomen ist das, der Anfang einer fremdenfeindlichen Stimmung, die sich röhrend im Osten der Republik Luft macht. Inzwischen hat auch der Westen eingestimmt. Kein Grund zur Überheblichkeit also. Auffallend viele junge Leute hockten da herum in Jena auf dem Marktplatz, angezogen von dem Spektakel, neugierig, amüsiert zum Teil, fasziniert von der neuen Freiheit, Vorurteilen ungehemmt Luft machen zu können. Die Grenzen von 1937, „das Ackerland im Osten“, die „deutsche Kultur“, so drastisch hatte ich es selbst von westdeutschen Rechten nicht gehört:

Wir sind nicht für das große Europa. Daß das so zu einem multi-kulturellen Volk wird. Das wollen wir nicht. Wir wollen irgendwie in Deutschland leben und wollen wissen, daß wir deutsch sind.

Und warum ist das so wichtig für Sie?

Ja, weil ich einen Stolz habe, ein Deutscher zu sein. Und weil ich der Meinung bin, daß wir als Volk für uns im Prinzip was schaffen können, wozu nicht viele Völker der Welt imstande sind. Das hat was mit unseren Umweltbedingungen, unseren Entwicklungsmöglichkeiten zu tun, bilde ich mir ein. Ich bin nicht gegen

Zusammenarbeit mit anderen Ländern, aber ich bin gegen diese bedingungslose Öffnung der Grenzen. Ich bin gegen das Multieuropa, ja.

Rohrleger ist dieser junge Mann. Er fürchtet um seinen Arbeitsplatz und er fürchtet auch die Konkurrenz der Ausländer, sagt er.

Ein Jahr später: Sündenböcke wurden gesucht und gefunden. Erschreckend die klammheimliche Zustimmung in der Bevölkerung im armen Osten wie im reichen Westen Deutschlands. Bedrückend die Not der Verfolgten. Türken springen aus Fenstern. Libanesische Kinder verbrannt, verletzt. Mittelalter. Pogromstimmung. Ist es nur Unwissenheit über das, was Bundesbürger fast gefällig „die jüngste Vergangenheit" zu nennen pflegen. Den Nationalsozialismus. Die mäßigen Geschichtskenntnisse von Schülern. Ein Dauerthema in der Kultusministerkonferenz. Vor Jahren schon hatte ich da Defizite ausgemacht, besonders unter Hauptschülern. Ein Beispiel über das Ragout in Schülerköpfen. Ich frage Hauptschüler:

Nürnberger Gesetze, kann mir einer sagen, was das war?

Antwort 1: Da hat, glaube ich, der Hitler die Gesetze herausgegeben, daß keine Pressefreiheit mehr war. Da durfte keiner laut sagen, Radio durfte man nur das hören, wat man über Hitler hörte, nix aus anderen Ländern. Sonst weiß ich nicht.

Antwort 2: Man durfte also nur den Reichsfunk hören. Die Pressefreiheit ... durfte nur eine Zeitung, die Reichszeitung, ich weiß nicht, wie sie heißt, durfte nur existieren. Da stand nur Gutes drin. Sonst weiß ich nicht.

Wißt Ihr, wie Hitler an die Macht gekommen ist?

Nö, weiß ich nicht so genau. Der war ja erst so'n Berater von – ich weiß nicht genau, wer das war jetzt –, und dann wurde er Kanzler, und dann hat er sich langsam an die Macht geschlagen.

Ansichten von Hauptschülern der 10. Klasse. Lernziel anvisiert. Lernziel nicht erreicht. Weiß nicht, das war die Generalaussage. Politisch-historische Aufklärung an deutschen Schulen, sie liegt auch fast 50 Jahre nach dem Ende des Nationalsozialismus im Argen, ist ein schwieriges Kapitel.

Weitsichtig hat es *Theodor Adorno* 1966 in einem Vortrag vorausgesagt: Der Titel „Erziehung nach Auschwitz". Da heißt es:

Die Forderung, daß Auschwitz nicht noch einmal sei, ist die allererste Erziehung. Sie geht so sehr jeglicher anderen voraus, daß ich weder glaube, sie begründen zu müssen, noch zu sollen. Ich kann nicht verstehen, daß man mit ihr bis heute so wenig sich abgegeben hat. Sie zu begründen hätte etwas Ungeheuerliches angesichts des Ungeheuerlichen, das sich zutrug. Daß man aber die Forderung und was sie an Fragen aufwirft, so wenig sich bewußt macht, zeigt daß das Ungeheuerliche nicht in die Menschen eingedrungen ist, Symptom dessen, daß die Möglichkeit der Wiederholung, was den Bewußtseins- und Unbewußtseinsstand der Menschen anbelangt, fortbesteht. Jede Debatte über Erziehungsideale ist nichtig und gleichgültig diesem einen gegenüber, daß Auschwitz nicht sich wiederhole.[1]

Hakenkreuze an Schulwänden. Aggression gegen das Fremde. Da kommt es auch schon einmal vor, erzählt eine Lehrerin, daß Schüler mit „Heil Hitler" die Klasse betreten. Richtlinien der Kultusminister fruchten offenbar recht wenig. Und auch die ministeriellen Versuche, mittels Verordnungen und Erlassen neudeutscher Intoleranz das Wasser abzugraben, sind bislang nicht gerade von Erfolg gekrönt.

Im flotten Durchlauf durch die Geschichte kommt der NS-Staat oft gar nicht mehr „dran". Schüler klagten darüber vor einigen Jahren. Das mag sich inzwischen gebessert haben. Projekte zum Thema haben Bewußtsein geschärft. Die NS-Zeit ist Thema in Schulen. Andererseits sind auch gewisse Ermüdungserscheinungen unter Jugendlichen festzustellen. Der theoretische Geschichtsunterricht erreicht zwar die Köpfe. Die Seelen erreicht er nicht. Und ganz offenbar gelingt er auch nicht: der Transfer vom Gestern ins Heute. Wie anders ist der wachsende Ausländerhaß zu verstehen, die Anfälligkeit, auch von Gymnasiasten, für rechte Ideologien zu erklären?

Wahr ist, was ein Lehrer 1983 über die Behandlung unserer braunen Vergangenheit sagte: „das kannste nicht abziehen wie irgendein Thema." Dennoch wird es zu oft noch so abgezogen. Ausnahmen bestätigen eher die Regel.

Mit Aufklärung über den Kopf allein ist es nicht zu schaffen. Der Umgang mit dem Fremden ist, trotz bevorstehender europäischer Einheit, Wettbewerben, Projekten, noch unbeackertes Land.

Zwar wächst die Zahl ausländischer Kinder in deutschen Klassen, doch noch wird darin eher eine zusätzliche Belastung für den Schulalltag gesehen, als eine Chance zu einer erweiterten Weltsicht. Integration ins Gastland ist angezeigt. Selten wird die fremde Kultur gleichwertig behandelt. Viel zu große Klassen, zu wenig geschultes Fachpersonal – die Klagen sind berechtigt. Oft sitzen Lehrern viele Nationalitäten gegenüber, denen sie weder sprachlich noch psychisch gewachsen sind. Daß Schule dennoch eine ganze Menge zur Völkerverständigung zum Abbau von Fremdheitsgefühlen beitragen kann, möchte ich an einem Beispiel zeigen, einem gelungenen Beispiel, wie Deutsche und Nichtdeutsche miteinander umgehen können. Es ist auch die Geschichte einer großen Einsamkeit und der Chance, sie zu durchbrechen.

Der Libanese Imad El Zein hatte mich vom Bahnhof abgeholt. Sozialarbeiter ist er im Projekt „Türkische Kinder und Mütter" in Gelsenkirchen, Stadtteil Bismarck. Durch Nebenstraßen fährt er mich, vorbei an schäbigen Häuserfassaden. Hier wohnen sie, Libanesen, Türken vor allem. Von weither kommen sie, von der Küste des Schwarzen Meeres. Bergleute, angeworben Anfang der sechziger Jahre, vor der Strukturkrise im deutschen Bergbau. Viele arbeiten Unter Tage in der Zeche Konsolidation. Doch konsolidiert war und ist die Existenz der Angeworbenen bestenfalls wirtschaftlich.

Einsam ist es für die Frauen, wenn die Männer auf Schicht sind. Und einsam wären sie heute noch, gäbe es da nicht diese Schule in der Marschallstraße, eine jener massiven Schulbauten, Anfang des Jahrhunderts errichtet, Trutzburgen, eher abweisend als einladend. Nun offen und freundlich, schon für das Auge. Hellgestrichen die Fassade. Drinnen eine bunte Galerie für alles, was Grundschüler so basteln, malen, formen. Im zweiten Stock eine offene Tür, ein bunter Raum, Begegnung mit einer anderen Kultur, ein Frauengewand, Teppiche drapiert. Folklore. Touristenattraktion. Multi-kulti mitten im Ruhrpott? Weit mehr.

„Lernen heißt Brücken bauen." So hat Carmen Treppte, die Leiterin des Projekts, ihre Erfahrungen beschrieben. Annäherungen. Fremdheit überwinden. Ende 1985 hatten sie angefangen, gefördert durch die Freudenbergstiftung und die holländische Bernhard-van-Leer-Stiftung.

Später treffe ich sie. Die Frauen mit den Kopftüchern. Erinnerungen steigen in mir auf. 1946 in einem Dorf im Badischen. Vom Fenster unseres Hauses sehe ich sie sitzen auf der Bank vor dem Rathaus. Flüchtlinge. Erschöpft. Ihre wenige Habe in Bettücher geschlagen. Kopftücher fest um den Kopf gebunden. Dann die Einquartierung in unserem Haus. Elf Sudetendeutsche. Frauen, Männer, Kinder. Jahre danach erst erzählen sie mir von den Demütigungen.

Als sie da auf der Bank wartend saßen, da sind Bauern aus dem Ort vorbeigekommen. Protestanten. Und als sie die katholischen Flüchtlinge sahen, da hätte doch der eine zum anderen laut gesagt: Nun gäb es nicht nur die Kartoffelkäfer auf den Äckern, sondern auch noch das schwarze Ungeziefer im Dorf. Das war 1946. Die zwölf Millionen Flüchtlinge sind längst, neudeutsch gesprochen, „integriert". Wie stehen sie heute zu Gastarbeitern, Asylbewerbern, Aussiedlern? Das geht mir 1991 in Gelsenkirchen so durch den Kopf.

Überstunden macht das Lehrerteam schon in der Marschallstraße. Nun sind die eigenen Kinder aus dem Haus, und sie könne sich ganz ihren Schülern widmen, den deutschen wie den nichtdeutschen, sagt eine Lehrerin.

Die Rektorin Sybille Radtke hatte sich 1984 in England umgesehen. Wie machen die das dort mit ihren indischen Kindern zum Beispiel? Community school, die Schule in der Gemeinde. Der Besuch hat sie belehrt, daß vieles einfacher geht, wenn Schule nicht starr nach Plan läuft, wenn sie offener und weniger verregelt ist.

Und doch schimpft die Leiterin über die Art und Weise, mit der Politiker Probleme einfach an Schule wegdelegieren. Macht ihr mal. Und möglichst alles zum Nulltarif. Keine Stelle mehr. Klagen über mangelndes Bildungsbewußtsein in Krisenzeiten. Denn die deutschen Kinder, die sind ja auch nicht gerade unkomplizierter geworden. Was sich da zum Teil in den Familien abspielt, dem sei Schule kaum noch gewachsen: Arbeitslosigkeit, Vernachlässigung, Schulden, Saufen. Eigentlich brauche man ein weiteres Projekt: deutsche Familien und ihre Kinder.

Ein Hort ist entstanden, um wenigstens Schule zeitweilig zur Heimat zu machen, zur Ersatzheimat für Deutsche und kleine Türken, Libanesen, Tunesier. Die Not hat auch die Lehrer erfinderisch gemacht. Herbert Mellage ist ganz das Antibild eines gemessen daherkommenden Pädagogen. Enge schwarze Lederkluft, markanter Kahlkopf. Er unterrichtet im 4. Schuljahr und müßte die kleine Kurdin einfach wegzensieren. Denn die erzählt zwar die schönsten Geschichten, aber macht mindestens 19 Fehler im Diktat. Die Hauptschule wird unausweichlich sein. Dann aber muß die Grundschule helfen, das Selbstwertgefühl dieses Kindes zu stärken, darf seine Phantasie nicht zerstören, muß es ermutigen, trotz der ständigen Frustration, dem Lernstandard der fremden Kultur einfach noch nicht genügen zu können.

Ungewöhnlich für eine Schule. Ein Künstler wird sich da einnisten, sich dort sein Atelier einrichten. Das bringt andere Sichtweisen in den routinierten Lernalltag. Mit Herbert Mellage hat er ein Projekt gemacht, das sie „Spielräume" nennen, wo sie sich gemeinsam auf die Suche begeben haben nach Formen, wie Kinder „ihre eigenen Sachen ausdrücken können, wo sie ihre Geschichten malen können, tanzen, wo sie ihre Geschichten in Musik packen können". Lernen mal nicht über Grammatik und Diktat. Grundschule öffnet sich seit Schulleben auch kultusministeriell gefördert wird in Nordrhein-Westfalen. Lernräume erweitern, und das Brett vor so manchem Lehrerkopf lockert sich. Möglich, daß die kleine Kurdin, so bestätigt, bald auch deutsch lesen und schreiben kann.

Ihre Eltern zu gewinnen, mit Schule ins Gespräch zu kommen, ist noch ein schwieriges Kapitel. Die Berührungsängste sind groß. Offene Schule ist schnell gesagt und muß jeden Tag neu gelebt werden. „Die Menschen müssen sich öffnen", sagt Gisela, die Mitarbeiterin im Projekt. Sie half mir als Übersetzerin bei den Interviews. Verheiratet mit einem Türken ist sie Vermittlerin geworden zwischen beiden Kulturen. Nun, da Hoyerswerda überall ist, bekommt auch sie zu spüren, was es heißt, zwischen beiden Kulturen zu sitzen wie zwischen zwei Stühlen. Möglich, daß sie Deutschland verläßt, wenn es so weitergeht, sagt sie mir etwas resigniert am Telefon, als ich Monate später anrufe, um zu fragen, wie es denn geht.

Noch ist das Projekt in der Marschallstraße eine Oase der Sicherheit. Bangemachen gilt nicht. Im zweiten Stock geht es zu wie in einem Taubenschlag. Ein Treffpunkt ist hier, wo alltägliche Sorgen besprochen, Erfahrungen ausgetauscht und Sichtweisen auf allen Seiten weiter werden. Endlos die Debatten über Gesundheit, Sexualität, Schwangerschaft. Und das mit türkischen Frauen? Viel Vertrauen mußte da aufgebaut und viel Überheblichkeit im eigenen Kopf abgebaut werden.

Vertrauen gewann das Team in der öffentlichen Grundschule in Gelsenkirchen über den Kindergarten, die Vorbereitungklasse vor der Einschulung. 15 Zwerge, Türken, Libanesenkinder mit dunklen neugierigen Augen hocken im Kreis um die Erzieherin. Spielend und singend erlernen sie die deutsche Sprache. „Nesche, was ist das? Eine Nase." Im Hintergrund zwei türkische Mütter. Sigrid Lesemann ist Erzieherin. Zwölf Kinder mußte sie in diesem Jahr ablehnen. Der Andrang sei groß. Nur 15 Kinder pro Gruppe sind zu verkraften: „Es gibt Kinder, da denke ich manchmal, mein Gott, der hat es immer noch nicht. Er versteht mich nicht. Und dann ist so ein Vierteljahr Pause. Er spricht nicht, er sagt nichts. Und auf einmal sprudelt es richtig raus."

Eine Chance. Nicht jedes ausländische Kind hat sie. In Bismarck gibt es keine kommunalen Kindergartenplätze. In Bismarck sind die konfessionellen Kindergärten in der Überzahl. Die aber nehmen nur fünf kleine Nichtdeutsche. Schutz des eigenen Glaubens? Nathan der Weise in Gelsenkirchen? Da hört es auf mit der Toleranz gegen Andersgläubige. Also geraten kleine Türken oder Libanesen hoffnungslos ins Hintertreffen, bevor sie die deutsche Schule überhaupt betreten haben. Ghettoleben verhindert Sprachschule auf der Straße. „Multikulturelle Erziehung", was bedeutet das schon, wenn Begegnung kaum stattfindet? In der Grundschule an der Marschallstraße ist sie gewollt.

Am Nachmittag der allwöchentliche Small-Talk bei Kaffee und Tee. Türkinnen erwarteten mich, sonntäglich gekleidet, freundlich lächelnd. Dazwischen ihre Kinder, ungemein artig. Ihre Mütter erzählen mir von ihren großen Belastungen, von ihrer Isolation, von ihrer Angst vor den Deutschen. Irgendwann auf der Straße unvermittelt angeschrien zu werden und nicht verstehen, sich nicht verteidigen können. Cevahir erzählt es mir. Und plötzlich weint sie.

Der Treff in der Schule ist diesen Frauen zur Heimat geworden, zu einem Ort der Begegnung. Viele Türkinnen sprechen auch nach vielen Jahren hier kein Deutsch, können oft nicht einmal lesen und schreiben. Mut haben sie gefaßt, in die Schule ihrer Kinder zu gehen. Heute grüßt sie der Hausmeister freundlich, und die beiden Mitarbeiterinnen, die für das Reinliche sorgen im Gebäude, finden, daß diese Begegnung mit anderen Kulturen ein Gewinn ist, „eine Bereicherung, daß man auch mal andere Kulturen kennenlernt". Ja, am Anfang, „war es schon komisch, wenn man ehrlich ist". Aber jetzt sei das alles so „normal".

Fremdheit, Ausländerhaß, das hat etwas mit Verständigungsschwierigkeiten zu tun, mit Sprache. Sympathie signalisiert mir Habibe. Das Deutsch macht ihr noch Schwierigkeiten. Spielerisch bindet sie ihr Kopftuch auf und zu, so als wollte sie es am liebsten abnehmen. Erst seit sie in Deutschland ist, trägt sie es. Solidarität mit der türkischen Gemeinde. Das Leben im Gastland legt ihr Fesseln an, macht sie nicht freier. Ihre Äußerungen aber zeigen, sie ist auf dem besten Weg dazu. Ist es die Angst vor dem Fremden, die beengt? Mir scheint, Klischees und Vorurteile, die müssen auf beiden Seiten abgebaut werden. Irgendwann habe sie sich gesagt, erzählt Habibe: „Wenn du nicht die Kraft hast, rauszugehen und zu sagen: ich gehe jetzt, ich öffne mich, dann hast du die Wohnung als Gefängnis."

Den Ausbruch aus Lethargie und Isolierung haben diese Frauen inzwischen geschafft. Im Lese- und Schreibkurs treffe ich sie wieder. Das Projekt organisiert diese Kurse gemeinsam mit der örtlichen Volkshochschule. Einstieg in die deutsche Sprache. Sprachlosigkeit überwinden. In zwei Tagen habe ich gelernt, nicht auf das Kopftuch zu schauen, sondern in die Augen. Und plötzlich ist mir das alles nicht mehr fremd. Da sitzen Frauen, deren Leben zwar weniger komfortabler ist als das mancher deutschen Frau, aber nicht minder schwierig. Frauenleben eben grenzübergreifend. Wir verstehen uns, auch ohne Worte. „Der Mensch ist kein Kopftuch." Das hatte Gisela gesagt.

Sevim Demircan, die junge Deutschlehrerin, trägt ihr schwarzes Haar offen. Sei 15 Jahren schon lebt sie in der Bundesrepublik, ist hier aufgewachsen. Sie ist „integriert", hat sogar das Abitur geschafft. Verlust der eigenen Identität? Nach dem Preis frage ich sie, den sie dafür bezahlt hat:

Gespräch mit Sevim

Ein Preis? Das ist, als wenn man das freiwillig macht. Aber man ist gezwungen, sag ich mal so. Wenn man hier lebt, dann kann man weniger mit der türkischen Sprache anfangen. Man kriegt weniger mit. Wenn man hier Schulbildung mitkriegt, muß man automatisch das Vokabular lernen, oder das, was gelernt wird, ist das, was im Deutschunterricht gelehrt wird und nicht, was in der Türkei ist. Man kriegt automatisch viel weniger aus der Türkei mit.

Bedauern Sie das?

Ja, es ist eigentlich schade, weil man kann dann nichts sagen, wenn man in der Türkei ist. Man fühlt sich zwar zu Hause, aber man merkt, daß man etwas verpaßt hat. Daß man so einiges nicht mitgekriegt hat.

Können Sie es benennen?

Als erstes würde ich sagen, die Sprache. Das werden Sie öfter bei Jugendlichen, die hier aufwachsen, mitkriegen, daß die Türkisch nicht können. Bei mir war es genauso. Ich habe Türkisch erst in der Schule intensiv gelernt, statt einer 2. Fremdsprache. Das fand ich gut. Das fängt schon bei der Sprache an. Im häuslichen Verhältnis können auch Konflikte auftreten, wenn die Eltern ..., die haben den Prozeß nicht mitgemacht. Da entstehen auch Konflikte. Ist nicht so leicht, wie man meint.

Fühlen Sie sich wohl in dieser Gesellschaft?

Ja, eigentlich schon. Probleme hat jeder. Doch eigentlich, ja.

Gab es in der Schulzeit Konflikte zwischen türkischen und deutschen Jugendlichen?

Ja, es gab Konflikte, obwohl die Türken sehr akzeptiert waren, weil sie in Deutsch und Mathe leistungsstark waren, weil sie auch hier aufgewachsen sind. Irgendwann kam ein Witz, den man von anderen gehört hat. Da gab es Konflikte, aber nicht so extrem. In der Grundschule, da bin ich gar nicht gern in die Schule gegangen. Das hat sich später geändert. Man ist später angepaßt, daß die anderen einen gar nicht so fremd sehen. Wenn ich mit Kopftuch in die Schule gegangen wäre, dann hätten sie mich anders aufgenommen oder anders reagiert.

Fühlen Sie sich als Vermittler zwischen der deutschen und der türkischen Kultur?

Noch nicht. Zuerst muß man sich einfinden zwischen den beiden Kulturen, weil das kommt in einem selbst ein bißchen durcheinander. Man weiß nicht, wovon man was nimmt.

Malen wir zum Schluß eine Utopie. Wie müßten wir zusammenleben?

Nicht so, daß wir alles übernehmen müßten. Und daß sich die Einstellung der Deutschen uns gegenüber ändert, daß sie uns nur etwas zu geben hätten und nichts zu nehmen brauchten. Das muß sich ändern. Wir haben auch etwas zu geben.

„Wir sind nicht das Sozialamt der ganzen Welt“, sagt der deutsche Herr, wohlgenährt, neben seinem Mercedes. In Gelsenkirchen haben türkische und griechische Restaurants regen Zulauf. Kaum ein Tisch zu bekommen. Multi-Kulti im Ruhrpott? Noch lange nicht. Aber Annäherungen zumindest. Und Schule kann viel dazu beitragen.

Die Dorfschule

Ein wenig Vernunft
kann Berge versetzen

„Die Brandflecken in den Tischen, die haben die Eltern gemacht.“ Ein Elternvertreter der Gesamtschule Saerbeck betont es ausdrücklich. Mit den neuesten Medienberichten vom Krisenherd Schule im Kopf und den Klagen gestreßter Lehrer im Ohr, war ich doch erstaunt, eine Schule noch heil vorzufinden. Friedlich geht es zu in dieser Dorfschule im Münsterland. Reinhard Niehaus, lange schon in der Schulpflegschaft aktiv, führt es darauf zurück, daß „viele Dinge schön sind“ in dieser Schule, was Jugendliche durchaus zu schätzen wissen. Eben nicht nur ein Sofa vom Sperrmüll. Wohnlich soll es sein, wo man sich einen ganzen Tag lang aufhält. „Kein Druck“ herrsche hier. So jedenfalls sehen es die Eltern. Und in der Tat: keine bekritzelten Tischplatten, keine aufgeschlitzten Stuhlpolster. Als ich vor drei Jahren schon einmal in Saerbeck war, sah es ebenso proper aus.

Auf dem flachen Land nahe Münster scheint die Welt noch in Ordnung zu sein. Kinder haben Spielräume. Das ist schon anders als in Recklinghausen zum Beispiel, von woher Schauermärchen über wachsende Gewalt in den Schulen in die ländliche Idylle dringen. Freilich steigt auch hier der Anteil der Doppelverdiener und der Alleinerziehenden stetig. In Münster Stadt sind es bereits 30 Prozent.

„Der Erwartungsdruck der Elternhäuser“, der habe schon zugenommen, meint der stellvertretende Schulleiter Hubert Tenkhoff. Und später erzählt mir Rektor Bruno Lievenbrück, daß er heute doch eine weinende Schülerin der Klasse acht in den Arm genommen hat, weil die nun völlig niedergeschlagen war, daß sie die Hoffnung der Eltern auf einen hohen Schulabschluß nicht erfüllen kann. Also muß man sie abstützen. Noch ist Zeit, ihr zu helfen. Der Vorteil einer Gesamtschule sei es eben, daß sie die Entscheidung für den endgültigen Schulabschluß hinausschieben kann. Lehrer, Eltern und Schulleitung sind sich einig: Schon das spricht für Gesamtschule. Freilich zaubern kann die auch nicht.

So eitel Freude herrschte nicht von Anfang an. Es bedurfte schon einiger Überzeugungsarbeit. Heute ist diese Schulform von allen Bürgern des Ortes akzeptiert. Ein Blick zurück in die Gründungsgeschichte.

Ein hübscher Ort ist Saerbeck mitten in der Parklandschaft des Münsterlandes gelegen. Man kann sich wohlfühlen hier. Der bäuerlich, dörfliche Ursprung ist noch in der Bauweise der Häuser zu ahnen. Propper und gediegen wirkt das alles, ist in menschlichen Dimensionen geblieben: Der kleine Dorfplatz, die Kirche, die alte Dorfschule und gleich nebendran der Neubau, efeubewachsen. Die Verwaltung des 5 000-Seelendorfes ist um die Ecke zu erreichen. Überschaubar ist das alles für die Bewohner.

Der Bürgermeister ist Christdemokrat. Die CDU hat nach wie vor die Mehrheit im Gemeinderat. Und daß die sich nun ausgerechnet für eine Gesamtschule entschied, ist schon eine kleine Sensation in der an Schulkonflikten nicht armen Kulturpolitik Nordrhein-Westfalens. In der Zwischenzeit hat das Vorbild Nachahmer gefunden.

Doch die Pioniere in Saerbeck mußten viel aushalten, bevor es soweit war. Man habe bewußt auf große Feierlichkeiten verzichtet, erzählte mir Josef Kranz, der Gemeindedirektor 1988. „Wir haben schlicht angefangen zu arbeiten. Wir hätten auch eine große Show machen können.“ Das eben wollte man nicht. Ganz pragmatisch gingen die Gründer zu Werk. Ziel war es, die Schüler auch nach der Grundschule im Ort zu halten. Was ist schon ein Dorf ohne seine Jugend?

Gerade erst hatte die Gemeinde mit großen Anstrengungen eine vorzüglich ausgestattete Hauptschule in den Dorfkern gestellt. Doch selbst die wohnliche Architektur, die Werkräume – all das brachte nicht den erhofften Sog.

1987 geschah der große Einbruch, auch im Münsterland. Gerade noch eine Klasse der Hauptschule war zu füllen. Der Trend zu den anderen weiterführenden Schulen in der Kreisstadt setzte ein und das Sterben der Hauptschule auch auf dem Dorfe. Und zwar unaufhaltsam. Keine Konjunkturschwankung war das. Rektor Lievenbrück, damals noch Hauptschulleiter, und der Verwaltungschef sahen es glasklar und nicht durch die ideologische Brille: „Man mußte es sich schnell anders überlegen.“ Bald schon hätte die Gemeinde Saerbeck vor der Alternative gestanden, ihr neues schönes Schulgebäude dichtzumachen oder aber eine, aus christdemokratischer Sicht zumindest, unorthodoxe Entscheidung zu fällen.

Für den Verwaltungschef war klar: „Entweder ich schaue zu oder ich gehe den Schritt nach vorn.“ In Richtung der Gesamtschule nämlich. Er ist ihn gegangen. Und mit ihm noch andere. Der eigenen Fraktion im Rat konnten Kranz und Lievenbrück, beide CDU, die Notwendigkeit einer solch weitreichenden Entscheidung durchaus klarmachen. Die örtliche Wirtschaft spürte bereits den Kaufschwund. Wer sein Kind in die nahe Kreisstadt fährt, macht dort auch mal eben seine Besorgungen. Wenig einsichtig, beziehungsweise weitsichtig dagegen, zeigte sich die eigene Partei, Jahrzehnte eingefroren auf pauschaler Ablehnung dieser als „rote Kaderschmiede“ diffamierten Schulform. „Gleichmacherisch“ das war noch milde gesagt.

Das lernfähige Team in Saerbeck traf Kritik, um nicht zu sagen „Liebesentzug“ in der Partei auf ganzer Linie, auf Kreis-, Bezirks- und

Landesebene. Es hat sie nicht sonderlich gestört und auch nicht aufhalten können. Zeit und Entwicklung haben ihnen Recht gegeben.

Im Herbst 1991 fand ich diese Schule wieder, so wie ich sie 1988 verlassen hatte. Von der Balustrade blickt man hinunter ins Forum. Grünpflanzen bilden ein natürliches transparentes Dach. Durch Glaswände hat man den weitläufigen Flur in kleine wohnliche Räume aufgeteilt. Anschließend das Sprachlabor und der Computerraum, hinten die Bibliothek und neuerdings auch eine kleine Videothek, beides von Eltern aufgebaut und auch betreut. Sie sind in dieser Schule eben nicht nur die ewigen Nörgler, Schrecken jedes Pädagogen, obwohl es auch die gibt. Sie sind Mitwirkende, Mitgestaltende. Und das bezieht sich offenbar nicht nur auf den Ausschank in der Cafeteria. Eltern bieten Arbeitsgemeinschaften an in der Ganztagsschule. Die hat ihnen auch einige Umstellung abverlangt.

Erst um vier Uhr nun kommen die Kinder nach Hause. Der traditionelle Familienalltag ist durcheinandergeschüttelt. Aber der ist ja auch auf dem Dorfe im Schwinden begriffen. Mittagessen in der luftigen Mensa. Es hat Schule und Elternhaus nicht weiter entfremdet, sie eher näher aneinandergerückt. Von „Identifikation" mit ihrer Schule sprechen Eltern heute. Die Ursache für das eher ruhige Klima, „Nickligkeiten" der Großen einmal abgesehen, führen sie auch auf das soziale Engagement zurück, das hier gefördert wird von einer Schule, die nicht autistisch auf sich selbst bezogen bleibt, sondern rausgeht und reinholt. Selbst den kleinen Jungen im Rollstuhl. Noch steht er etwas verloren im Forum, umtobt von vielen Kindern. Der Rektor hat den Schüler aufgenommen. Doch nun erst in der Praxis zeigen sich viele Schwierigkeiten.

Darauf ist Schule noch nicht eingerichtet. Das beginnt mit den Treppen und endet mit den Klagen der Mutter, die unzufrieden, zuviel auf einmal erwartet.

Mittags begleitet mich ein Lehrer zum alten Schulhaus. Über Gewalt im Schulalltag sprechen wir. Da haben die Saerbecker so ihre Grundsätze, wie Menschen miteinander umgehen sollen. Sich um jeden einzelnen Schüler kümmern, klar, aber auch nicht Hemmschwellen zu niedrig setzen. Eine Steinschleuder, die darf ein Lehrer nicht einfach übersehen. In der Mensa klirrt schon einmal ein Teller, aber es ist eher ungebändigter Bewegungsdrang, nicht Aggression, der es verursacht. Rektor Lievenbrück betont, daß es notwendig sei, klare, vom ganzen Lehrerkollegium anerkannte Maßstäbe einzuhalten und wenn notwendig, auch durchzusetzen. Kein Laissez-faire also. „Verantwortungsvolles Führen" und „geduldiges Wachsenlassen", das steht so im Schulprogramm der Gesamtschule

Saerbeck, die sich auf den Pädagogen Theodor Litt beruft und auch keine Scheu hat, ein Kreuz in das Forum zu hängen. Maximilian-Kolbe-Schule wird die Gesamtschule heißen, wenn sie einmal das Gebäude ganz für sich bewohnt.

Denn das Wachstum von der alten in die neue Schulform geschieht organisch und kontinuierlich, nicht im operativen Schnitt. Saerbeck schätzt eben Kontinuität. Die Gesamtschule wuchs gleichsam unten hinein mit der Klasse 5, ist nun bei Klasse 8 angelangt und wächst dann oben aus der Hauptschule heraus, die nur noch die Hauptschüler der Klassen 9 und 10 betreut. Bald wird an die Stelle der alten Hauptschule eine Gesamtschule mit gymnasialer Oberstufe treten. Und dieser Prozeß verläuft nicht schmerzhaft und verletzend. „Keinerlei Schwierigkeiten" gäbe es, sagt der Leiter der Hauptschule Heinz Maria Muth. Von Anfang an war da Kooperationsbereitschaft. Und das will schon etwas heißen in einer Zunft, die sich sonst eher eitel voneinander abgrenzt.

Eine glückliche Konstellation sicher. Denn die beiden Leiter verstehen sich einfach. Es gibt keine getrennten Lehrerzimmer. Hauptschullehrer unterrichten in der Gesamtschule und umgekehrt. Und die Hauptschule war es, die damals den kleinen Gesamtschul-Dötzen einen freundlichen Empfang bereitete. Sie habe es sich schon lange überlegt, „was kommt da auf mich zu", erzählt mir die Hauptschullehrerin Marianne Schaphorn. Nach vier Jahren ist sie froh, daß sie „den Schritt getan" hat und nach 20 Jahren nun Gesamtschullehrerin ist. Und viele ihrer Kollegen sehen es ebenso. Schulreform von unten. So geht es besser als durch obrigkeitliches Diktat. Klug vermieden es beide Seiten, mit Verbalinjurien und Unterstellungen übereinander herzufallen. Da hat man wohl gelernt aus den siebziger Jahren.

Maximilian-Kolbe-Schule also. Der Priester, der sich im KZ Auschwitz für einen Familienvater opferte. Warum sollte dies nicht Beispiel und Vorbild sein für eine Gesamtschule, die sich solidarisches Handeln und Mitverantwortung zum Ziel setzt? Eine ländliche Gesamtschule in einer sicher konservativ orientierten Bevölkerung. Schule will da keine Außenseiterrolle spielen, sondern mitten drin und akzeptiert sein. Mittelpunkt der Gemeinde ist sie längst geworden. Denn sie hat die Gemeinde auch vor der gähnenden Langeweile eines Schlafdorfes bewahrt. Kürzlich erst feierte Saerbeck gemeinsam die Einweihung der neuen Schulmensa. Von „gesellschaftsverändernden Ideologien" hält Rektor Lievenbrück wenig. Die Gesamtschule der ersten Generation mit ihren überschäumenden Ambitionen, auch Illusionen, ist das nicht mehr, eben eine der neunziger Jahre, die viele überraschende Entwicklungen zuläßt und dabei durchaus aufklärerische Wirkung haben kann. Es muß nicht alles so dick aufgetragen werden.

Im alten Schulhaus stehen sie noch, die Schulbänke mit dem trockenen Tintenfaß, den steilen Rückenlehnen, die zum Blick nach vorn zwangen, dem Sprossengitter für die Füße, so als sollten kindlicher Übermut und Eigenwilligkeit gleichsam abtropfen. Vergangenheit. Im Heimatmuseum, das nun im alten Schulhaus entsteht, können die Saerbecker ihren vielleicht nachdenklichen Vergleich anstellen zwischen Gestern und Heute. Ihre Schule ist keine Zwangsanstalt mehr, und sie soll auch kein Massenbetrieb werden. 800 Schüler, wenn die gymnasiale Oberstufe noch drangehängt wird. Das reicht, ist erträglich. Nur so läßt sich auch guter Unterricht machen, der mehr ist als Nürnberger Trichter. Die Kinder heute sind anders, sagt eine Lehrerin, „da kann man nicht wie mit dem Rasenmäher drüber weggehen“.

Andere Formen des Lernens sind notwendig, um die eifrigen Konsumenten der Videozeit mit ihren perfekten Bildern noch neugierig zu machen. Im alten Schulhaus treffe ich Zehn- bis Vierzehnjährige, die gemeinsam mit dem Heimatverein und dem Landschaftsverband eine frühgeschichtliche Abteilung aufbauen. Herbert Neise ist Hobbyarcheologe und Geschichtslehrer. Er weiß, wo es in der Umgebung von Saerbeck Fundstellen gibt. Buddeln gemeinsam in der Sandgrube. Später werden die Scherben gereinigt, sortiert und archiviert. Zu einem Holzmodell eines Hauses aus der Frühsteinzeit führt mich der Lehrer. Seine Schüler haben es gebaut. Maßstabsgerecht vom Plan.

Ein Stück Matheunterricht war das. Die Bautechnik in der frühen Kultur wurde Kindern deutlich beim Tun. Holzverarbeitung. Bauen mit Verkeilungen und Stricken. Oder auch Sprachkunde so nebenbei. Warum heißt die Wand „Wand“? Vom Verb winden kommt es. Äste durch senkrechte Stäbe gewunden und mit Lehm verschmiert. Das war eine Wand in der Steinzeit. Geschichtliche Daten, die füllen sich plötzlich mit Leben, mit Bildern. Noch gibt es viel zu viel verkopftes Lernen, seufzt Lehrer Neise. Frust ist ihm nun wirklich nicht anzumerken, auch seinen Schülern nicht.

Ansätze, selbst etwas zu tun, sind in Saerbeck an allen Enden zu spüren. Durchs Fenster sehe ich sie feilen, Jungen und Mädchen in der Werkstatt. Besondere Förderung sollen die Mädchen nun in getrennten Kursen bekommen, um Technikangst zu überwinden. Schüler bedienen die Computerausleihe in der Bibliothek. Die Bibliothek ist übrigens proppevoll in den Pausen und in der Mittagszeit. Von wegen lesefaule Jugend.

Wo Angebote sind, da ist auch Nachfrage.

Eine große Schülergruppe beim Instrumentalunterricht. Wer will, kann fünf Stunden pro Woche dran teilnehmen. Hochbegabtenförderung in Saebeck? Darum geht es erst einmal gar nicht. Jeder kommt in diesen Kurs, der Spaß daran hat, ein Instrument zu erlernen. Und wer sich dann als besonders anstellig erweist, der bekommt Extraunterricht von Lehrern der Musikschule, unabhängig vom Geldbeutel der Eltern. Der Förderverein der Schule bezahlt das. Auf der Kirmes verkaufen Eltern Kuchen. Und davon finanziert sich auch so etwas wie der Sonderunterricht in Musik.

Zarte Flötentöne im alten Schulhaus. Einen Blick kann ich auf die Gruppe werfen, die gerade Querflöte übt. Das mit dem Heimatmuseum im ersten Stock, das sei schon eine gute Sache, meint Rektor Lievenbrück. Doch es dürfe alles nicht zu statisch werden. Und so sollen die übrigen alten Schulräume für vielerlei genutzt werden. Etwa für Dritte-Welt-Aktivitäten. Schüler könnten hier ausstellen, auch die Künstler im Ort, und jeder im Dorf soll sich das anschauen können. Zwischen zwei Türen stehen wir. Die eine führt auf den Kirchplatz, die andere auf das Schulgelände. Das alte Schulhaus eine Nahtstelle. Einst sicher nicht so gewollt, doch heute ist es fast ein Symbol für ein verändertes Schulleben. Eine junge Lehrerin kommt aus einer Klasse, schließt sorgsam eine der Eingangstüren ab. Die Öffnung der Schule, auch in Saerbeck beginnt sie erst. Doch aufzuhalten ist sie nicht mehr.

Zeitzeichen

Gut Ding will Weile haben.
Zu kurzatmig sind wir geworden –
auch beim Lernen

John Franklin war schon zehn Jahre alt und noch immer so langsam, daß er keinen Ball fangen konnte. Er hielt für die anderen die Schnur. Vom tiefsten Ast des Baums reichte sie herüber bis in seine emporgestreckte Hand. Er hielt sie so gut, wie der Baum, er senkte den Arm nicht vor dem Ende des Spiels. Als Schnurhalter war er geeignet wie kein anderes Kind in Spilsby oder sogar in Lincolnshire. Vielleicht war in ganz England keiner, der eine Stunde und länger nur stehen und eine Schnur halten konnte. Er stand so ruhig wie ein Grabkreuz, ragte wie ein Denkmal. „Wie eine Vogelscheuche!", sagte Tom Barker.[1]

So beginnt *Sten Nadolyns* Roman „Die Entdeckung der Langsamkeit". Er beschreibt die Geschichte des Polarfahrers John Franklin, eines Bedächtigen, der seine Zeit braucht, sich und die Welt zu entdecken. In den Anfängen des letzten Jahrhunderts spielt die Geschichte, doch es ist unsere Zeit, unser Problem, unser Leiden an der Beschleunigung, die diesen Roman Jahre nach seinem Erscheinen 1983 nun fast zu einem Kultbuch macht.

Unter Zeitdruck lernen Kinder und Jugendliche heute. Wer es in seinem Jahrgang nicht packt, bleibt sitzen. „Ehrenrunde" nennen es Schüler. Wurstig soll es klingen und geht doch hart an den Selbstwert. Genormtes Lernen nach genormtem Plan. Die Patchworks einer verplanten Jugend sind in jedem Lehrerzimmer zu betrachten. Stundenpläne. Zeittafeln. Wer nicht Schritt hält, fällt zurück.

Schnelligkeit ist angesagt im Begreifen, Erfassen, Behalten, im Auswechseln von Informationen. Die intelligenten Maschinen geben den Zeittakt an, in dem Wissen veraltet und neues hinzukommt. Die Langsamen sind die Verlierer.

Bezeichnend, daß derzeit weniger über das nachgedacht wird, was Menschen lernen müssen, wollen sie nicht Sklaven der Maschine werden. Diskutiert wird heute, wie schnell sie es schaffen, möglichst viel Stoff in sich aufzusaugen. Schulzeitverkürzung. Mit der deutschen Einheit wurde sie ein Thema. Gymnasialschüler in Deutschland West müssen bislang dreizehn Jahre bis zum Abitur absitzen. In Deutschland Ost aber schaffen sie es in nur zwölf Jahren. Im Westen nun beflügelt der europäische Binnenmarkt die Schulzeitverkürzer. Im Wettbewerb, so argumentieren sie, geraten deutsche Schulabgänger ins Hintertreffen. Doch Effizienz und Markt machen noch keine gute Schule, vor allem keine, die Spaß macht.

Im Netz immer engerer Zeitvorgaben könnten sie sich verfangen, die Langsamen, die Nachdenklichen, eben jene, die sich nicht nur für den

Beruf qualifizieren, sondern auch bilden wollen. Verkürzte Schul- und Studienzeit, Regelsysteme einer gehetzten Gesellschaft, feindlich jeder Bummelei. Tempo ist angesagt. In einem Wochenmagazin spiegelt sich das wie folgt: „Wir brauchen die Jahre zwischen 25 und 30“, sagt da ein Konzernchef. Und er sagt es so, als wären es seine Lebensjahre. In diesem Alter nämlich könne man die jungen Leute „noch intensiv prägen“. Das mag schon sein. Wo aber bleibt da noch eigene Zeit? Das Recht auf Langsamkeit beim Lernen?

Reformer unter den Pädagogen beunruhigt dieser Zeitdruck. In Bielefeld sprach ich mit Hartmut von Hentig über Beschleunigungen im Bildungssystem. Seine Sorge ist, daß die Turbulenzen draußen mit ihren Folgen auch das Lernen drinnen erfassen könnten, schon erfaßt haben. „Wir eilen den notwendigen Lösungen nach, weil die Dinge sich weiterentwickeln, nicht nur die Ozonlöcher groß werden und nicht nur die Bevölkerungsmenge größer und die Wälder geringer werden.“ In allen Bereichen habe „die Akkumulation der Mittel zu einer solchen Beschleunigung geführt“. Immer größere Städte, Riesenfabriken und dazwischen der Verkehrskollaps. „Und wir müssen mit unserer Lebensformung, mit der Gestaltung unseres Lebens dem nachkommen.“ Nachdenklichkeit.

Im Spätherbst 1990 war ich in Hentigs Schulen gefahren, auf der Suche nach Zeitoasen im eiliger werdenden Bildungsgeschäft. Am Fuße der großen Wissenschaftsburg, der Bielefelder Universität, liegen sie, die Laborschule und das Oberstufenkolleg, äußerlich eine karge, fabrikähnliche Architektur. Das läßt eher an schnellen Output denken, nicht an Lernen in größerer Selbstbestimmung und mit weniger Druck. Denn das ist Ziel dieser beiden Versuchsschulen, die der Pädagoge Hartmut von Hentig Anfang der siebziger Jahre gegründet hat mit der Maßgabe: „die Menschen stärken und die Sachen klären.“ Ruhe, nicht Hast ist dazu nötig. Und so lernen Kinder, die von fünf bis sechzehn Jahren die Laborschule besuchen, lange Zeit ohne Noten, ermuntert und ermutigt durch Beschreibung ihrer Lernfortschritte. Sie lernen in „Erfahrungräumen“, lernen dabei den Umgang mit sich selbst, mit Menschen, mit Sachen, messen, experimentieren, beobachten, lernen selbstredend auch die elementaren Kulturtechniken. Doch erst spät gerinnt das zu Fächern.

Nach der Laborschule dann das Oberstufenkolleg. Es meidet nach vier Jahren die harte Zäsur des Abiturs, will nach amerikanischem Vorbild fließende Übergänge ins Studium schaffen. Und es nimmt Interessierte auf, die zum Beispiel keinen qualifizierten Hauptschulabschluß haben, schon im Beruf waren oder lebensbedingt Umwege machen mußten.

Spätentwickler also. Der wissenschaftliche Leiter des Kollegs, Ludwig Huber, bringt es philosophisch auf den Kern: „Viele Umwege erhöhen die Ortskenntnis.“ Keine Fluchten aus der Realität, keine Ausflüchte: Was draußen vor sich geht, schert uns wenig. Da wird auch Position bezogen zu Ereignissen, Entwicklungen draußen. Da wird Spezialwissen in der praktischen Anwendung erprobt.

Die 250 Kollegiaten des Bielefelder Oberstufenkollegs lassen sich früh schon auf eine spezialisierte Ausbildung ein. Zu Beginn wählt ein Kollegiat ein oder zwei Fächer, sei es Jura, Pädagogik, Psychologie, Naturwissenschaften. Vorbereitung auf das wissenschaftliche Studium. Spezialisierung also. Zugleich aber wird Denken in Zusammenhängen angeregt. Fächerübergreifende Projekte ermöglichen praktische Erfahrungen, zeigen welchen Nutzen Spezialwissen zur Lösung von Problemen hat. Leben ist immer interdisziplinär und auch die Anforderungen, die es stellt. Es macht klar, zu welcher gefährlichen Beschränkung Spezialistentum auch führen kann.

Mit einer ehemaligen Hauptschülerin habe ich gesprochen, die jahrelang im Beruf war und dann das Gefühl hatte: „Ich möchte eigentlich mehr.“ Nach zehn Jahren Unterbrechung im Beruf hatte diese junge Frau wieder angefangen zu lernen und zu fragen. Nach zweieinhalb Jahren zog sie Bilanz. Sie könne nun den Bogen spannen zwischen den Spezialgebieten. An Geschichte machte sie mir das deutlich. Bislang hatte sie da so einen „Katalog von irgendwelchen Daten“ im Kopf, die mit „irgendwelchen Geschehnissen zusammenhängen. Und das habe ich auswendig gelernt.“ Nach einem Projekt, in dem Geschichte, Politik, Literatur, auch Technik verzahnt waren, habe sie Zusammenhänge begriffen, habe zum Beispiel erkannt, wie im Faschismus alle Bereiche miteinander verknüpft waren. Mahnwache hat sie auch schon einmal vor einem Haus in Bielefeld gestanden, in dem Rechtsradikale kampierten.

Oder ein Umweltprojekt. In der Nachbarschaft der Schule gibt es Hochhäuser.

Und da haben die Kollegiaten einfach mal gefragt, ob die Mieter „Lust haben, mit uns ihre organischen Abfälle zu kompostieren. Das haben wir dann auch gemacht.“ Überzeugungsarbeit sei schon notwendig gewesen. Nun aber ist es soweit, „daß wir diesen Leuten ein Kompostgestell gebaut haben, von der Stadt unterstützt werden. Also die haben uns zum Beispiel kleine Sammelgefäße für den Haushalt zur Verfügung gestellt.“ Und der Erfolg für die Schüler? „Ich habe auf eine sehr angenehme und sehr produktive Art und Weise erfahren, daß ich gut Umweltschutz kennenlerne, was bedeutet das eigentlich, und mein Privatinteresse am Umweltschutz hier in dieser Schule umsetzen kann."

Zeit braucht das alles, ist kaum in Eile zu machen. Doch am Puls der Zeit sind die Bielefelder Kollegiaten durchaus. Als ich im Herbst 1990 diese Schulen wieder besuchte, gab es dort auch ein Projekt „Zeit". Und das lief dann so. Schüler sind einfach erst mal losgegangen und haben „wild rumfotografiert" in der Stadt. Einen alten Mann zum Beispiel, einen „Penner", wie man so sagt, einen, der viel Zeit hatte. Die eiligen Schüler haben sich zu ihm gesetzt, haben sich erzählen lassen, ihm in Ruhe zugehört.

„Das ist ja auch nicht leicht, irgendwie andere Menschen mal erzählen zu lassen und zuzuhören." Eine Photokollage ist nun daraus entstanden. Auffallend sei, wieviele Uhren es in der Stadt gibt. Und wie oft man auf seine Uhr guckt. „Das ist uns halt in diesem Kurs klar geworden." Beschäftigung mit dem Thema Zeit in Literatur, Kunst, Technik. Lehrreich und aufschlußreich für die Kollegiaten selbst. Denn unter Zeitdruck fühlen auch sie sich und produzieren ihn ständig.

„Mit 23 fange ich jetzt die Schule an und höre mit 27 auf. Danach möchte ich vielleicht noch studieren. Da habe ich natürlich Druck," sagt einer. „Ich muß ziemlich Gas geben, damit ich noch was geregelt kriege. Ich will vielleicht auch mal eine Familie oder ähnliches gründen. Und man hat ja so eine gewisse Altersbegrenzung, die man sich eben setzt. Mit 30 muß ich oder mit 35 habe ich oder so."

„Torschlußpanik" erfaßte einen anderen, der lange arbeitslos war. „Ich dachte, ich hätte irgendwie keine Möglichkeit mehr, mich in die Gesellschaft einzugliedern."

Bewußter im Umgang mit der eigenen Zeit sind diese Jugendlichen schon geworden. Ob sie sich nun für Beschleunigung entscheiden, bleibt offen. Immerhin hatten sie die Chance, sich darüber klar zu werden. Zeit wie Heu?

Wer hat heute schon Muße beim Lernen? Schule ist ein Durchlauferhitzer. Kein Umher- oder Abschweifen mehr. Das hält nur auf. Dank moderner Informationstechniken haben sich die „Halbwertzeiten" unseres Wissens verkürzt, Informationen veralten schnell, Lernschritte werden immer exakter abgezirkelt, Lernziele pro Jahrgang festgeschrieben, Lernen im 45-Minutentakt, nur durch schrilles Läuten unterbrochen. Jedes Kind unter demselben Zeitjoch. Mit zehn Jahren hast du das zu können, mit 15 dieses. Sitzenbleiben, einfach sitzenbleiben, das ist der einzige Ausweg für die Langsamen.

Widerspruch ist angezeigt und Widerstand. Denken ist kein maschineller Vorgang. Der Aufklärer *Jean-Jacques Rousseau* beschreibt ihn in seinen „Bekenntnissen“ so:

Diese Langsamkeit des Denkens, verbunden mit solcher Lebhaftigkeit des Gefühls, habe ich nicht nur in der Unterhaltung, sondern auch, wenn ich allein bin und wenn ich arbeite. Meine Gedanken ordnen sich mit der unglaublichsten Schwierigkeit in meinem Kopf: sie treiben dort dumpf umher, gären, bis ich erregt und erhitzt werde und Herzklopfen bekomme, und inmitten dieser Erregung sehe ich nichts genau, könnte ich nicht ein Wort schreiben, sondern muß warten. Unmerklich sänftigt sich diese große Erregung, das Chaos entwirrt sich, jedes Ding kommt an seinen Platz, aber langsam und nach einer langen, dunklen Verwirrung.[2]

Welcher Lehrer kann einem Kind Zeit lassen, seine Gedanken zu ordnen? Es muß sich dem kultusministeriellen Zeittakt anpassen oder scheitern. Gelingt die Anpassung, dann hat das seinen Preis (Unlust, Magendruck, Kopfweh), gelingt sie nicht, auch (Frust, Aggression, Verweigerung). Höchste Zeit, darüber nachzudenken, ob der Preis, so oder so, nicht zu hoch ist. Ob Schule nicht bewußt das Tempo drosseln sollte. Bremsen also.

Morgens Besuch bei den ganz Kleinen, den Fünfjährigen in der Laborschule. Am Eingang in eine bunte Kinderwelt baumeln Rollschuhe. Paarweise. Auf der Empore hocken Kinder im Kreis. Rit, aus Holland ist angereist, erzählt, wie man aus Schaffell Wolle macht und Stoffe webt. Im Rollstuhl sitzt Nadja, die Schlägermütze verwegen auf dem Kopf. Ein wenig für sich und doch dabei Sarah. Das dicke schwarzweißgelbe Meerschweinchen kuschelt sich in ihren Schoß. Eigentlich sollen Kinder in solchen „Schulsituationen“ keine Tiere herumschleppen. Aber Sarah braucht das eben, um still zu sitzen, erzählt die Erzieherin.

Einen Zoo gibt es in der Laborschule. Und Hartmut von Hentig erklärt mir, was die Nähe der Tiere für Kinder bedeutet, die im Beton aufwachsen: Tiere sind nicht nur Anschauungsobjekt für den Biologieunterricht.

Sie sind ein „Lebewesen, das mir antwortet, wenn alle Welt gemein mit mir ist, mein Karnickel kuschelt sich an meinen Hals, und das tröstet ungemein“. Aber eben nicht nur das. „Das Tier läßt sich nicht überreden, drei Tage ohne Futter zu sein bis ich am Montag wiederkomme. Ich muß es versorgen, sonst stirbt es. Wir können uns unsere Verantwortung hier durch gegenseitige Beredung nicht verkleinern und ihr sogar aus dem Weg gehen. Das geht da nicht. Eine unerbittliche Verantwortung. Und nie ist eine Schule so nah an der Wirklichkeit, wie wenn ein Kaninchen aus einem solchen Grund gestorben ist." Das sei den Kindern aber anzusehen, sagt der Reformer in Bielefeld.

Gegenwelten schaffen und Gegenzeiten. Mit Wiltrud Döpp, der Lehrerin, gehe ich durch die Räume der Laborschule. Ein Großraum ursprünglich. Schularchitekten haben einen großen Anteil daran, daß manches verheißungsvolle Reform-Modell gescheitert ist. Bauen ohne menschliche Dimensionen.

Wer will schon seine Jugend in einer Fabrikhalle verbringen. Kindern mutet man das zu. Inzwischen ist sie heimelig geworden. Kuschel- und Lernecken sind entstanden. Kleine Wohnzimmer. Pflanzen teilen den Großraum. Der Lärmpegel ist immer noch belastend, störend gerade bei konzentriertem Lernen, das ebenso notwendig ist, wie gemeinsame Arbeit. Auf dem Tisch dicke Buschen Sonnenblumen. An der Wand Fotos vom letzten gemeinsamen Klassenausflug.

Eine Schulzeit nicht vor kahlen Wänden also. Lernen ohne Druck und Streß braucht besondere Räume. Mit Elternhilfe war das möglich. Teppiche und Möbel wurden gespendet, damit dieser „Lernort der Kinder nicht wie Schule aussieht, sondern wie ein Ort, an dem man sich behaglich fühlt, an dem es Menschen gut geht". Zum Lernen soll es herausfordern. Bücher stehen da, zum Hingreifen. Eine „Kinderrepublik". Eine Ganztagsschule. Nur so ist sie Kindern auch zuzumuten, sagt Wiltrud Döpp. Räume sind notwendig, in denen Distanz und Nähe möglich sind, das Auspendeln von Ruhe und Bewegung. Klosterleben. Ora et labora. Alles hat seine Zeit. Heute aber ist Lernen ein Produktionsvorgang. In- und Output. Zeitzeichen. Was aber steckt dann in den Köpfen?

Hartmut von Hentig dachte seine Zweifel gleichsam in mein Mikrophon hinein:

„In der beschleunigten Welt können wir gar nicht mehr auf das vorbereiten, was ist. Das wird nämlich nicht mehr sein, wenn die Kinder erwachsen sind. Wir müssen ihnen allgemeine formale Fähigkeiten geben: Lebenszuversicht, Verständigungsbereitschaft, Verantwortungsbereitschaft." Auch würden die „Dinge in den Schulen" so vermittelt, „daß sie nicht haften bleiben, nichts bedeuten. Acht, neun Jahre Englisch, und wie schlecht ist das Englisch." Mit 15 oder 16 ins Ausland geschickt, „es ist das Dreißigfache von dem, was man in neun Jahren gelernt hat. Wir sind ineffektiv."

Unlust sei der Preis. Freude an der eigenen Leistung, die aber müsse entfacht werden. Das aber eben setzt Respekt vor dem individuellen Lerntempo voraus und auch eine andere Art, Schule zu machen.

Kinder der Laborschule erfinden und schreiben Geschichten. An jedem Tag. Zeit läßt man ihnen, sich ihre Geschichten von der Seele zu schreiben, Geschichten, die oft auch der Spiegel ihrer Probleme sind. Geschichten vorlesen, auch das gehört zu jedem Tag. Lehrerinnen der Laborschule haben sie gesammelt. „Erfundene Geschichten erzählen es richtig." Die Lehrerin *Heide Bambach* hat sie notiert. Beeindruckt hat mich ihr Abenteuer mit Alexander und seiner großen Wut. Es ist die Geschichte von der großen Geduld seiner Mitschüler und seiner Lehrerin, die offenbar Zeit wie Heu für ihn hatte.

Einmal entwindet sich mir Alexander während einer Auseinandersetzung und verkriecht sich in seinen etwa ein Meter hohen und 30 Zentimeter schmalen Schrank, hält die Tür von innen zu und bleibt mehr als zwei Stunden darin. Von Zeit zu Zeit läßt er mich die Tür einen Spalt öffnen, damit ich sehen kann, daß er nicht erstickt ist. Wochen später wird er sagen können: „Ich gehe besser in meinen Schrank", bevor er außer sich gerät.[3]

Acht Jahre später, im 9. Schuljahr, schreibt Heide Bambach, „wird er zusammen mit seinem Freund Fabian in Dürrenmatts „Physikern" die Zuschauer eines voll besetzten Saales in Bann schlagen."[4] Jeder braucht eben seine Eigenzeit.

Unruhig kippelt Martin auf seinem Stuhl. Videos guckt er wie ein Weltmeister. Horrorfilme, auch mal Pornos mit den älteren Brüdern. Seine Unruhe ist entsprechend. Später auf der Empore im Schulcafé mit Blick auf den Abenteuerspielplatz Lernen, erzählt mir Wiltrud Döpp von ihren mühsamen Versuchen, Martin von den schnellen, belastenden Bildern zu befreien.

Zugleich aber hat sich diese Lehrerin inzwischen freigemacht von eigenen Zwangsvorstellungen, Kinder müßten zu bestimmten Zeiten etwas ganz Bestimmtes gelernt haben. Professionelle Lehrer nämlich arbeiten mit Minuten. „Stundenaufbau, drei Minuten dies, vier Minuten das, sieben Minuten das, und am Schluß ist das Tafelbild fertig." Wie „eine Marionette habe sie sich da gefühlt, völlig hölzern". Nun geht sie es lockerer an. Manchmal, da sei das schon eine Zitterpartie, „wenn sie im 4. Schuljahr immer noch nicht bestimmte grundlegende Fähigkeiten erworben haben". Bei manchen Kindern habe sie das Gefühl, „sie treten auf der Stelle, kommen einfach nicht voran".

Doch Warten und Geduld lohnen sich. Thomas, ist einer, der seine Zeit braucht. Kurz vor dem Abschluß seines Studiums stand er, als ich mit ihm sprach. Ein Bummelant, würde man heute sagen. Nach der Stechuhr der öffentlichen Schule hat er nie arbeiten können, wäre hoffnungslos gescheitert. In Laborschule und Oberstufenkolleg hat er dann sogar die Studienberechtigung erlangt. Auch im Studium war Schnelligkeit nicht seine Sache.

„Das hätte mir überhaupt nicht geholfen, wenn mir von außen vorgegeben würde, daß ich jetzt in einer bestimmten Zeit diese oder jene Scheine machen müßte, sonst falle ich raus. Vielleicht hätte ich es geschafft, aber die Gefahr, daß ich es nicht schaffe, wäre eben auch sehr groß gewesen."

Auch Claudia hat sich nach dem Abitur ein Jahr Zeit gelassen, obwohl sie als ehemalige Laborschülerin leicht und schnell gelernt hat. Ein Jahr Nachdenklichkeit hat sie sich gegönnt. Jobben in einer Fabrik, Urlaub. Biotechnologie wollte sie ursprünglich studieren. Hatte Zweifel, auf was sie sich da einläßt.

Es sei so „ein Lebensabschnitt zwischen Schule und Ausbildung, den ich auch zum Teil genießen möchte und mir auch Zeit lassen möchte. Ich sehe aber, daß das in vielen Fällen nicht möglich ist, daß immer wieder der Druck kommt, du mußt schnell sein, du mußt gut sein, um später auch einen Berufsplatz, also dann einen richtigen Beruf zu bekommen, die Arbeitsstelle, die man vielleicht auch möchte und die man nur bekommen kann, wenn man das Studium auch in einer gewissen Zeit dann fertig gemacht hat."

Claudia hat verständige Eltern, die sie nicht drängelten. Nun will sie erst einmal Biologie studieren. Luxusexistenzen, die Jahre verplempern, kostbare Jahre? Wasser auf die Mühlen derer, die dieser Bummelei endlich einen Riegel vorschieben wollen durch Verkürzen von Schul- und Studienzeit. Doch der stille Widerstand unter jungen Menschen nimmt zu und neuerdings auch der laute.

Der Bielefelder Pädagoge sieht hier den Kern vieler Schulprobleme heute:

„Nur wenn Kinder ein Interesse an der Sache haben, werden sie lernen. Das Interesse werden sie nur dann haben, wenn es ihre Sache ist und ihre Sache ist eine individuelle Sache." Da könne man nicht kollektiv verfahren, nicht „nach Schema F" verfahren, und nicht im 45-Minuten-Takt. „Sie müssen sich all dieser Fesseln, all dieser Einschränkungen und Verallgemeinerungen entledigen, um meine Sache, do your thing, tun zu können. Und dann werden sie lernen, und dann werden sie an dieser Stelle auch irgendwann gesättigt sein und werden sich das Nächste ausgucken mit der ganzen positiven Erfahrung: Ich kann das, ich kann mir das aussuchen, und das geht.“

Dieses elementare Gesetz aber werde in Pädagogik mißachtet, täglich. Rasenmäher. Und alle über den gleichen Leisten. Zeit, uns Gedanken zu machen, ob die Gleichförmigkeit von Schule, so wie sie derzeit läuft, individuell und kinderfreundlich ist. Wie also schaffen wir eine Struktur in der öffentlichen Schule, in der die Schnellen schnell und die Langsamen langsam lernen können, ohne voneinander sortiert zu werden, wie die Böcke von den Schafen und ohne Nachteile, sprich „Seelenlähmungen“ (Karl Philipp Moritz), hervorzurufen. Eine Oase sollte Schule wieder werden in beschleunigter Zeit, in der vor allem auch die Schnellen zum Nachdenken angeregt werden müssen. Ein Spielraum, auch wenn es nicht wirtschaftlich ist. Zerstörte Schulen kommen teurer. 12 oder 13 Jahre bis zum Abitur? Geht es nicht eher darum, Kindern wieder ein Grundrecht zu sichern? Das Recht auf Langsamkeit beim Lernen.

Der Tunnel

Auch die beste Kopie ist nicht das Original. Vom schwierigen Weg zu einem eigenständigen Schulprofil

Die Neuen, die hätten erst einmal die Regenrinne eingetreten, erzählt ein Schüler empört. Das sei früher nicht vorgekommen. Potsdam an einem kalten Novembertag 1991. Ich hatte mich auf den Weg gemacht, wollte mir einen Eindruck verschaffen über die Schulsituation in den neuen Bundesländern. Eine Momentaufnahme sicher. Doch typisch für Ort und Zeit. Auch in der einst preußischen Residenzstadt Umbruch und Aufbruch. Deutscher Militarismus im Puppenstubenformat. Bedrohlich wirkt er nicht mehr. Eher heruntergekommen. Das zumindest haben vierzig Jahre SED-Staat bewirkt: Fassaden blättern, Bürgersteige beulen sich. Gefahr nicht nur für schwache Fußgelenke. Sanssouci, ohne Sorgen, das ist in diesen Tagen niemand. Verunsicherung flächendeckend in Lehrer-, Schüler- und Schulleiterseelen.

Das Schild am Eingang zur neuen Gesamtschule ist noch nicht ausgetauscht. 5. Polytechnische Oberschule steht da. Makarenko. Der Name soll bald geändert werden wie so vieles andere auch. Ein bürgerlicher Reformpädagoge könnte der neue Namensgeber werden. Rektor Friedemann Labsch ist schmal geworden, sichtlich angestrengt wirkt er. Kennengelernt hatte ich ihn vor Monaten in der Evangelischen Akademie Mühlheim, voller Elan, strahlend. Einer aus dem Widerstand. Bündnis 90. Einer, der am Runden Tisch saß und dort die Pläne für eine andere Schule mitentworfen hat. Nun, sagt er etwas müde, habe sich „die Aufbruchstimmung ein bißchen gelegt“, sind die „Ideale zurückgeschrumpft“, haben sich gleichsam abgeschabt an den Nöten des Alltags, der auch in den Schulen noch ähnlich grau wirkt wie Wetter und Fassaden draußen.

„Allgemein unbefriedigend“, nennt der Schulleiter den Zustand vorsichtig. Etwas von der alten Zuversicht strahlt er nur aus, wenn er über seine Projekte für eine schülerfreundliche Schule spricht, den Ausbau des alten großen Schulspeichers zu Ateliers etwa oder den Umbau des tristen Schulhofs. Noch ist der freudlos. Kohlenberge hier und Müllcontainer dort. Pläne haben seine Schüler schon entworfen. Doch vorerst wird es bei Plänen bleiben. Zukunftsmusik. Mit wenigen Hundert Mark Haushaltsmittel in diesem Schuljahr werden Schüler und Lehrer wohl noch etwas warten müssen.

Ob dieser Pionier des Umbruchs es noch als Schulleiter erleben wird, ist fraglich. Alle Rektoren sind bislang nur kommissarisch eingesetzt, werden erst noch von der Schulkonferenz bestätigt oder abgesetzt werden. Möglich, daß die Reformer der ersten Stunde ihr Amt dann längst verloren haben und Schulmanager das Sagen haben werden, vielleicht einfach das Mittelmaß, die Administratoren sozusagen. Die Revolution frißt ihre

Kinder. Stillschweigend. Doch werden die smarten Macher auch Impulse geben können für ein Schulleben, das eine ganz neue Qualität des Lernens bietet und Fehler des Westens vermeidet? Die werden im Osten der Republik derzeit als Tugenden gehandelt.

Vom „Leistungsanspruch der Eltern“ spricht Labsch. Leistungskurse wollen sie sehen, Zensuren. Das Abitur wünschen 80 Prozent. Keine guten Voraussetzungen für eine Gesamtschule, die dieses frühe Einsortieren zumindest hinausschieben möchte. Nicht gerade überzeugend findet der Schulleiter die westlichen Großgebilde. Und am liebsten wäre ihm eine innere Differenzierung, wofür auch spricht, daß Kinder derzeit so ihre Not haben, in bestimmten Fächern aus dem Klassenverband herausgehen zu müssen, eben in Leistungskurse. Desorientierung und Verweigerung sind die Folge.

Die Eltern sehen es anders. Da trifft sich Aufstiegsstreben nach Weststandard durchaus mit den Werten der alten Ostschule. „Jeder jeden Tag mit guter Bilanz“. Die Maxime damals. Und heute? „Alle möchten aus dieser Gesamtschule ein Gymnasium machen“, sagt der Rektor etwas resigniert. Nur bei wenigen Lehrern findet er derzeit Bereitschaft zum Experimentieren, Freude, etwas Neues zu versuchen.

Im Lehrerzimmer steht die Luft förmlich vor Unzufriedenheit. Eine Atmosphäre, die ich auch in anderen Schulen spüre. Kollegien und Schüler zweier Schulen wurden bunt zusammengewürfelt. Und es dauert so einige Zeit, bis zusammenwächst, was bislang nicht zusammengehörte. An einem Strang zu ziehen, das müssen die Kollegen erst lernen. Noch ist jeder mit seinen Sorgen beschäftigt. Eine Lehrerin klagt über Wohnungsnot.

Das sei doch früher selbstverständlich gewesen: die Potsdamer Volksbildung, die habe die Wohnungen für ihre Lehrer besorgt. Nun muß man sich selber kümmern und mehr noch bezahlen. 92,50 Mark einst für 60 Quadratmeter und heute 420 DM. Dann die Besoldung. Das klappt alles nicht mit dem zentralen Computer in Cottbus. Der hängt sich, überfordert, wohl langsam auf. Die Gehaltsstreifen. Für jeden einen anderen. Null-Durchblick also und entsprechend auch Null-Bock derzeit. Steuern und Versicherungen. BAT-Ost und BAT-West. Schaut doch keiner mehr durch.

Hartnäckig hält sich das Gerücht, es würden doch noch 1 000 Lehrer entlassen. Politikern glaubt man kein Wort mehr. Absatzschoner, ob die Kollegin ihr die mitbringen könnte. Das schont die Absätze beim Autofahren, erklärt die Russisch- und Englischlehrerin. Lange schon ist sie in dieser Schule. Unbehagen bereitet ihr, was Schüler da an Wände sprayen: „Fuck me und ähnlich wenig Niveauvolles."

Doch so mancher Lehrer in diesen Novembertagen würde seinem seelischen Überdruck am liebsten gleichermaßen Luft machen. Die Lehrbücher kamen viel zu spät. Improvisiert mußte werden und viel kopiert. Die neuen Rahmenpläne bieten ungewohnten Spielraum. Der aber verursacht eher Angst. „Sich als Lehrer einen Stand verschaffen, wieder schaffen." Kein einfaches Unternehmen.

Schüler und Lehrer gehen anders miteinander um. Keine Angst mehr vor der Lehrerautorität. Auch das wird mir in anderen Schulen wiederbegegnen. Schülerpower. Ungewohnt. Was der beobachtende Wessi als Fortschritt zu mehr Freiheit wohlwollend registriert, empfinden Lehrer in Potsdam – und sicher nicht nur dort – als pure Disziplinlosigkeit. Tief verunsichert im Selbstwert nun Bedauern. Keine Kopfnoten mehr, keine Betragenszensur, keine Chance mehr, über den Betrieb staatlichen Sanktionsdruck auf Eltern auszuüben. Die Lehrerschaft ähnlich abgeschmückt wie Volksarmee und Polizei. Ihr Status im Keller. Schule ist ein Raum, der sich „explosionsartig geöffnet hat", sagt der Rektor der Gesamtschule an der „Straße der Jugend". Als pädagogische Herausforderung wird das kaum betrachtet. Abwehr eher. Empörung. Keine Normen mehr. Rauchen früher ein Tabu. Nun qualmen die weiter, auch wenn der Lehrer tadelnd neben ihnen steht. „Gruß muß nicht sein. Das klemmen wir uns." Kommentar einer Pädagogin, die es anders gewöhnt war.

Provokant empfinden Lehrer dieses Schülerverhalten. Was es auch fraglos ist. Freiheit leben, Grenzen abtasten. Die Lehrer, die würden doch immer noch dieselben Methoden anwenden wie gestern. Strafarbeiten.

„Aber dadurch werden wir nur noch viel trotziger," sagt eine Schülerin, keß den Hut auf dem Hinterkopf. Phantasievoller das Schüleroutfit heute. „Wenn wir Lehrer respektieren sollen", dann müßten die erstmal lernen, „uns zu respektieren. Aber die respektieren uns nicht, lassen uns nicht ausreden."

Nicht schon wieder etwas vorgeben, von oben diktieren, will der Rektor und gerät mit dieser Hoffnung auf Selbstregulierung zwischen die Fronten. Die Möglichkeiten, die das neue Schulgesetz in Brandenburg bietet, wenige nur sehen sie, erdrückt vom Alltag, dessen Beschwerlichkeiten sich auch dem Außenstehenden bedrückend vermittelt. Als Fluchtwege dienen da Verklärung, nicht Aufarbeitung des Gewesenen. Eine gefährliche Situation.

In Königshorst, fern auf dem Land, wo Brandenburg einst dem Moor abgerungen wurde, Begegnung mit der Vergangenheit. Die alte Dorfkirche, hell restauriert von der Gemeinde. Auch damals, Mitte des 18. Jahrhunderts mußten neue Gräben gezogen, mußte das Land entwässert werden. In der Ebene konnte abfließendes Wasser nur dadurch geortet werden, daß Blätter auf das scheinbar stehende Gewässer gelegt wurden. Wohin die sich sachte bewegten, da mußte Gefälle sein. Dort wurde der Graben, die Drainage, gelegt.

Vergleichbar wohl das Landgewinnen in der Schulpolitik Brandenburgs. Stilles Gewässer des Widerstandes und der Abständigkeit. Die Bildungsministerin Marianne Birthler (Bündnis 90) spricht auch von der „Ungeduld“, vom „Maß für normale Zeitabläufe“, das den Menschen verloren ging. In einem einzigen Jahr kann nicht alles wie am Schnürchen klappen. Von einer „gut geölten Verwaltung“ kann nicht die Rede sein. 50 Mitarbeiter im Ministerium, die Schulaufsicht gerade erst im Aufbau, die neue Schulstruktur im Galopp eingeführt. „Tempo contra öffentlicher Diskussion“, ein „unlösbarer Widerspruch“ sei das, sagt Ministerin Birthler bedauernd. Figaro hier, Figaro da ... Im Zeitplan bleiben. Beschleunigung. Bester Humus für das Pflänzchen Vergessen.

Im alten Pfarrhaus in Königshorst scheint die Zeit stillzustehen. Zeit zur Nachdenklichkeit. In der warmen Küche sitzen wir. Der Kater mir zu Seite schnurrt behaglich. Kaffee wird „aufgebrüht“. Und dann erzählt die Pastorin vom Schulleben ihrer unangepaßten Kinder im realen Sozialismus.

Die Lehrer heute, die seien „besonders freundlich“ zu ihr. Damals waren sie es nicht, ließen zu, daß Schüler stellvertretend die Pfarrerskinder drangsalierten. Heute betonen alle ihre Verdienste, sagen, „was sie unseren Kindern Gutes getan haben“. Hinter den Brillengläsern blitzt es ironisch. Es gab auch Mutige unter ihnen, sagt die Pastorin mit erregt heller Stimme. Kein leichtes Leben war das. Vier Kinder. Alle durften kein Abitur machen, obwohl recht begabt. Tischler ist der eine geworden. Nun wurden ihm ohne Vorwarnung die Möbel auf die Straße gestellt. Die neuen Besitzer, die neue Zeit und neue Verletzungen.

Geklaut die Stahlhelme von den Gräbern namenloser Soldaten, die in den letzten Kriegstagen noch in Königshorst gefallen sind. Neue Verunsicherung, selbst im fernen Dorf nahe den Schlachtfeldern von Fehrbellin. Deutsche Geschichte, gebrochen, kein nahtloses Anknüpfen an gestern ist möglich, weder an neupreußischen Konservativismus, noch an sozialistisches Preußentum, nicht weniger martialisch. Schule könnte da neue

Gräben ziehen. Urbar machen. Tragfähiges Terrain abstecken. Innovationen eben aus dem Osten in den gesättigten Westen. Warum nicht.

Noch ist diese Perspektive zu ungewohnt in Zeiten des Go East. Noch sind Möglichkeiten verstellt durch Ängste, Vorurteile, Identitätsverlust, den Sündenböcken, die West- wie Ostdeutsche je nach Bedarf nun in die Wüste treiben. Die Reisefreiheit sei schon gut, hatte der Klassensprecher in Klasse 9 der Potsdamer Gesamtschule gesagt, „aber was nützt uns das, wenn wir rüberfahren, und die wollen uns da nicht haben, und wir wollen die hier nicht haben". Das sei ja „eine tolle Vereinigung." „Deutschland verrecke!" Der böse Kommentar eines Schülers auf dem Schulhof. Die Wände an frischgetünchten Potsdamer Häusern mit Haßtiraden besprayt. Linksextreme Handschrift.

Gewinner des Schulneubaus in den fünf neuen Bundesländern ist das Gymnasium. Das Helmholtz-Gymnasium in Potsdam. Die Fassade wird gerade gereinigt. Rohre werden verlegt. Der junge Stellvertreter des Rektors strahlt Optimismus aus. Freundlich empfängt er mich. Der Leiter ist einer aus dem Westen, der „glasklar" sieht, wohin „die Entwicklung gehen muß". Die neuen Schulbücher liegen bereits in Stapeln auf dem Tisch. Vom Elternwillen getragen, vollinhaltlich gleichsam, ist nur noch zu kopieren, was im Westen auch Konjunktur hat. Keine großen Reformambitionen, eher Gediegenes ist gefragt. Ihr Profil will diese Schule ausbauen hin zu Neusprachlichem und Musischem. Auch hier gibt es Probleme mit dem Kollegium, das „im Sommer in Potsdam hin-und hergewürfelt" wurde. Unsicherheit im Umgang mit der neuen Zensurenskala eins bis sechs. Unsicherheit noch, wo und wie sich Lehrer nachqualifizieren müssen. Landkarten fehlen und Geräte. Und Not auch hier mit der „Selbständigkeit", die Lehrer und Schüler „erst lernen müssen".

Und doch ist schon jetzt in diesem alten Schulgemäuer das Etablierte zu fühlen, das Exklusive, um das nun Eltern kämpfen, entschlossen, ihren Kindern wenigstens den bestmöglichen Start ins Leben zu geben, Überforderung miteingeschlossen. Die Schullandschaft wird es spalten. Der Gedanke einer gemeinsamen Schule für alle Kinder scheint auf Jahre diskreditiert im Osten der Republik. Schon symbolischen Wert hat da, daß auf der „Straße der Jugend" das Gymnasium in vollem Wichs weithin strahlt, die Gesamtschule aber eher verstohlen ein Haus weiter im Hinterhof residiert.

Noch hat das Gymnasium Konjunktur und weniger die kleine gemütliche Gesamtschule mit nur 500 Schülern von Klasse 7 bis 10. Zusammenarbeit wäre angezeigt, nicht Konkurrenz. Geplant ist sie für die gemeinsame Gymnasiale Oberstufe. Immerhin. 60 Projektstunden bietet das Gymnasium seinen Schülern zum praktischen Lernen. Stadterkundung, Historisches, Umwelt, Soziales. Das ist mehr als jedes Gymnasium im Westen auf dem Lehrplan hat, wenn überhaupt. Arbeitslehre zumindest fakultativ. Da gibt es noch Barrieren. Doch was nicht ist, kann ja noch werden. Aufmüpfiges war nicht zu spüren im Helmholtz-Gymnasium in Potsdam. Gemessen fast schritten die Schüler, so als wagten sie noch nicht selbstbewußt aufzutreten. Doch auch hier testen Schüler die Situation aus, wie es der Mitarbeiter vorsichtig ausdrückt. Auch er in Verteidigung. „Nur SED-Leute als Lehrer zu sehen“, das sei „sehr ungerecht“.

Selten noch in diesen Novembertagen 1991 Freude über weniger Gängelung, mehr Offenheit, mehr Freiheit beim Lehren und Lernen. Dabei ist sie greifbar fast. Die Grundschule in der Carl-von-Ossietzky-Straße zum Beispiel. Erste Klasse. Winzlinge beim Malen, nicht mehr brav hintereinanderhockend, sondern im Kreis. Aufstehen zwar als die Lehrerin kommt. Doch kein Pionierappell: „Melde Klasse eins ... angetreten!“ Verändert schon die Atmosphäre. Einst der „Hirsch Heinrich“ im Kindergarten, genau vorgegeben, unisono zu Papier gebracht. Nun das Rotkäppchen im Wald ganz nach Belieben komponiert. Und wer den Wolf nicht malen kann, der läßt ihn eben im windschiefen Haus. Logo. In diesen Kindermalereien sehe ich Veränderungen, mehr als Worte sagen können.

Viel Musisches soll in die Grundschule, zwei Schuljahre ohne Noten. Entspanntes Lernen. Lehrerinnen versetzt diese Unverbindlichkeit eher in Panik. Stundenkürzungen in Rechnen und Deutsch. Da würden die Kinder zu Ostern erst die Weihnachtsseite in der Fibel erreichen. Widerständigkeit und Kritik auch hier. Das war früher besser, und das haben wir doch immer schon so gemacht. Das müsse auch „gewürdigt“ werden. Verklärung und Verdrängung. Verständlich ist diese Reaktion schon. Wer läßt sich schon gerne sagen, daß alles, was er früher gemacht hat, falsch war. Um Differenzierung bittet die Grundschullehrerin zwischen den Zeilen. Die Stellvertretende Schulleiterin korrigiert das Bild ein wenig. Es war doch alles vorgeschrieben, „was in diesem Schuljahr zu machen war“.

Noch gibt es in dieser Grundschule einen Hort. Die kleinen Betten in den Klassenräumen. Überbleibsel aus SED-Zeiten, in denen hier eine Polytechnische Oberschule arbeitete. Die Gerhard-Hauptmann-Schule ist nun zur sechsjährigen Grundschule geschrumpft. Orientierungsnöte der Lehrer, die einst die oberen Klassen unterrichteten. Karg die Ausstattung. Klassen mußten ausgelagert werden. Kunsträume fehlen und eine große

Turnhalle. Der Hof asphaltiert und phantasielos wie Schulhöfe eben so sind in Ost wie West.

Zwei Eimer Wasser schleppt die Lehrerin in die Malstunde. Denn Waschbecken fehlen in den Klassenräumen. Die Lehrer als Wasserträger der alten oder der neuen Zeit? Noch ist das nicht ausgemacht. Auf „Margotsburg", in DDR-Zeiten schon so genannt, hat das Pädagogische Landesinstitut Ludwigsfelde mit seiner schwierigen Aufgabe begonnen, Lehrer aus Versponnenheit und Blockaden herauszuhelfen, ihnen durch Fortbildung die Augen zu öffnen für die Chancen ihres veränderten Berufes. Fast ein wenig verschämt, aber sichtlich begeistert, zeigt mir die Lehrerin der 1. Klasse ihre neuen Arbeitsblätter, mit denen Kinder selbständig arbeiten können. Die gab es früher nicht.

„Licht am Ende des Tunnels." Das Potsdamer Kabarett Am Obelisk hatte sein Programm nicht mit einem Fragezeichen versehen.

Umwege

Schule kann immer nur Anstöße geben. Ein Anton Reiser der Gegenwart

„Man muß sich von sich selbst trennen, um sich wiederzugewinnen",[1] sagt Michel de Montaigne, Erforscher des Ich auf der Grenze zwischen Mittelalter und Neuzeit. Seine Essays sind Versuche einer Selbstergründung und Selbstfindung. Auch der Maler Hans Karbe hat in seinem Leben Umwege machen müssen, mit 71 Jahren schließlich hat er „sich wiedergewonnen". Ein moderner Anton Reiser auf der langen Reise zu sich selbst.

„Meine Mutter war etwas musisch", erzählt er, „mein Vater war es gar nicht. Wenn ich als Kind etwas Hübsches gezeichnet hatte, dann lächelte er nur und sagte: Brotlose Künste! Ich glaubte ihm das auch." 1988 wurden seine Bilder im Bahnhof Rolandseck nahe Bonn ausgestellt, Endpunkte eines vielschichtigen Lebens, das schließlich doch in der Malerei mündete.

Hans Karbe wurde 1905 in London geboren. Seit über 40 Jahren lebt er in der Schweiz. Sein Lebensweg ist anders verlaufen, als in seiner Herkunft angelegt: Er paßt sich an. Die väterliche Norm prägt ihn. „Man muß ordentlich sein, man muß Dinge wissen, man muß später Geld verdienen!" Folgerichtig macht er eine Ausbildung zum Exportkaufmann in Berlin und arbeitete dann in einer großen Bank. Täglich liest er den Kurszettel und spürt doch schon: „So kann es auf die Länge nicht weitergehen. Ich wollte ausbrechen, wußte aber nicht, wohin. Das war alles ganz unfertig."

Die Ökonomie, das Kaufmännische, fesselt ihn im eigentlichen Sinn des Wortes. Aber es sponsert ihn auch, würde man heute sagen. Denn durch Zufall gelingt es ihm 1929 vor dem „Schwarzen Freitag", seine Ersparnisse günstig in Aktien anzulegen. „Ich war der einzige, der lachte in Berlin an diesem Tag." Hans Karbe sieht nun die Möglichkeit, seinen Beruf zu wechseln. Er holt sein Abitur nach und studiert Soziologie, Psychologie, Germanistik, Kunstgeschichte. Nach Jahren der Einseitigkeit greift er zu, saugt sich voll. Bildung als Sicht- und Blickerweiterung. Doch noch ist verdeckt, was er als das Eigentliche seines Lebens erkennen sollte: die Malerei.

1933. In der Vossische Zeitung schreibt er Kritisches über die braunen Rowdies an den Hochschulen. Er muß Frankfurt verlassen, beendet sein Studium an einer kleinen Universität mit einer Dissertation über Palladio.

Im Gespräch mit dem heute 86jährigen wird klar: Das war kein Versteigen in ein bildungsbürgerliches Wolkenkuckucksheim. Er bleibt ein kritischer und aufmerksamer Beobachter der Ereignisse, lebt künftig in einer intellektuellen-künstlerischen Atmosphäre mit Schauspielern und Filmemachern. In Hagen führt er Regie, macht Dramaturgie, wird aber bald wieder entlassen. „Ich hatte nicht die richtige Gesinnung.“ Er geht nach Berlin, arbeitet an einer neuen Zeitschrift für Kunst, Theater, Film, schreibt Kritiken und schreibt sie keineswegs systemkonform. Auch das ein Schritt zu seinem Ziel, von dem er im Nachhinein sagt: „Ich wußte nicht, was dieses Ziel war. Aber ich war auf dem richtigen Wege.“

Der Zweite Weltkrieg. Karbe arbeitet in der Filmstelle der Luftwaffe. Die UFA wird auf ihn aufmerksam. Vom Alltag im NS-Staat erzählt Karbe über das Leben auf zwei Ebenen, von Mißtrauen, Angst, aber auch von Solidarität der ihm Gleichgesinnten geprägt. Hans Karbe ist auch ein Zeitzeuge. Auf seinem Weg begegnet er dem Schriftsteller Jochen Klepper, versucht ihm beizustehen in der zermürbenden Isolation eines Mannes, der mit einer Jüdin verheiratet war und sich nicht von ihr und ihrem Kind trennen will. Fluchtversuche enden schließlich in Resignation und Selbstmord der Familie Klepper. „Die Nazis haben in mir eine Wunde hinterlassen“, sagt Hans Karbe heute, „und Bitterkeit“. Doch seine Aquarelle sprechen eine andere Sprache. Sie strömen Ruhe aus, eher Gelassenheit und auch etwas grundständig Demokratisches in der Gleichgewichtigkeit und Gleichwertigkeit zweier Steinhälften. Anerkennung von Individualität, Achtung vor Verschiedenheit. So empfinde ich diese Zeichnungen.

Noch aber ist Hans Karbe auf dem Weg. Und er führt ihn wieder zurück in die Ökonomie, in das Kaufmännische. In der Schweiz leitet er nach dem Krieg 30 Jahre lang einen Textilbetrieb seiner Familie. Schon da freilich das Skizzenbuch immer in der Tasche neben den Kalkulationen und Renditen. Und wieder ist diese scheinbare Blockierung ein wesentliches Teilstück seines Weges zum Maler. Denn was ihn ablenkt von der Malerei, führt ihn wieder zu ihr hin.

Auf seinen Reisen nach Japan kommt er in Berührung weniger mit der explosiven High-Tech-Kultur Nippons als vielmehr mit seinen geistigen Traditionen.

Ein japanischer Freund ist es auch, der seine subtile Darstellung einer scheinbar starren Materie beachtenswert findet. Hans Karbe stellt seine gezeichneten Steinfigurationen zuerst in Japan aus. Mit 71 Jahren schließlich, wendet er sich ganz der Malerei zu. Steine fesseln ihn, Steine in zarten Naturfarben, durchwoben von Adern und Linien. Wie ein Geologe bricht er sie auf, um ihre innere Struktur zu entdecken. „Steine faszinieren mich. Es sind nicht nur natürliche Steine. Sie kommen aus anderen Ebenen, haben aber immer auch etwas mit der Natur zu tun, auch wenn sie noch so phantasievoll sind.“

„Gemeinsam durch Tag und Nacht“, „Über das Positive“, „Gespräch über das Leben in der Eiszeit“, „Gespräch über Solidarität“ – so nennt er seine zarten Aquarelle auf Japanpapier. Kunst übersetzt Wirklichkeit und schafft Wirklichkeit, neue Sichtweisen und Blickwinkel. Der politische Mensch und Künstler Karbe hat sich nicht im Ästhetizismus verloren. Er geht in Gefängnisse, spricht mit Menschen, die vom Wege abgekommen sind. „Wenn man mit ihnen redet, kann man sie herausretten“.

Aus Einsamkeit und Isolation auch. Aus diesen Gesprächen, „die mir sehr wichtig waren, hat sich auch in meinen Bildern das Gespräch entwickelt“. So also ergaben sich „Gespräche zwischen Steinen“. Kunst auch als Versuch, die Sprachlosigkeit zwischen Menschen zu durchbrechen. „Was ich male, hat nichts zu tun mit dem Kopf, sondern ist eher eine Aussage des Herzens, des Empfindens“.

Nachdenklich werden soll der Betrachter, nach innen hören, Schlagworte ablegen.

„Ich glaube nicht, daß ich die Welt retten kann mit meinen Bildern. Aber nachdenklich machen. Das hilft – vielleicht.“

Ein Lebensweg, in sich schließlich doch abgerundet. „Man muß sich von sich selbst trennen, um sich wiederzugewinnen“. Lange vor Freud und Psychoanalyse, im 16. Jahrhundert schon, kommt der französische Philosoph Montaigne zu dieser Einsicht. Das Leben – ein Versuch, zu sich selbst zu finden. Dem Maler Hans Karbe scheint dieser „Essay“ gelungen zu sein.

Spurensuche

Was läge näher, als darüber nachzudenken, ob das, was wir lernen müssen, auch das ist, was wir lernen sollten

Die erste Etappe meiner Recherche: Bis Hamm geht es flott voran mit dem Intercity. Dann umsteigen. Über Lippstadt, Geseke fahre ich hinein in eine topfebene Landschaft. Straßen haben noch Kurven. Wäsche hängt auf der Leine. Kleinbetriebe. Und immer wieder Halden von Autowracks. Industriemüll. Zeitzeichen.

Mittendrin in der Provinz hat die Zukunft schon begonnen. Paderborn ist geprägt von der Computerproduktion. Größter Arbeitgeber vor Ort Nixdorf. Inzwischen hat sich ein anderer Großkonzern darüber gestülpt. Nicht nur ein anderer Name, Arbeitsplätze mußten „freigemacht" werden, wie man Entlassung und Arbeitslosigkeit freundlich zu nennen pflegt.

1988 erzählte mir ein Vorstandsmitglied von der Expansionskraft dieser Wachstumsbranche: Verarbeitungsgeschwindigkeit steigend, Übertragungsleistung zwischen Rechenanlagen steigend, Variabilität von Software steigend. „Man kann grob sagen, daß sich die Speicherkapazität alle drei bis vier Jahre verdoppelt. Die leistungsfähigsten Computer heute bewegen sich im Bereich von 100 Millionen Rechenoperationen pro Sekunde." Dies mag nach drei Jahren, die seit meinem Besuch vergangen sind, bereits schon überholt sein. Tut nichts zur Sache. Die nämlich ist klar: Beschleunigung.

1988. Es war die Zeit, als die Kultusminister, damals noch elf, sich zerrieben in der Frage, was „Allgemeinbildung" sei. Um die Reform der Reform ging es, die Gymnasiale Oberstufe. Nach langem Kreißen des Berges, dann die Geburt einer Maus. Sprachen, Naturwissenschaften, Mathematik, Deutsch und Geschichte, das sei es, was den gebildeten Menschen ausmache. Doch nur das? Da trieb mich nun auch die Frage um, ob Kenntnisse in diesen Fächern allein Bildung 2000 sei. Was muß der Mensch denn außerdem noch lernen im Computerzeitalter?

Ich war gespannt auf das Gespräch mit den Lehrlingen in Paderborn. An der Pforte des klinisch sauber wirkenden Glasgebäudes eine Verzögerung. Die junge Frau am Eingang versucht vergeblich, dem Computer die Identifikationsdaten des Abteilungsleiters zu entlocken. Der ist auf dem Monitor nicht aufrufbar, in der Maschine also nicht vorhanden, obwohl er doch leibhaftig neben mir steht. Moderne Times. Ein Vorgeschmack auf mögliche Pannen im perfekten System der Datenerfassung. Dank menschlicher Nachhilfe und im Vertrauen auf den Augenschein dürfen wir schließlich passieren.

Drinnen die aseptische Welt der Elektronik. Propere Azubis, gut gestylte Yuppis, künftige Young Urban Professionals. Sie führen mich durch eine Lernwelt, die morgen schon für viele Jugendliche Wirklichkeit sein wird. Durch kahle, künstlich beleuchtete Gänge gehen wir. Luftbefeuchter stoßen rhythmisch zischend Wasserdampf aus. In hell erleuchteten Glaskästen hantieren Lehrlinge an den Innereien einer Maschine, die fremd und abweisend auf mich wirkt. Meine Allgemeinbildung enthielt dergleichen noch nicht.

Das Rechenzentrum. Kaufleute werden dort ausgebildet, die nicht Klamotten, sondern Hard- und Software an Mann und Frau bringen sollen. Eine neue Sprache, ein neues technisches Denken nach den Gesetzen der Maschine wird trainiert. Am Monitor eine junge Frau, die mir erzählt, daß Frauen im Vertrieb keine großen Chancen haben. Die Kundenakzeptanz, die sei bei Frauen nicht so da. Der Verkauf von Computern ist Männersache. Und Mädchen haben noch Berührungsängste. Da gibt es offensichtlich noch eine Menge männlicher Vorurteile. Beides ergänzt sich prächtig.

Selten sehe ich Lehrlinge allein hantieren. Was Industriesoziologen als künftig selbstverständlich voraussagen, wird hier schon in der Ausbildung sichtbar: die Arbeit im Team, in der Gruppe. Die Komplexität der intelligenten Maschine führt zu neuen Arbeitsstrukturen, weniger arbeitsteilig als früher. Fachkenntnisse, Spezialkenntnisse. Sicher. Aber auch analytisches, logisches Denken sei gefordert, viel Flexibilität und vor allem Teamarbeit, heißt es. Handwerkliche Fertigkeiten alleine reichen nicht mehr. In einem Glaskasten der Werkhalle die Facharbeiter von morgen. Sie planen, steuern, warten die Maschine, fern vom Werkstück. „Humanisierung der Arbeitsplätze", belehrt mich ein Azubi, nicht mehr in Dampf und Hitze stehen. „Aber auch der Mensch wird weghumanisiert," wage ich einzuwerfen. Nein, der arbeite jetzt dort, nicht an der Maschine. Wahrnehmungsstaus in exklusiver Karriere?

Technische Zusammenhänge kennenlernen. In dieser Welt neuer Produktionen wird mir klar, daß Allgemeinbildung weit mehr ist als Fachkenntnisse. Kritisch sahen die Lehrlinge ihre Schulzeit. In der Schule sei zuviel „Konkurrenzkampf". Einer will besser sein als der andere. Hier im Betrieb aber sei die Teamarbeit stark.

Erster Azubi im Originalton:

„Ich glaube, die Schule hat wirklich die Aufgabe, sie muß den Menschen nach allen Seiten hin öffnen. Und dadurch entsteht eine Urteilsfähigkeit, entsteht eine Kritikfähigkeit."

Zweiter Azubi im Originalton:

„Was sicher wichtig ist, daß Kritikfähigkeit und Urteilsfähigkeit geschult werden in der Schule, und daß dieser Prozeß speziell in der Oberstufe intensiviert werden sollte durch Projektarbeit und durch Gemeinschaftsarbeiten, wie sie wesentlich stärker jetzt hier in der Ausbildung vollzogen werden als in Schule und Studium."

Das große „Plus" seiner Ausbildung sei, „daß wir in vielen Projekten und gemeinsamen Aufgaben uns an Sachen herantasten." Das sei durch reine Theorieschulung nicht zu machen. Das sei ein spezieller „Erfahrungschatz", den man nur „in der Gemeinsamkeit", in der „gemeinsamen Arbeit erfährt. Daß man mal sagt, jetzt der hat auf dem Gebiet etwa größere Stärken. Er leitet die Gruppe jetzt mal. Daß man auch mal so ein Rollenverhalten durchspielen kann und daraus lernt. Und das ist etwas, was die Schule ein bißchen wenig bringt, was ich mir wünschen würde."

Diese Worte in jedes Schulmanns und Schulverwalters Ohr. Nicht Stoffhuberei also, sondern lernen, zusammen etwas fertig zu bringen. Teamarbeit. Solange Schule hier nicht umdenkt, weg von den Löschpapierhochhaltern, den Einzelkämpfern, solange arbeitet sie wohl nicht zeitgemäß, ist geradezu contraproduktiv. Die Gefahr ist groß, daß auf diese Weise exklusive „Bildungsrepubliken" entstehen wie die in Paderborn, weil der Abstand zwischen Schule drinnen und den Anforderungen draußen immer größer wird.

Ich verlasse den Konzern, dessen Produkte die Zukunft im Privaten wie im Öffentlichen, in Familie wie im Betrieb, prägen und verändern werden, bereits verändert haben. Auf meiner Spurensuche nach einer neuen Allgemeinbildung bin ich ein Stück weitergekommen. Schule braucht mehr Teamgeist und sollte ihn allen Kindern vermitteln, unabhängig von Herkunft und Geldbeutel. Das unterscheidet sie von diesem Konzern und seinen handverlesenen Jugendlichen. An der Pforte, am Ausgang, erfreut uns die junge Frau mit der Nachricht, daß man den verlorengegangenen Abteilungsleiter wiedergefunden habe. Allgemeine Erleichterung.

Ein Stück Bildung 2000 habe ich gesehen. Frage mich aber zugleich, ob Bildung im Computerzeitalter nur Anpassung an die Erfordernisse der Maschine sein kann und an die, aus Sicht der Verkäufer, sicher legitimen wirtschaftlichen Interessen.

Experten beschwichtigen. Die Maschine bleibe letztlich ein Instrument, das von Menschen genutzt wird. Doch wird ihre Logik und Systematik nicht auch Verhalten und Denken prägen? Und gilt es dann nicht gezielt auch Widerstandskraft zu stärken, Eigenwilligkeit und Selbstbewußtsein? Wo aber geschieht das in einer Schule, die junge Menschen nach Maßgabe ihrer Speicherfähigkeit, sprich ihrer Gedächtnisleistung, sortiert, weniger ihre Phantasie, Kreativität und Initiative herauslockt? Ein Hersteller von Software hatte mich belehrt. In absehbarer Zeit würden die Systeme so kompliziert sein, daß nur einige tausend Experten auf der Welt noch den Durchblick haben. Nicht Technikgläubigkeit ist angezeigt, sondern die Fähigkeit, einen kühlen Kopf zu behalten. „Kurs auf den Eisberg“ nennt der amerikanische Informatiker Josef Weizenbaum seine Zweifel an der Wissenschaftsgläubigkeit unserer Zeit. Ist der Kurs noch zu ändern? Und wie müssen junge Menschen in der Schule schon navigatorisch vorbereitet werden, um dieser Entwicklung noch gegensteuern zu können? Gründliches Nachdenken vermisse ich bei verantwortlichen Politikern und Bildungsforschern.

Fast sieht es so aus, als wären die Sozialpartner da schon ein Stück weiter im Nachdenken. Die nächste Station meiner Spurensuche: Ich fragte bei den Arbeitgebern nach. Auch sie hatten sich Gedanken gemacht über Allgemeinbildung im Jahr 2000 und sich 1987 schon mit etlichen Thesen dazu zu Wort gemeldet. Teamfähigkeit und Kooperationsfähigkeit müßten im Vordergrund von Schule und Ausbildung stehen. These fünf der Bundesvereinigung Deutscher Arbeitgeberverbände klingt einleuchtend: Die Allgemeinbildung des Menschen sei auf seine Ganzheit ausgerichtet. Sie müsse wissenschaftsorientiert sein und zugleich zur Bewältigung konkreter Lebenssituationen beitragen, müsse Kreativität und Durchblick zugleich vermitteln und selbstredend Persönlichkeitsbildung. Wer wollte dem nicht zustimmen. Freilich köchelt derzeit die Weiterbildung von Arbeitnehmern eher auf Sparflamme, besonders die politische Weiterbildung.

Und die Gewerkschaften?

Auch sie fordern Teamgeist. Inhalt und Form der Lernens müßten sich „radikal“ ändern, meinte der Vertreter der IG-Metall. „Jemand der nicht gelernt hat, gemeinsam Probleme aufzugreifen und zu Lösungen zu bringen, ist weder ein Demokrat, noch kann er in Zukunft als einzelner in der Lage sein, sein Leben individuell zu gestalten.“

Ende also der alten Paukschule? Die aber wird von Eltern immer wieder eingefordert. Alles konzentriert sich auf den Abschluß. Hauptsache der wird erreicht. Auf welche Weise, ist uninteressant. Jede Stunde wird der Schule nachgerechnet, die im Fachunterricht ausfällt. Allgemeinbildung ist, was Schule an Fächern und in Fächern vermittelt. Doch reicht das alleine aus?

Ich habe auch die Literatur durchforstet. Gab es denn jemals den „allgemeingebildeten Menschen“, dessen Verlust besonders deutsche Professoren heute lauthals beklagen? Bildungswege großer Schreiber zum Beispiel verlaufen eher unregelmäßig, sonderbar planlos. Sie führen hierhin und dorthin. *Theodor Fontane* beschreibt es unverblümt in seinen Jugenderinnerungen. Nur zu einer kurzen Stippvisite tritt er ins Gymnasium ein, und verläßt es bald wieder fluchtartig. Durch gezieltes Schuleschwänzen, in Cafés und aus Zeitungen hat er sich weitergebildet. Und er kommt zum Schluß:

Hätte ich statt dessen pflichtgemäß meine Schulstunden abgesessen, so wäre mein Gewissen zwar reiner geblieben, aber mein Wissen auch, und auf dem ohnehin wenig beschriebenen Blatte meiner Gesamtgelehrsamkeit würd auch das wenige noch fehlen, was ich dem „Freimütigen", dem „Gesellschafter" und dem „Figaro" von damals verdanke. Mein Vater, wenn ihm meine Mutter vorwarf, er habe alles bloß aus dem Konversationslexikon, antwortet regelmäßig: „Es ist ganz gleich, wo man es her hat." Und dieser Ansicht möchte ich mich anschließen."[1]

Ähnliches wird von Thomas Mann berichtet. Bildungskarrieren dieser Art haben mich zweifeln lassen an einer festbetonierten Allgemeinbildung, die von oben verpaßt wird, ohne Chance, sie immer wieder an der Wirklichkeit zu erproben und zu verändern.

„Das gehört jetzt nicht hierher." Gängige Lehrerantwort in deutschen Schulen, wenn Schüler quer-, voraus- oder zurückdenken wollen. Gerold Becker, lange Zeit Leiter der Odenwaldschule, eines Reforminternats nahe Heppenheim, sieht die Ursache aller Not und Umweltbeschwerden in diesem „Das-gehört-jetzt-nicht-hierher-Denken", das nicht nur Schule, auch Hochschule, auch berufliche Bildung beherrscht. An einem Beispiel macht er die Folgen deutlich: Architekten zum Beispiel, die darauf gedrillt wurden, einerseits nur technische, andererseits nur ästhetische Probleme perfekt zu lösen, sind „gefährliche Architekten", weil sie nicht die soziale und psychologische Auswirkung ihres Bauens berücksichtigen. „Und solche haben zu großen Teilen unsere Trabantenstädte gebaut. Nicht weil es böse Menschen waren, sondern weil sie vollkommen unaufgeklärt und unfähig waren, über die Grenzen ihres technischen oder ästhetischen Problems hinwegzudenken."

Vom „Zerhackerprinzip" spricht der Vorsitzende des größten deutschen Lehrerverbandes, des VBE, Wilhelm Ebert:

„Das beginnt mit der Einteilung in Fächer. Da wird der Mensch einmal biologisch, einmal psychologisch, einmal theologisch usw. betrachtet. Dann geht es hinein in den Zeitablauf. Da ist eine Stunde Mathematik und die nächste Physik und die dritte ist Griechisch und dann wieder Turnen.

Und das alles hat nichts miteinander zu tun." Zerhackt wird nach Noten. Da werde eine „irgendeine unwahrscheinlich komplexe Leistung unter Umständen ein noch komplexerer Aufwand für die Leistung, den man gar nicht prüfen kann, in Ziffern ausgedrückt und womöglich noch mit einer Ziffer mit Kommastelle". Wahnwitz. Doch es hat Methode. Wen wundert es da noch, wenn Kinder um sich schlagen.

Allgemeinbildung im Computerzeitalter? Ein Korb voller Wissenssplitter? Wer heute etwas lernt, weiß nicht, ob er es morgen noch gebrauchen kann. Neue Lebensformen treten an die Stelle alter vertrauter Routineabläufe auch im Lernen. Das bringt Freiheit zu wählen, aber auch die Not, zu entscheiden. Bildung als Kompaß wird nötiger denn je.

Es war der *Club of Rome*, ein buntgemischtes Denkerforum, das schon in den siebziger Jahren über das Lernen an der Wende zum 21. Jahrhundert nachdachte. Die rücksichtslose Ausbeutung der Natur zeichnete sich bereits deutlicher ab. Die Forderung des internationalen Clubs:

> *Ein guter Lehrer muß zukunftsorientiert sein. Die besten Lehrer sind diejenigen, die Sinn für die Zukunft entwickelt haben und dies auch weitervermitteln können. Im Augenblick jedoch wird die veränderte Welt von morgen, die am Horizont sichtbar wird, noch zu wenig berücksichtigt.*[2]

Das schrieben die Auguren des Club of Rome schon 1979, lange vor Tschernobyl. 1991 bleibt dieses Lernziel höchst aktuell. Denn wahr ist nach wie vor:

> *Unsere Lernprozesse hinken erschreckend hinter den Erfordernissen her und bereiten weder das Individuum noch die Gesellschaft darauf vor, den Anforderungen, die globale Probleme an uns stellen, zu genügen.*[3]

Allgemeinbildung heute hat wenig Bildungsbürgerliches mehr, ist kein Feierabendthema. Es ist höchst brisant. Und es kann nicht nur theoretisch angegangen werden. Beispiele haben gezeigt: Das Riesenabenteuer Bildung hat in manchen Schulen schon begonnen. Und so mancher Schulleiter und Lehrer trainiert sich ganz gezielt im Überspringen des eigenen Schattens.

Körper- und Seelenertüchtigung gegen Streß und burn-out, gegen Ausgebranntsein. Es sind noch wenige Oasen in der Wüste einer Schullandschaft. Noch begnügen sich Öffentlichkeit und Medien mit allgemeinem Lamento über die Untauglichkeit unserer Lehranstalten. Ein Schülergraffiti aber trifft den Kern: „Alle reden über Schule, aber keiner tut etwas dagegen.“

Wo also findet sie statt, die große Diskussion über das, was der Mensch lernen muß im Computerzeitalter? Wo sind die Politiker, die Bildungspolitik aus ihrer Randständigkeit befreien? Wo die Finanzminister, die Investitionen für Bildung als eine Investion in die Zukunft betrachten – für den Einzelnen wie für die Gesellschaft. Begegnung mit der Analphabetin Marka im Winter 1978. Hoffnungsvoll sagte sie mir damals:

„Und ich finde, da sollen sie jetzt auch richtig am Ball bleiben. So wie es jetzt ist, so soll es auch bleiben. Ich finde, wenn der Mensch will, dann kann er es auch machen. Es kommt ja immer darauf an, wenn der Mensch nicht will, nichts lernen will, da kann man auch nichts reinkriegen. Aber die wollen ja. Das sehen Sie an uns. Ich bin jetzt 30 Jahre alt, und ich will ja noch lernen. Mein Ältester, der geht jetzt auf das Gymnasium. Da könnte ich auch sagen: Ich brauche es jetzt nicht mehr zu lernen, die Kinder können es. Daran merkt man doch, man will es und ist wißbegierig. Der Staat soll sich doch freuen, daß man lernt.“

Den Elan der siebziger Jahre, unterfüttert mit den Einsichten von heute, den wünsche ich mir.

Bibliographie

Begegnung mit Marka

1 Ernst Toller: Eine Jugend in Deutschland, Hamburg 1963, S. 16
2 Heinrich Mann: Der Untertan, Roman, München 1971, S. 10
3 ebenda, S. 11

Die Stimme aus dem Turm

1 Vom Schaukel der Dinge. Montaignes Versuche. Ein Lesebuch von Matthias Greffrath, Berlin 1984, S. 203 f.
2 ebenda, S. 204
3 ebenda, S. 204
4 ebenda, S. 203
5 ebenda, S. 99
6 ebenda, S. 215
7 ebenda, S. 215
8 ebenda, S. 212
9 Katharina Rutschky: Deutsche Schul-Chronik. Lernen und Erziehen in vier Jahrhunderten, München 1991, S. 48

Eine Bildungsreise

1 Karl Philipp Moritz: Anton Reiser. Ein Psychologischer Roman, Frankfurt am Main 1979, S. 9
2 ebenda, S. 15
3 ebenda, S. 52
4 ebenda, S. 55
5 ebenda, S. 64
6 ebenda, S. 64
7 ebenda, S. 129
8 ebenda, S. 196
9 Stefan Zweig: Die Welt von Gestern. Erinnerungen eines Europäers, Frankfurt am Main 1970, S. 34
10 Anton Reiser, S. 252
11 Stefan Zweig, S. 33

Der Aufbruch

1 Ellen Key: Das Jahrhundert des Kindes, Königstein/Ts. 1978, S. 50
2 ebenda, S. 95
3 Frankfurter Rundschau, Nr. 182, Hannegret Biesenbaum: Jena erinnert sich an „seinen“ Pädagogen, Donnerstag, 8.August 1991

Zeitzeugen

1 Michael Balfour: Viermächtekontrolle in Deutschland 1945–1949, S. 347 f.
2 Erich Weniger: Die Epoche der Umerziehung 1945–1949. Herman Nohl zum 80. Geburtstag, Sonderdruck aus „Westermanns Pädagogische Beiträge“, 11./12. Jahrgang, Heft 10/1959, Heft 12/1959, Heft 1/1960, Heft 2/1960, S. 24
3 Michael Balfour, S. 351
4 Caspar Kuhlmann: Schulreform und Gesellschaft in der BRD 1946–1966. Texte und Dokumente zur Bildungsforschung, Stuttgart 1970, S. I /84
5 Die Sammlung, 3. Jahrgang 6. Heft, Göttingen/Juni 1948, K.V. Müller: Begabung und Begabungseigenart im schulischen Nachwuchs. Erster Bericht über die Niedersächsische Begabtenuntersuchung nach den Ergebnissen der Auszählung des Regierungsbezirks Hannover, S. 360 f.
6 ebenda, S. 369

Feuerzangenbowle

1 Klaus Hurrelmann: Streß in der Schule. Symptome – Ursachen – Lösungsansätze, Referat für den Deutschen Lehrertag in Kassel, September 1991, S. 3
2 Caspar Kuhlmann: Schulreform und Gesellschaft in der Bundesrepublik Deutschland 1946–1966, Stuttgart 1970, S. 1/64
3 ebenda, S. 1/12
4 Jugend zwischen 15 und 24. Zweite Untersuchung zur Situation der

deutschen Jugend im Bundesgebiet, Emnid-Institut für Meinungsforschung, Bielefeld 1955, S. 59

Rufer in der Wüste

1 Georg Picht: Die deutsche Bildungskatastrophe. Analyse und Dokumentation, Olten und Freiburg im Breisgau 1964, S. 87
2 ebenda S. 30 f.
3 ebenda S. 25
4 ebenda S. 35

Von unten gesehen

1 Klaus Hurrelmann: Streß in der Schule. Symptome – Ursachen – Lösungsansätze, Referat für den Deutschen Lehrertag 1991 in Kassel, September 1991, S. 3

Ein Kapitel für sich

1 Christoph Meckel: Suchbild. Über meinen Vater, Düsseldorf 1980, S. 55
2 ebenda, S. 110 f.
3 Peter Härtling: Nachgetragene Liebe, Darmstadt und Neuwied 1980, S. 21 f.
4 Morton Schatzmann: Die Angst vor dem Vater. Langzeitwirkungen einer Erziehungsmethode. Eine Analyse am Fall Schreber, Hamburg 1978, S. 25
5 Elias Canetti: Masse und Macht, Frankfurt am Main 1992, S. 338
6 A. S. Neill: Theorie und Praxis der Antiautoritären Erziehung. Das Beispiel Summerhill, Hamburg 1969, S. 123

Jenseits der Mauer

1 Jutta Wilhelmi: Jugend in der DDR, Berlin 1983, S. 36
2 ebenda, S. 36

Ein baufälliges Haus

1 Hans-Günter Rolff, Klaus Klemm u.a.: Jahrbuch für Schulentwicklung. Daten, Beispiele und Perspektiven, Band 5, Weinheim 1988, S. 16
2 Herwig Blankertz: Die Geschichte der Pädagogik. Von der Aufklärung bis zur Gegenwart, Wetzlar 1982, S. 63
3 Uwe Göbel: Was Ausbilder fordern – was Schüler leisten. Ergebnisse einer repräsentativen Befragung von Ausbildern, Köln 1982, S. 83
4 Hurrelmann a. a. O., S. 22/23
5 Ludwig von Friedeburg: Bildungsreform in Deutschland. Geschichte und gesellschaftlicher Widerspruch, Frankfurt am Main 1989, Der Kampf um die Grundschule, S. 219
6 ebenda, S. 231

Von der Hand in den Mund

1 Klaus Klemm u. a.: Bildungsgesamtplan 90. Ein Rahmen für Reformen, Weinheim und München 1990, S. 91
2 ebenda, S. 93
3 ebenda, S. 96 und S. 125
4 ebenda, S. 102
5 ebenda, S. 153
6 ebenda, S. 109
7 Klaus Klemm, Wolfgang Böttcher u. a.: Bildungsplanung in den neuen Bundesländern, Weinheim 1992, S. 207
8 ebenda, S. 208
9 Institut für Schulentwicklungsforschung (IFS), Universität Dortmund. Repräsentativumfrage in den neuen Bundesländern vom Oktober 1991
10 Georg Picht: Die Deutsche Bildungskatastrophe, a. a. O., S. 87

Musterkinder – Kindheitsmuster

1 Philippe Ariès: Geschichte der Kindheit, München 1975, S. 32
2 Klaus Hurrelmann: Streß in der Schule. Symptome – Ursachen – Lösungsansätze, Referat für den Deutschen Lehrertag, 1991 in Kassel
3 Neil Postman: Das Verschwinden der Kindheit, New York 1982
4 Ulf Preuss-Lausitz, Tobias Rülcker, Helga Zeiher (Hrsg.): Selbständigkeit für Kinder – die große Freiheit? Weinheim und Basel 1990, S. 13

Knast meiner Jugend

1 Das kleine rote Schülerbuch. Erweiterte und völlig überarbeitete Neuauflage, Frankfurt am Main 1971, S. 18
2 ebenda, S. 16
3 ebenda, S. 16 f.
4 ebenda, S. 138
5 ebenda, S. 36
6 Lewis Carroll: Alice im Wunderland, Insel Taschenbuch 42, 1973, S. 93
7 Karl Philipp Moritz: Anton Reiser a. a. O., S. 176

Machen feinere Strafen feinere Menschen?

1 Morton Schatzmann: Die Angst vor dem Vater. Langzeitwirkungen einer Erziehungsmethode. Eine Analyse am Fall Schreber, Hamburg 1978, S. 36
2 Pädagogisches Lexikon in zwei Bänden, Hrsg. von Horney, Ruppert, Schultze, Scheuerl, Gütersloh 1970, Band 2, S. 1129
3 Janusz Korczak: Wie man ein Kind lieben soll, Göttingen 1971, S. 156

Das Hütchenspiel

1 Der Spiegel, Nr. 34, 45. Jahrgang, Hamburg, 19. Juli 1991, S. 77
2 Klaus Sochatzy: „Wenn ich zu bestimmen hätte …“. Die Erwachsenenwelt im Meinungsspiel von Kindern und Jugendlichen. Eine empirische Bestandsaufnahme, Weinheim 1988, S. 137
3 Johannes Beck, Heiner Boehncke: Jahrbuch für Lehrer 1979, Hamburg 1978, S. 279
4 Klaus Klemm u. a.: Bildungsgesamtplan 90. Ein Rahmenplan für Reformen, Weinheim und München 1990, S. 95
5 Stephen Jay Gould: Der falsch vermessene Mensch, Basel – Boston – Stuttgart 1983, S. 258

Sichtweisen

1 Haushaltsplan für den Geschäftsbereich des Kultusministers für das Haushaltsjahr 1990/91 (Nordrhein-Westfalen), Band 5
2 Michel de Montaigne a. a. O.: Essay: Über die Kindererziehung, S. 210
3 Klaus Mollenhauer: Vergessene Zusammenhänge. Über Kultur und Erziehung, München 1983, S. 98
4 ebenda, S. 52 f.

Der Fluß

1 Wilhelm von Humboldt: Ideen zu einem Versuch, die Grenzen der Wirksamkeit des Staates zu bestimmen, in: Werke in fünf Bänden, Hrsg. Andreas Flitner, K. Giel, Darmstadt 1964, Band 1, S. 164

Das Kopftuch

1 Theodor Adorno: Erziehung zur Mündigkeit. Vorträge und Gespräche mit Hellmut Becker 1959–1969, Hrsg. v. Gerd Kadelbach, Frankfurt am Main 1971, S. 92

Zeitzeichen

1 Sten Nadolny: Die Entdeckung der Langsamkeit, Roman, München/Zürich 1983, S. 9
2 Jean-Jacques Rousseau: Die Bekenntnisse, Berlin 1920, S. 95
3 Heide Bambach: Erfundene Geschichten erzählen es richtig. Lesen und Leben in der Schule, 1989, S. 271
4 ebenda, S. 264

Umwege

1 Vom Schaukeln der Dinge, Montaignes Versuch. Essay: Von der Einsamkeit, a. a. O., S. 21

Spurensuche

1 Theodor Fontane: „Von Zwanzig bis Dreißig“. Autobiographisches, Dtv Textbibliothek 1973, München, S. 118
2 Club of Rome: Bericht für die achtziger Jahre. Das menschliche Dilemma. Zukunft und lernen, Hrsg. v. Aurelio Peccei, Wien – München – Zürich – Innsbruck 1979, S. 55
3 ebenda, S. 29